唐德刚 ◎ 著

传记文学 书系

史学与红学

传记文学 书系 编委会

主编
彭明哲　曾德明

编委
赖某深　龚昊　蒋浩
彭天仪　于向勇　秦青

中国文史出版社

图书在版编目（CIP）数据

史学与红学 / 唐德刚著. — 北京：中国文史出版社，2019.12

ISBN 978-7-5205-1286-2

Ⅰ.①史… Ⅱ.①唐… Ⅲ.①史学—中国—文集②《红楼梦》研究—文集 Ⅳ.①K207-53②I207.411-53

中国版本图书馆CIP数据核字（2019）第190682号

责任编辑：秦千里

出　　版：	中国文史出版社
社　　址：	北京市海淀区西八里庄路69号院　邮编：100142
电　　话：	010-81136606　81136602　81136603（发行部）
传　　真：	010-81136655
印　　装：	嘉业印刷（天津）有限公司
经　　销：	全国新华书店
开　　本：	889毫米×1194毫米　　1/16
印　　张：	18
字　　数：	223千字
版　　次：	2019年12月北京第1版
印　　次：	2019年12月第1次印刷
定　　价：	58.00元

文史版图书，版权所有，侵权必究。

文史版图书，印装错误可与发行部联系退换。

目录
contents

文学与口述历史 ... 001

小说和历史
　　——一九八八年六月七日在台北耕莘文教院讲稿 ... 013

也是口述历史
　　——长篇小说《战争与爱情》代序 ... 027

海外中国作家的本土性（选载）... 030

撰写《李宗仁回忆录》的沧桑（上）
　　——一篇迄未发表的《李宗仁回忆录》中文版代序 ... 038

撰写《李宗仁回忆录》的沧桑（下）
　　——一篇迄未发表的《李宗仁回忆录》中文版代序 ... 062

桃园县的"下中农" ... 085

《通鉴》与我——从柏杨的白话《资治通鉴》说起 ... 101

"臣光曰""柏杨曰"各有千秋
　　——贺柏杨版《资治通鉴》白话译本大功告成 ... 117

从《人间副刊》谈到台湾文艺 ... 126

杀一个文明容易　建一个文明很难　唐德刚讲述　汤晏整理 ... 130

《红楼梦》里的避讳问题　唐德刚　周策纵 ... 138

"国际《红楼梦》研讨会"讲词试稿　曹雪芹的"文化冲突"
　　——"以经解经"读《红楼》之一 ... 151

海外读《红楼》... 168

谏友篇——兼评批唐德刚《海外读〈红楼〉》　夏志清 ... 185

对夏志清"大字报"的答复 ... 211

未识其小，先失其大！
　　——谈"红学"答宋淇先生 ... 232

未识其小，焉能说大？
　　——为《〈红楼梦〉识小》答唐德刚先生　宋淇 ... 239

既识其小，免失其大
　　——为《红楼梦》"唐、宋"之争进一解　周策纵 ... 244

曹氏三代为清室丝官浅说
　　——"新红学"七十年反思之一 ... 252

史学之茶与红学之茶
　　——一九九六年十二月二十四日在台湾"中央大学"讲稿节要 ... 273

文学与口述历史

《传记文学》按：

  旅美史学家唐德刚教授应《中国时报》邀请参加时报文学奖评审工作，飞来台北三日，并于九月十五日晚作"文学与口述历史"公关演讲，演讲会由本社发行人刘绍唐主持，唐教授自拟长达三千字演讲大纲，惟因时间关系而有甚多省略，现讲稿经《时报人间副刊》整理完竣，本社特参酌唐教授演讲大纲略加补充予以发表，以飨读者。

  唐教授早于一九五七年即参加哥伦比亚大学中国口述历史部门工作，为该部门仅有的三位工作人员之一。此一工作当时在美国史学界为一大创新与拓荒之举，故唐教授贵为中美史学界搞"口述历史"工作的元老。在此期间，其个人工作收获也极为可观，也是他对我国史学界最了不起的贡献，即先后完成《胡适口述自传》（中英文稿）、《（黄沈）亦云回忆》（译中文稿为英文）、《李宗仁回忆录》（中英文稿）及《顾维钧回忆录》（英文稿）四部巨著。前两者中文稿已由本社出版，后者本刊正摘要连载中。

  《顾维钧回忆录》长达一万一千余页，除顾先生自己所保存之原始文件与资料外，其主要部分（一九一二——一九三四）为唐教授所编写（已故夏连荫女士编写童年部分）。从事口述历史工作往往为"无名英雄"，设非唐教授此次演讲提及，编者竟未之前闻，更未向读者交代，甚感愧疚，谨在此向唐教授表示歉意。

一、导言

我是学历史的，自小对文学也很有兴趣，记得有一次在哥伦比亚大学一次"章回小说"讨论会上，有一个美国学者列了一堆章回小说书目，大约有四十几部一百多本，他说："中国作品实在太多了，谁可能把那么多的作品看完呢？"我举手说："我统统读过了。"他不相信，反问我说："你怎么可能读那么多书？"我说我在中学读书，没有女同学同我谈恋爱，也没有球可打，更不会滑冰、跳迪斯科，没办法之下，只好看小说了。我对文学大概就止于对这些书的欣赏罢了。所以我只能算是欣赏文学的读者而已，实在不够资格以行家来谈文学，尤其没有资格谈台湾和香港等名作家的作品。我觉得台湾近廿年的文学成就远超过五十年代或三十年代的作家，可惜我因为太忙，对台湾和香港的大批作家的作品看得太少。

其次说到口述历史。口述历史是我的本行，也是我在哥伦比亚大学用来吃饭的工作。

文学与口述历史我既然都有些关系，现在我就把个人的一点体验与看法报告一下。

首先来谈一谈什么叫口述历史。

二、什么叫口述历史？

我写过几本口述历史，加起来可能销了一百多万本，而且现在仍继续出版。而什么叫口述历史呢？有人问我："你的口述历史是不是胡适先生讲，你记，就成了？""你怎么能记那么多呢？"另外，我写李宗仁的口述历史，他们也说："你怎么写那么多呢？"我的回答是："口述历史并不是一个人讲一个人记的历史，而是口述史料。"我替胡适之先生写口述历史，胡先生的口述只占百分之五十，另外百分之五十要我自己找材料加以印证补充。写李宗仁口述历史，更麻烦，因为李先生是军人，他连写封信都要找秘书，口述时也随便讲讲，我必须细心地找资料去编、去写、去考证，不明白的还要回头和他再商讨。而他是大司令官出身，他讲的话习惯上就是命令，有疑问反问他时，他都说："没错！没错！"我说："大概有点错吧？"他立刻又说："没错！没错！"我想我以前当兵最高的阶级只是个少尉，而他是上将，以一个少尉来指挥上将是很难的，所以我只好慢慢地想法子说服他，把一些不清楚的问题反复问他，结果他说："有书为证，没问题！没问题！"于是拿了一大堆书给我看，结果都是稗官野史一类的书，我说："你们做司令官的，如果情报不正确的话，像台儿庄等战役就没法打胜仗了，我们搞历史写文章的也一样，如果情报不正确也会闹出笑话来，您刚刚说的这些'情报'虽然有书为证，却也可能是'假情报'。"他说："有点道理！有点道理！"费了不少工夫，才慢慢地进入状况。不过李宗仁的口述历史，统计起来，大概只有百分之十五是他口述，百分之八十五是我从图书馆、报纸等各方面资料补充与考证而成的。所以所谓口述历史并不是一个人讲一个人写就能完成的，而是口述部分只是其中史料的一部分而已。一般而言，大学者的口述史料大概有百分之五十、六十，非学术人士的口述史料只有百分之十五、二十左右。所以口述历史与一般史料有何不同？大概可以这样说：口述历史是活的史料，其他史料是死无对证的，口述历史可以慢慢谈、慢慢问，可以加以补充改正，而其他历史就不能如此。

在哥伦比亚大学有世界性的口述历史学部，也有中国的口述历史学部，但在那里正式工作的只有夏连荫小姐和我两个人，夏小姐英文很好，中文不太能写，只有我中英文都能写，所以那时我所做的中国口述历史就成了世界最早的中国口述历史。后来台北的"中央研究院"也有口述历史，那是当年我们在美国向胡适之先生建议的。后来胡先生回国，我们给他写了一封信，希望他能支持我们成立一个口述历史的基金会，胡先生回了一封信（见胡颂平的《胡适之先生年谱长编初稿》一九五九年十二月五日条）说"台北'中研院'也成立了口述历史"。这就是中研院"口述历史的由来。所以，"中研院"口述历史是胡先生写了那封信才开始的。

接下来谈谈口述历史的起源，这要从第二次大战后，哥伦比亚大学教授亚伦·芮文斯（Allan Nevins）自夸"口述历史"的名词是他发明的说起。当时他创出的名词是Oral History，翻成中文就是"口述历史"，而现在这个名词已经世界通行了，所以这个名词事实是哥伦比亚大学的亚伦·芮文斯一个人搞起来的。

三、口述历史的历史

亚伦·芮文斯提出Oral History的名词后，我对他说："你不是口述历史的老祖宗，而只是名词的发明人。"在我看来Oral History至少有两三千年的历史，不过那时不叫口述历史，口述历史是在中国和外国都有的老传统。我们学历史的人一般分历史为两大部门：一种是未记录的历史，英文叫作Unrecorded History；另一种是有记录的历史，英文叫作Recorded History。我们中国有记录的历史应该从孔子《春秋》算起，而孔子《春秋》却断自唐尧虞舜，那么唐尧虞舜的历史都只是传闻，也就是口述历史了。后来的三皇、五帝也都是以口述为凭所上推出来的史前历史。孔子向来自称"述而不作"，所以他的作品如《论语》等也都是由孔子口述，经学生或学生的学生记下来的，自然也是一部有名的口述历史了。孔子另外一部可靠的书《礼记·檀弓》，记载许多孔子的事，都是孔子口述，弟子所记。诸如此类夫子"述"之，弟子"作"之的作品，就是"君子动口不动手"的传统，也就是"述而不作"的最典型口述历史。

后来秦始皇焚书，弄得汉初无书可读，于是找一些学界耆宿如伏胜等加以口述，代代相传，成了汉代的"今文家"，所以在汉朝四百年间，古文家都不被承认，只有口述而成的今文家才受重视。（事实上《左传》并非伪书，而是被作伪者刘歆动过手脚。孔子因《鲁史》而作《春秋》，《春秋》是孔子读《鲁史》的笔记，有哲学气味的笔记，也可说是根据儒家思想而整理的笔记。但是《鲁史》是什么样的书？作者又是谁？我大胆假设：《鲁史》的作者就是左丘明，《左传》的原来面目即是《鲁史》，孔子因之作《春秋》，此书失传后，被刘歆在中秘书发现，乃改头换面，倒果为因，搞出《左传》来。康有为《新学伪经考》知其一而不知其二。）

四、口述历史在中国史学上的实例

另外刘汉以后也有很突出的口述历史，那就是司马迁《史记》中的列传七十篇（再大胆假设一下）可能有一半是他道听途说的，要不然就是interview他人所听来的，也就是根据口述史料加以整理编写而成的。最好的例子是《刺客列传》——荆轲刺秦王那一段，他说得很明显，现在抄录下来看看：

> 太史公曰：世言荆轲，其称太子丹之命，"天雨粟，马生角"也，太过。又言荆轲伤秦王，皆非也，始公孙季功、董生与夏无且游，具知其事，为余道之如是。

从以上所录看来，司马迁认为他的故事比传闻更为正确，因为他是听"公孙季功"和"董生"说的。而公孙和董又是直接听夏无且大夫说的，而夏是秦始皇的私人医生，当暗杀进行之时，夏医生帮着老板用药囊打过荆轲的，其话当然可信。这是一篇极好的文学著作和历史，而司马迁就讲明他所用的是口述史料，其他未讲的正不知有多少。

由此看来，口述历史（也可以说是口述文学）在中国至少有两千年的历史了。

再看我们安徽出的明太祖朱元璋。朱元璋年幼时做过叫花子，也当过和尚，他年老时最忌讳这一段，那时有位士子上表歌功颂德说朱元璋的功业蔽天、"光被四表"，谁知马屁拍在马脚上，朱元璋认为"光被四表"是嘲笑他幼年当和尚，和尚头"光被四表"，所以把这马屁精给宰了。可是等到老朱老了，要盖祖庙、修族谱时，对自己的身世，总得有个交代啊！但是那些摇笔杆子的什么"大学士"们，谁敢执笔呢？他们想来想去，想出个聪明办法来——来搞个"口述历史"，说群臣愚鲁，对圣上祖宗盛德，才难尽述，伏乞圣主略叙列祖列宗之天纵英明事迹，愚臣庶可据以跪录等等。谁知朱元璋倒也大方，他就真把他过去当和尚、做叫花子的往事，毫无隐讳地全盘托出。这篇文章也是中国口述历史和口述文学上的杰作，没有口述历史这个传统，这篇文章是无法执笔的。（原文见《七修类稿》）

另外如太平天国覆灭时，忠王李秀成的"供词"（口供）也是我国传统"口述历史"的上品。据说当忠王李秀成被曾国藩抓了，忠王用广西话口供，曾国藩听不懂，只好叫李秀成自己写，于是李秀成一面讲一面写，完成了这篇至情至性的好文章——《忠王李秀成供状》。

大陆上最好的、最出色的一本口述历史的书，是清末代皇帝溥仪的《我的前半生》，把他老婆一妻一妾装模作样的种种情形写得非常真切动人，所以大陆上三十多年来历史成就，当推溥仪这本口述历史。

从以上这么多例证我们可以明白，"口述历史"这个名词还没有到中国之前，我们早就有口述历史的事实了。

五、西洋传统史学中的口述历史

在西方，从古希腊古罗马的荷马（Homer，公元前九世纪）和希罗多德（Herodotus，公元前五世纪）的作品都是第一流的口述历史，甚而苏格拉底、释迦、耶稣、摩西等的言论也是口述后记录下来的。荷马是位瞎子，他的史料如"木马兵"等等，几乎全是听来的。希氏的故事，很多也得自传闻——人家告诉他的口述历史。然而，西方传统口述历史中和我们有直接关系和影响的，那就是《马可·波罗游记》了，这是一部口述历史的千载奇书，我想借此机会介绍一下。

马可·波罗（Marco Polo，1254—1324）是意大利威尼斯人，在他十七岁那年（一二七一年），他随父亲和一位叔父启程去中国，那是他的处女行，但却是他父亲和叔父的第二次。他们循古丝绸之路东行，路经波斯、葱岭，入中国新疆、甘肃，经敦煌过西安（那条唐三藏取经的路），吃尽千辛万苦，历时三年，才到达中国元代的大都（北京），向元世祖忽必烈报到。其后他们父子叔侄三人，在中国一住十七年，备受宠遇。并以色目要员的身份，由忽必烈差遣，周游中国，并参加攻克襄阳的激战。小马可且自炫曾为扬州太守（位同今日的上海市长）。那时的中国是世界的主宰，生活水准远过欧洲甚多。波罗三人进入中国，直如板儿进入大观园，中国贫农到了巴黎，目不暇接。一住十七年之后，忽必烈年老，波罗等自己亦倦鸟思归，准备衣锦还乡。此时正值蒙古帝国的钦察汗国的可汗（驻波斯）丧偶，北京忽必烈拟送一贵女子去波斯为钦察汗续弦，三位波罗乃膺命护送。他们于一二九二年自北京动身，取水道经泉州、新加坡，穿印度洋，赶往今日炮火连天的伊朗。护卫六百人，巨舶十余艘，在三位波罗率领之下，历时三年，始完成任务。因顺路还乡，回到威尼斯故里。他们一行离开故乡，前后已二十五年，乡音无改而人事全非，然波罗三人毕竟衣锦荣归，光耀故里。

马可波罗这趟亚洲之旅，在中古时期是不可思议的，他的故事之能震动人心，自不在话下。意大利那时小城邦林立，人民目光如豆，波罗等自大元帝国归来，自然一开口便以"百万"（million）为单位，百万也就成了马可的诨名。孰知马百万还乡不久，就碰上威尼斯和热那亚（Genoa）两个城邦之间的战争。马百万那时不过四十开外，一战被俘，便做了热那亚的战俘，囚于战俘营。恰好事有巧合，他同囚难友却有一位知名的作家名叫鲁斯梯谦（Rustichello），一个善吹，一个善写，二人一拍即合，在战俘大牢之内，他俩就拟定一个"口述历史"计划，写起书来，二人所说的都是当时当地通行的意大利法语（France-Italian），书成之后，他们就以"百万"作书名。后来译成其他语言就改称《马可·波罗游记》了。

《百万》书成于印刷术传入欧洲之前，但初稿方出，立刻便势如野火，传抄、翻译，很快便传遍欧洲，其后各种不同的抄本，竟多至一百四十余种。由此可见《马可·波罗游记》实在是我辈搞口述历史这一行中，影响最大的一部世界名著。事实上，后来名震世界的热那亚晚辈冒险家哥伦布（Christopher Columbus，1451—1506），到美洲去探险，就是根据马氏游记想到东方找中国，结果找错了反而发现美洲。口述历史意外地发生了这么大的功效，这是马可·波罗做梦也想不到的事。

六、口述历史与文学

我们谈口述历史与文学，应先扩大来谈文学与历史，才能厘清它们两者的关系。我本来学历史,但对文学有兴趣,所以我编了十六字真言来涵盖文学与历史,那就是"六经皆史""诸史皆文""文史不分""史以文传"十六个字。

先说"六经皆史",这是清章学诚说的(其实西方也有"二经皆史",指《新约全书》《旧约全书》),他认为不只六经,其实诸子百家皆史,我倒认为不只诸子百家皆史,甚至小说如《封神榜》《西游记》《镜花缘》《金瓶梅》皆有其历史价值。其次"诸史皆文",譬如司马迁的《史记》就是一部文学,所谓"文章西汉两司马",司马迁的历史散文早被公认是上等的文学作品。我们读西洋史也一样,可以见到许多很好的历史文学。譬如《丘吉尔回忆录》曾得诺贝尔文学奖,一定有它特别好的地方,我读这本书有一段是这样写的:有一次丘吉尔与希特勒约期见面,由于丘吉尔讲话不小心,批评希特勒,希大为生气,取消了约会,从此以后,丘与希再也没有见过面。这件事如果由我们来写,可能秉笔直书":丘吉尔某年某月某日,应与希特勒在某处碰头,后来希特勒取消约会,所以两人一直未曾相见。"但《丘吉尔回忆录》却是这样写的:"希特勒自此以后就失去见到我的机会了!"(He lost his chance to see me!)这个事实和"自此以后我们两个都没有见过面"没有两样,但在《丘吉尔回忆录》中的笔调却一直强调He lost his chance to see me!比一般人的写法精彩多了,这也就是把历史作品的文学性加强以后,可读性增加了。

古代历史中,《后汉书》有十几家,为什么后人独推范晔的《后汉书》,其他都不传,这并不表示其他《后汉书》历史写得不好,而是文章没有范晔的好,所以也可以说百家皆史、良史皆文。

最后说"文史不分""史以文传"。从中西古代历史来看,都是因为它是好文学所以才传下来,因为古代没有很好的印刷术,光靠手抄,所以只有好文章才会被抄下来。但是这种"文史不分""史以文传"的传统现在已渐渐衰微,就以写中国历史的作品来看,美国人大都老老实实平铺直叙，但英国人写历史就注重文学修养，他们写史第一条件是要英文写得好。与美国并不要求英文写得好，只要求正确与否不一样。我的同事中英文好的都是英国人，这是欧洲老传统与美国商业社会对历史态度的不同，现在美国新历史学家很少有新气味，所以他们的东西把它当历史看可以，当资料看也可以，但是，要当文学看就差多了。

七、现代史学

这种美国式的历史趋势，愈来愈可怕，也就是说历史渐渐被科学所污染，在美国历史现在叫作Social science approach，完全看成是一种社会科学，如此一来历史就变成干燥无味的东西了。例如我执教过的纽约市立大学和哥伦比亚大学就是把历史划入社会科学院和政治学院，我在哥大曾向院长建议，历史应在文学院而不应在社会科学院，像我们中国的各大学，历史系都在文学院的，但我的建议并没有被采纳。

西方的历史学除了归入社会科学愈来愈枯燥而外，最糟的是电脑普遍应用以后，历史已被电脑征服。只要电脑一按，历史资料就全部出来了。

电脑的应用改变了整个学术界的状况，我在美国卅年来老跟着电脑跑，常有跟不上的感觉。我想再过一百年，历史研究会变得不可思议。那时，我们回头看胡适、余英时等历史学者，也再看看自己，一个个都变成不堪一看的冬烘先生。将来什么事都根据电脑，学者的努力将会是白费心机，譬如胡适用了十多年时间研究《诗经》，将来一按电钮，哗啦啦什么都出来了，结果胡适搞了十几年，电脑几秒钟就出来了。这种历史研究趋势，受科技发展的汹汹来势影响，将会一发不可收拾。上次参加在美国举行的"辛亥革命会议"，大陆一个学者写信给我说大陆上看不到日本、美国的资料，问我能否帮他搜集一些辛亥革命资料，我想我这么忙怎么帮他呢？于是我到图书馆请教管理员，向他要一些辛亥革命资料，要他告诉我Computer怎么做法？他说好，你给我一个题目，于是我给他"中国辛亥革命"，他说我告诉你怎么做，首先找到"革命"，一按钮，"革命"的资料哗啦啦立刻显印出来了。其次"中国"，于是"中国革命"的资料立刻又显印出来。再按"一九一一年"，又哒哒哒哒大约三十秒钟就印出了一大堆"中国辛亥革命"的资料。这些资料如果自己来抄，至少要两三个月才能抄完，我日常工作很忙，怎么可能有两三个月的工夫去帮助朋友查抄这些资料呢！但用电脑我查抄这些资料给他，只花了卅秒。所以我说电脑是很可怕的。

在电脑科技的发展下，人的生命将逐渐失去意义，试想卅秒可以得到的东西，还要胡适这些大家做什么？我们学历史的还有什么用？学历史的要靠什么吃饭？不过，事实上并非如此悲观，因为历史中还有部分可以和科技抗战到底的，有部分是真金不怕火炼的，那就是历史之中还有文学。

八、口述历史与文学的展望

历史虽然被科学瓜分了，幸好历史中还有文学的一部分，使我们有饭吃，有兴趣继续搞下去。然而，我并不是说科学不重要。所以历史虽然向科学靠拢，没有科学也就没有历史，而历史如果完全走向科学，那么历史就要自杀了，学历史的人的人生也没意义了。所以现阶段历史中还有口述部分是很有生命的，我写了不少口述历史的东西，尽量使这些书的可读性提高。当年我为顾维钧先生编写回忆录，他与我谈了许多外交上的逸事，我请他尽量详细地讲，尤其他当袁世凯秘书时所知闻的一些逸事，顾先生起先不肯讲，经我再三追问才勉强讲出来，结果后来发现都是很有味道的历史文学。这一类的口述历史是保存文学成分较多的历史，不是数目字也不是科学，将来可读性之高一定超过一般历史，因为看历史的人并非都是史学专家，多数只为了得一点历史知识而去阅读，如果没有可读性就没有人看了。我想凡是够资格做口述历史的人，都有几分文学的素养，而且凡是够资格写的人都会讲，孔子说："有德者必有言。"有德就是有技术（写史的技术）。我与胡适先生谈，他口若悬河滔滔不绝，可惜我没那么多时间去搞。胡适、顾维钧、黄沈亦云（黄郛夫人）都很会讲，所以他们的回忆都很有可读性。因此，十几年前我回台湾，想到曾兼任过"中央大学"校长的"老总统"，如果可以请到他老人家做个口述历史，一定很有意思，可惜没有如愿，"总统"就过世了，我一直很难过，这么好的口述历史竟没有传下来！

如今学历史的百分之八十向科技投降，我也投降了百分之七八十，还好有百分之二三十，我们可以抗战到底。所以写历史必须用文学来写，并与新闻合作（新闻是当前的历史），才能把未被科学征服的百分之二三十保存下来。现在搞口述历史要像桃园三结义一样，把历史、文学、新闻三位结成一体，变成刘、关、张三兄弟，就可以写成很好的历史了。

原载《传记文学》第四十五卷第四期

小说和历史
——一九八八年六月七日在台北耕莘文教院讲稿

在这次来台湾之前，我曾在大陆做过短期旅行。在火车上、轮船上常常碰到一群群的"台湾同胞"。他们在大陆上缩短的名词中叫"台胞"。台胞是今日大陆上的贵宾和娇客。我们所谓"美籍华人"，以前在大陆上也曾风光一时，但是近来在大陆上和台胞比起来，那就灰溜溜的了。

我们在大陆上碰到台胞，感到特别亲切；同样的，台胞碰到我们也分外热情。我想主要的原因是我们也常来台湾，和台胞有许多大陆同胞所不熟悉的共同语言好说。

在大陆上和台胞谈话时，我发现他们也很快地就说出许多大陆上所特有的词语。我自己当然也学了不少。所以今天来台北做点"学术报告"（这也是大陆名词）之前，请诸位原谅我也套点大陆词语来谢谢主人。

首先我要感谢的是我的"邀请单位"和"接待单位"远流出版公司、《时报·人间副刊》和老友、文化界"大护法"的陈宏正先生和其他朋友们，承诸位盛意把我这位并不会念经的"远地和尚"，邀来向诸位念阿弥陀佛。感激之外，我也感觉十分惭愧——但是丑媳妇也得见公婆。既来之，则讲之。浅薄空洞之处，都还希望诸位原谅我这个"丑媳妇"。

我在惭愧之外，也有很大的惶恐。邀请单位诸公，要我来讨论"小说和历史"，而今天来领导我们讨论的却是文学界、史学界，一身兼两长的泰斗，刘绍唐和柏杨两位先生。

我第一次知道绍唐兄是三十多年前读到他那本成名的大著。书内那两首妙诗，描写一位女知识青年嫁了一个不识字的共产党干部，并在一个月明之夜写了一首诗："嫁得郎君不解情，竟将明月比烧饼。从今不盼礼拜六，春宵柱自值千金。"我至今仍能背诵。后来他开办"野史馆"，我又跟馆长做了十多年的"野史作家"——大约十年前我就说过，绍唐治史，是"以一人而敌一国"。没有刘绍唐，哪个还能搞什么民国史呢？

我对柏杨先生的钦佩，也是和绍唐一样深刻的。柏老是小说家、散文家、诗人和历史学家。我这个自命为史学工作者的人，在治史上比柏老差得太远了，文学就更不用谈了。这绝不是谦辞。做一个治史者，他在史学和史识之外，还要肯下苦功。试问中国史学界，自胡三省而后，有哪个史学家曾把一部《资治通鉴》，一个字一个字地读过一遍（不要谈翻译和注解了）？这是苦行僧"拜经"的办法，没道行是做不到的。

我自命也读过《通鉴》。其实我哪里是读呢？我当年是个青年在体育场"跳高栏"。看不懂，就一跳而过之——和柏老比起来，惭愧多矣。

所以有这样两位有真功夫的教师爷在前，我还能打个什么"卖拳"呢？

不过话又说回头，既然做了丑媳妇，也就不要怕出丑，我还得斗胆讲下去吧。

历史家搞的是些什么

我们今天要讨论的是小说和历史。

我个人数十年来，口口声声说我自己是"搞历史的"。今天我之所以应召来谈这个题目，主要是我的同行所批评我的"不务正业"的原因——我最近忽然出版了一部长篇小说叫《战争与爱情》。

当这部拙著还在报纸上连载期间，便有文学界的朋友笑我"捞过了界"，也有史学家笑我"年老入花丛"的。鼓掌的朋友倒也不少，抗战期间打过游击的老兵，读一章哭一章的竟也不乏其人，说那些故事，也正是他们的过去呢……各方反应形形色色。段昌国教授的批评也极中肯。他说："像小说而非小说，像历史而非历史。"

记得以前胡适之先生向我说，律诗是"文字游戏"，但他又说律诗是很高深的"文学"。当我问他"游戏"和"文学"的界线又如何划分呢？他老人家也被我这个不肖弟子难着了。

至于"小说"和"历史"的界线（尤其是古人治史）如何划分呢？我想先从"历史"说起。

什么是历史呢？

我们的答案应该是，人类的社会行为（Social behavior），在过去所发生的现象，都是历史。从抽象的推理来说，时间只有"过去"和"未来"两种。所谓"现在"只是个"０"。它是永远存在也是永远不存在的。古希腊哲人有言："你不能在同一条河内洗两次脚。"（You can not wash your feet twice in the same river.）正是这个意思。可是"过去"所发生的现象实在太多了，经过历史学家的笔把它记录（recorded）下来的史实（factual history），那实在只是亿万分之一了。

但是史实并不是历史的全部。要解释明白人类的过去，何以发生了这种史实的所谓"释史"（Interpretation of History），也应该是历史的一部分。至于用何种方法来记录史实和解释史实，这种"方法"（Methodology），自然也构成史学（Historiography）之一部。

笔者去岁应邀在留美学生史学会讲演，曾把研究中国史的当代史学分成四派（传统、马列、社会科学派、综合派），也就是从"方法学"着眼的——他们搞的是相同的"史实"，但是对"记录"历史，和"解释"历史的"方法"，却各异其趣。就史分为四了。

小说又是什么东西

以上所说的只是什么是历史。

那么，什么又是小说呢？

小说是文学之一种，这个回答是绝对正确的，但是要为文学来下定义，对本文就是离题万里了，只好不谈。此地我们只可说文学有各种偏向。那些偏向于音乐艺术的便是诗歌戏曲；偏向于哲学和宗教的则是一些散文和现代的朦胧诗。朦胧诗严格地说起来，应该不能叫"诗"——它是运用一种看不懂、念不出的"长短句"来表达一种模糊的哲学心态。至于偏向于历史的文学，甚至搞得和历史难解难分的文学，那就是"小说"了。

章学诚说"六经皆史"。如是则上述有各种偏向的文学形式的作品，无一而非"史"——只是"小说"的"史"的偏向特别明显罢了。其实我们要想把"小说"下个定义实在也很难。在中国，"小说"一词首见于《庄子》，而《庄子》所说的小说也非我们今日所说的小说。《庄子》而下，班固在《汉书·艺文志》列有"小说家"。小说家虽居"十家"之末，它毕竟也是诸子之一。"诸子（如果）出于王官"，那么"小说家"也就有个做官的祖先，叫作"稗官"了。稗官也是政党和政府的"高干"，其工作是访求民隐，专门记录不见经传，为士大夫"臭老九"所不屑一顾的街头巷尾之谈。

中国古代上层阶级的庙堂之议，牛皮夸夸，都成为"政府档案"，也是史学家著史的第一手资料；那闾巷的小民窃窃私议，就只是"小说"或"小道消息"，而算不得"历史"了吗？此吾为"平民""愚民"不平也。他们在历史上、社会上所占的分量，千万倍于简任以上高官和十三级以上的"高干"。他们的"舆论"（抬轿轿夫所讲的话），就只能算是"小说"了吗？

不过以上所说的只是古代中国的传统解释。到中古时期已有很大的改变。到近代中国受西方影响，把西方文学中的novel和fiction翻译成"小说"，则此小说已非彼小说，小说的面向便宽广起来了，地位也陡然提高了。

胡适之先生把中国传统小说分为两大类。第一类他叫"历史小说"。这一类小说例如《三国演义》和《水浒传》等都是经过数百年的演变，最后才由罗贯中、施耐庵等加以综合整理作为定型的。另一种他叫"创作小说"，那小说并没有什么历史演变的背景，只是一个作家的灵感创造出来的，如《红楼梦》、如《儒林外史》皆是也。

鲁迅把小说分类分得更细。但是胡、周二公都是治文化学的学者，发起议论来，总是以文衡文。胡适总说："一部中国文学史，便是一部文学方法变迁史。"但是文学的"方法"，尤其是写小说的方法，何以变迁不定呢？他们搞文化史、文学史的人，都只从文化和文学本身去捉摸。他们忘记了，或根本没有理解出，文化和文学之后，还有个社会——一个不断变动的社会。文化和文学的变动，只是它们背后那个社会变动的浮标而已。

前几年，我也曾捞过了界。因为我自己是搞社会史学的，我不自量力也把社会史上的法则运用到中国文学史和中国小说史上去。我斗胆地提出，中国小说形式和方法的变迁，是从"听的小说"逐渐走向现代化"看的小说"上去。何以故呢？那是受市场经济供需律（Law of supply and demand）的影响。英国的维多利亚时代，由于经济起飞、市场繁荣、中产阶级崛起，对"看的小说"的需要量陡增，所谓"维多利亚作家"的黄金时代才随之而起。

中国在十八九世纪，经济也相当繁荣，城市中产阶级渐起，对读品需要量大，于是大书贾和为书贾服务的金圣叹一流编书和批书人物才随之而起。不幸的是我国那时的"经济起飞"，还未飞起来就垮下去了。国家强于社会的帝王专制和宗法制度，始终把"中产阶级"压住。中产阶级抬不起头来，对格调高的作品需要量就不会太大。在曹霑、吴敬梓等高格调作家饿死之后，便后继无人了。何也？供需律使然也——君不见今日台北读者的口味，吊高得吓死人！而大陆同胞还在大看其"小五义"！何也？中产阶级与无产阶级之别也。经济起不来，口味也就高不起来也。据老辈沪人告诉我，今日台湾省籍厨师所烧的"上海菜"，便远高于今日上海籍的上海厨师在上海所烧的"上海菜"。笔者浪游两岸，知此评不虚也。经济飞不起来，连小菜的口味也提不高，况小说乎？

走笔至此，我对敝老师胡适之先生又要批评一下了。胡老师搞"红学"，把曹寅所掌管的"江宁织造"和"苏州织造"等等，都看成为供应宫廷的机关，这就只知其一、不知其二了。据《江宁府志》，"江宁织造"盛时有纺机两千七百余架，每日可出缎千匹。江南的"贡缎"销行远及西欧。宫廷哪用掉那许多？！

这些织造的产品，哪是只为供应宫廷之用的呢？它们是当时中国——甚至是全世界——最进步也是利润最大的工业。他们赚的钱太多，使政府红了眼，乃"收归国营"，由国家垄断包办罢了。康熙爷这一干法与汉武帝包办"盐铁酒榷"、宋王爷包办"官窑""汝窑"的制瓷工业如出一辙。后来国府搞"烟酒专卖"，还不是如此？

真实的社会、虚构的人物

以上所讲的是小说的变迁和社会经济变迁的关系。

小说的种类很多，什么社会小说、爱情小说、志异小说、神怪小说、历史演义小说、讽刺小说、笔记小说……鲁迅在六十年前即列举了无数种。现在还有什么科幻小说、心理小说等等，那就讲不尽了。

但是不管小说有多少种，它的基本原则则只有一个——它讲的是"人性"——不管这人性是善，还是恶。《聊斋》上所讲的狐仙，《西游记》上所讲的猪精、猴精……它们哪里是什么鬼怪呢？它们都是"人"，它们的行为也都是人类的社会行为。猪八戒是一只猪吗？非也！猪八戒是一个可爱的阿Q。阿Q去摸摸小尼姑的头，猪八戒在盘丝洞里也把几位裸体美人的衣服藏起来了。阿Q想发财，猪八戒也在它的耳朵里藏了些银子作"私房钱"。

个人的私见，我觉得吴承恩的猪八戒，实在比鲁迅的阿Q写得更好。猪八戒此阿Q更可爱、更有趣。

这儿问题就出来了。阿Q和猪八戒在历史上是否实有其人呢？答案当然是没有。根据胡适之先生作考证、写传记的原则，有一分证据只能讲一分话，有九分证据不能讲十分话。所以胡适之先生所写而考据十分严谨的《丁文江的传记》里，主题丁文江就实有其人。他传记中一切的故事，都有百分之百的真实性。所以《丁传》便是一本杰出的历史著作。

比他较先执笔的，鲁迅也写了一本《阿Q正传》。阿Q并无其人，阿Q的故事也是百分之百的虚构。如果在某小学的语文班上，有某位小学生答考卷说阿Q姓桂，是实有其人，那他的老师一定把他的考卷打零分——历史上哪有个真阿Q呢？

可是问题又出来了——历史真没有阿Q其人？历史上多的是呢！——至少在讲台上就站着个阿Q，那就是我自己。我就时时在做阿Q，或做具体而微的阿Q。

举一个我个人社会行为的切实例子。

侨居美国四十年，我前二十多年是在哥伦比亚大学度过的。在那第二十三四年时，我在哥大做个教中国文史的兼任副教授，并做个全任中文图书部主任。据校中当时的洋上司们和学生们的讲评，我的教书成绩和图书管理成绩，都还不错。但我那时职位和薪金都很低，仅够养活老婆孩子。我平时也奉公守法，绝没有账目不清或乱搞男女关系，更没有吃喝嫖赌；尤其不够资格纵横捭阖，搞污浊的"校园政治"。

想不到这样一个可怜巴巴、尽忠职守了十多年的中文图书馆小职员，校方的汉学大师们忽然一下便要把我"免职"了。我有个四口之家，孩子幼小，又毫无积蓄，一旦失业，六亲不认，只有坐以待毙——因为那时美国正闹经济恐慌，找事不易，好多博士都在开计程车。

老实说，哥伦比亚大学的汉学当局那时要把我"免职"，我本来没有什么抱怨的，因为我的汉学造诣原是不如他们嘛。但是有四口之家的人，业可失不得！我对哥大没功劳，也有点苦劳吧！何况那些汉学大师和我都有二十多年的交情，有的还误认为我是"高足"呢。到现在我们还是好朋友嘛。何以寡情若此！

在那绝境之下，我想不通这个洋人社会，何以没人性至此——那时我想到要跳摩天大楼，又嫌大楼太高；想到跳赫贞江，又嫌其有垃圾污染；想买手枪，又怕有私藏军火之嫌……气愤、绝望、自卑交织于怀，不知如何是好。谁知天无绝人之路，在一个失眠的午夜，我忽然"病关索长街遇石秀"地一下碰到了老朋友阿Q——阿Q的关怀，才又使我打起勇气活了下来。

那时哥大的洋汉学泰斗有好多位，一个个都是学富五车、名满中外的大汉学家，著作等身。偶尔应约光临台湾和大陆开汉学会议，昂视阔步，真是上下交钦。我这位小卒跟他们比起来，真是丘陵之与泰山也，被开除了，何怨何尤呢？

但是我要活命吃饭、养家活口，又如何是好呢？这一晚我听老友阿Q之言，听了一夜，终于想通了。我想："哼，汉学！上自文武周公仲尼，下至康梁胡适冯友兰……诗词歌赋、平上去入、经史子集、正草隶篆……上至殷商甲骨，下至大陆简体字……谈现代史论蒋宋孔陈、评马列毛刘……写朦胧诗、看现代画……如此这般……这批毛子哪个比得上俺阿Q呢？……他们开除我……哼，他们加在一起再搞十年，也比不了我阿Q一人……奶奶的，老子被儿子开除了。"

做了一夜阿Q，思想搞通，手之舞之、足之蹈之，不禁大乐——问题全部解决，与"赵老太爷"又和好如初。

朋友，你能说"阿Q"并无此人，只是小说家的虚构吗？这儿分明就有个大阿Q嘛！

那晚我也在苦索丁文江博士，却遍找不着。我那晚如找着了丁文江博士，而错过了阿Q先生，我就活不到天亮了。

我们这个荒唐而可爱的世界里，老朋友阿Q实在很多，精明的丁文江博士毕竟太少了，他的社会代表性也太小了。你能说只有"有一分证据，说一分话"的《丁文江的传记》才是历史、才是传记？那"没一分证据，却说十分话"的《阿Q正传》是虚构、是小说？历史上、社会上，并无阿Q其人？其实它的社会代表性，却远过于丁文江博士呢。

历史和小说的分别

所以历史和小说的分别则是：历史是根据实人实事所写的社会现象，小说则是根据实有的社会现象而创造出的虚人虚事，二者是一个铜元的两面。

再者，历史对"过去"的社会现象所作的"解释"，和对"未来"的现象所作的"推断",在传统史学上往往是根据常识、根据传统伦理学或玄学——辩证法其实也是一种接近玄学的推理,而现代史学上所作的解释,则应该是根据各项社会科学所研究的成果,近人所谓"社会科学的处理"是也。

写小说与写历史,其实是殊途同归的。只是写历史时对叙事、对说教、对解释、对推断,都是单刀直入的。必要时且来个"太史公曰""习凿齿曰""臣光曰""柏杨曰"等所谓"赞论"。写小说则只让故事自己说话,把说教、解释和推断,作一些隐喻式的"艺术处理"——并不违反社会科学的"艺术处理"罢了,而小说则有其大众化的影响,读历史就多少是专家之事了。

司马迁在写历史,还是在写小说?

其实笔者上述的一些话,都是"小说"被译成Novel以后的话,多少有点"现时观念"(以现代观念解释古典)之嫌。

国人著书立说,写寓言说教辩论,早在孔子之前,而真正写有现代意味的小说实始于西汉之末(鲁迅还否定此说呢!),班固所谓"街谈巷说"是也。其实太史公写《史记》也多半是根据"街谈巷说"的。按照胡适之先生的标准,《史记》哪能算"历史"呢?充其量算是一部历史小说而已。不信,且试举吕不韦的故事为例。

吕不韦的故事,大体是这样的:

吕不韦是赵国的一个大资本家。有了钱就想搞政治。他在赵国都城邯郸结识了一个秦国的失意王子子楚,子楚在赵国做"人质",穷困不堪,又没有老婆。不韦认为子楚是个"奇货可居",乃运用子楚的政治背景和他吕家的钱财,搞一手资本官僚主义。

吕不韦耍政治的手腕相当下流——他把他自己一个怀了孕的姨太太送

给这个可怜的秦王子做老婆。这位可怜的王子当然求之不得,乃娶了吕不韦的姨太太,并且生了个儿子。这个儿子就是后来的秦始皇,所以秦始皇实在是吕不韦的儿子。这样吕不韦的政治资本就大了。

既然有了这样的政治资本,吕不韦乃潜入秦国,花大钱、拉裙带关系,大走宫廷后门,居然把失意不堪的秦王子子楚,搞回秦国当起太子来——真是有钱能使鬼推磨!

子楚当了太子不久,父亲就死了,他就即位为王,是为秦庄襄王。庄襄王为感激吕不韦的恩德,就特派吕不韦做秦国的"丞相"。这一下,吕不韦可真的抖起来了。更巧是这位庄襄王也是个短命鬼,做了三年秦王就死了。庄襄王一死吕不韦就更是一步登天了——因为继位做小皇帝的正是他亲生的儿子,小皇帝的妈妈老太后又是他以前的姨太太。一手遮天,吕不韦不但当起当时七雄对峙中最强的秦国的"相国",并在宫廷中被尊称为"仲父"——仲父就是皇叔,这皇叔事实上是皇帝的爸爸。

这时皇太后新寡,独居寡欢,乃和老情人、也是前夫的吕皇叔重拾旧好,时时"私通"。所幸儿皇帝年纪尚小,也管不着叔叔和妈妈私通的闲事。

可是这个年轻的小皇帝、将来的秦始皇可不是个省油灯。他年纪渐长,开始抓权时,认为他底下的宰相居然和他妈妈太后私通,也太不像话,他一注意到这件事,吕不韦就有点恐慌了。

吕相国于半夜接到太后的传召,既不敢不去,去多了,伤了皇上面子,又怕被杀头——那如何是好呢?最后这位下流惯了的下流宰相,乃想找个替身。

吕不韦这一着十分下流。下流到什么程度呢?且听我们东方三千年来,最伟大的史学家太史公司马迁对他的叙述。司马迁写的是"文言文",我本想把它翻译成"白话文",可是我现在不能翻。不能翻译的理由有两点:第一,在这样一个群贤毕至、仕女如云的庄严场合,我实在不好意思用白话文来说这故事。第二则是不敢"班门弄斧"。有柏杨先生这样高明的文言翻白话的专家——全中国第一位的专家在场,我来翻译,绝对不会有柏老翻的那样生动逼真。我现在只把《史记》的原文念一遍,以后还是劳动柏老御驾亲征来翻译一下吧。

《史记》上的原文,是这样的:

> 始皇帝益壮,太后淫不止。吕不韦恐觉,祸及己,乃私求大阴人嫪毐以为舍人。时纵倡乐,使嫪毐以其阴关桐轮而行,令太后闻之,以啖太后。太后闻,果欲私得之。吕不韦乃进嫪毐,诈令人以腐罪告之。不韦又阴谓太后曰:"可事诈腐,则得给事中。"太后乃阴厚赐主腐者吏,诈论之,拔其须眉为宦者,遂得侍太后。太后私与通,绝爱之。有身,太后恐人知之,诈卜当避时,徙宫居雍。嫪毐常从,赏赐甚厚,事皆决于嫪毐。嫪毐家僮数千人,诸客求宦为嫪毐舍人千余人。(见《史记》卷八十五《吕不韦列传》)

这一段文言文我虽不长于翻译,倒不妨讲点大意,以阐述吕不韦这位Prime Minister是如何的下流。

司马迁说,当秦始皇这位小皇帝逐渐长大的时候,他妈妈的私生活却愈来愈糟。吕不韦怕他和太后私通会闹出纰漏来,他乃找出个替身,这替身叫"大阴人嫪毐",并叫嫪毐做些纽约时代广场式的色情表演,并把这表演精彩的内容,透露给太后。太后果然想要嫪毐做男朋友。吕不韦便自己逃避了太后,不必再去打应召了。同时把嫪毐伪装成太监去侍候太后。太后私下与他发生了关系之后,喜欢他喜欢得不得了。以后还和嫪毐生了两个儿子。后来嫪毐恃宠而骄,把大秦帝国闹了个天翻地覆。

司马迁写了这一大段活灵活现的故事,甚至说"使毐以其阴关桐轮而行"等一些《金瓶梅》上都写不出的话,这位太史公是在写历史呢,还是在写小说呢？司马公这种写法，我们在《史记》上至少可找到数十条。条条可能都是道听途说之言，而太史公却以最生动的小说笔调，把它们写入最庄严的历史——位居《二十五史》之首的历史。无论怎样，任何人也不能说《史记》不是一部好历史啊！

所以在中国古代，文史固然不分，历史和小说也不太分得出来。小说和历史分家是司马迁以后的事。

大人物大事件和小人物小事件

所以历史和小说在二十世纪的今日是应该分开来写的。

大事件、大人物就应该用"历史"来写，小人物、小事件，甚或大人物小事件，就应该用"小说笔调"来写。

我个人就用英文写了一本一千多页的《民国史》，写的全是大人物（这部稿子因部头太大，迄未付样）。我写过抗战期间，一小时死伤千人以上的惨烈的"上海之战"；我也曾写过"以白骨铺成"的印缅大撤退。但是我笔下的英雄却都是一批在后方指挥，毫发未损的大将军、大司令。至于浴血于前方、四肢不全、呻吟惨号、血流如注的士兵小卒则只字未提。再拜读拜读其他高手的著作也只字未提——一将功成万骨枯，我们史学执笔者，对这千万个卫国英灵，良心上有没有交代呢？我们都是抗战过来人，耳闻目睹，想为后世子孙交代一下，又如何交代起呢？这一点我想只能利用"像小说而非小说，像历史而非历史"的这一种写作模式了。

再举个例子：

我是胡适之先生的学生。目睹胡适当年那一群（尤其是最幸运的第一、二届的"庚款留学生"）所谓有新思想的新学人，哪一个不在家乡丢掉个"小脚太太"，而在都市另结新欢呢？其中只有一个例外便是圣人胡适。胡适娶了个"小脚太太"，大家为他锦上添花，歌颂了数十年，可是那千百个"斜倚薰笼坐到明"的庚款留学生的"小脚弃妇",又有谁替她们申过一句冤呢?她们吞金、她们投环、她们跳井,那一批满口新名词的自私男人,正是这批可怜无告的弱女子最后一批西装革履的屠夫和刽子手。

就以鲁迅来说吧!鲁迅骂人的尖刻是世无伦比的。他为什么就不能以他骂人的尖刻笔调来骂骂混账的自己呢?他说他在乡下的弃妇是"旧式婚姻",与他没爱情,所以要丢掉。但是他口口声声却是要济弱扶贫、拯救被压迫阶级的苦难男女——他为什么就不能在他自己家中,先拯救拯救这一个无辜的女人呢?

鲁迅骂尽了敝老师胡适。就凭这一点,我这个胡适的学生就要说:"啐!周树人,你不配!"

这些只是笔者这一辈在诸种不同的社会中所亲见亲闻,而应该记录下来的社会现象。

历史哪里写得了那许多?就写写小说了。

虽不能至心向往之。请听众贤达、读者贤达,多加指教吧!

原载《传记文学》第五十三卷第一期

也是口述历史
——长篇小说《战争与爱情》代序

《传记文学》按：

  旅美历史学者唐德刚教授从事民国史与口述历史研究与写作之余，应纽约《北美日报·文艺广场》主编李蓝女士之邀，竟写起长篇小说来，这部长达六十万字的小说，系根据作者自己以及周围同时代朋友的经历与体验所写成，不过"人名、地名都换过"，所以作者说这书"也是口述历史"。

  本书发表时以"昨夜梦魂中"为题连载两年，现更名"战争与爱情"（分上、下两册），由台北远流出版事业公司出版。每部定价新台币五〇〇元。

  那已是十多年前的事了。当美国尼克松总统于一九七二年访问了中国大陆之后，大陆上关了将近四分之一世纪的大门，对海外华侨迄然开了一条缝，我有几位去国三十余年的科学家朋友们，乃幸运地从这条缝里挤了进去。那时我们一群还在墙外徘徊的"逋逃汉"，对他们是多么羡慕啊！那伟大的祖国河山；那童年所迷恋的温暖家园；尤其是那慈爱的爹娘、欢乐嬉笑的兄弟姐妹、亲人、朋友、伙伴……是多么令人想念啊！我们焦急地等着听他们回国探亲的故事。

果然不久，他们就出来了。自祖国归来的欷歔客中，有一位是我的总角之交，我知道他青少年时代的一切往事。他出来之后，我们日夜欷歔地谈着他个人的见闻故事——这些故事太奇特，也太感人了。历史上哪里真有此事呢？小说家凭空编造，也很难幻想得出来！

我们细谈之后，我这个搞口述历史的老兵，乃想把他这份口述故事用英文记录下来——那时的美国学者访问中国和越南出来的难民曾是一时的风气。口述者同意我的想法，但他的要求则是只要我不用真名实地，他所说的一切我都可用中英双语发表。可是这项工程相当大，我事忙，无法执笔，便拖了下来。

不久，我自己也拿到签证，回国探亲了。那还是"四人帮"时代。我个人的感受和亲见亲闻的事实想来我国历史上的张骞、苏武、班超、法显、玄奘，乃至薛平贵的奇特经验，也很难和我们相比。我住在北京的华侨大厦，和大厦中的旅客谈来，我自己的经历和去国时间算起来是最平凡而短促的了——我离开祖国才二十五年。虽然一旦还乡连兄弟姐妹都不相识，但比起我的哭干眼泪的朋友们来，我是小巫见大巫了——中华五千年历史上这个时代，对我们这个时代的中国人，实在是太残酷了。

我一入国门，初踏乡土，立刻就想到美国作家华盛顿·欧文（Washington Irving, 1783—1859）笔下的李普万温柯（Rip Van Winkle）来，他在我的经验中，竟成为事实。万温柯其人在美东克思琪山（Catskill Mountains）中狩猎饮酒，忽然蒙蒙睡去，居然一睡二十年。醒来摸索还乡，景物全非——好一场熟睡。我自己不意也狩猎醉卧于克思琪山下，一睡二十五年，始摸索还乡，也是人事全非———欧文幻想的随笔（Sketch Book），竟成为我辈经验中的事实！能不慨然。同时在我们的一睡二十五年期间，关掉大门的祖国之内所发生的种种故事，也真是匪夷所思——太奇特了，也太扣人心弦了。

在国内与老母弟妹一住两个月,回想起在另一个世界里二十五年的经验——他们全不知道的经验——也真如"南柯一梦"!

由于上述吾友的经验,与我个人近半个世纪以来耳闻目睹之事,太奇特了,我想历史书上是找不到的——虽然那些故事和历史上的故事也发生在同一段时间、同一个世界之上。它的"真实性"和"非真实性",也和《资治通鉴》《二十五史》没有太大的轩轾。《二十五史》之中的"非真实性"还不是很大嘛。所不同者,史书必用真名实地,我要笔之于书,则格于老友要求,人名、地名,都得换过。

再有不同者便是史书但写舞台上的英雄人物,舞台下的小人物则"不见经传"。但是真正的历史,毕竟是不见经传之人有意无意之中集体制造出来的,他们的故事,历史家亦有记录下来的责任。

这个构想,时萦心怀。两年多前,在一次文艺小聚时,我和那位呼我为"大兄"的编辑女作家李蓝女士偶尔谈起。她乃大加鼓励,并允为我在纽约《北美日报》她所主编的副刊《文艺广场》上,加以连载。在她的坚决鼓励之下,并蒙她上级诸友一再邀饮,我乃每天抽出了写日记的时间,日写三两千乃至七八千字不等,由李蓝逐日刊出。一发不可收拾,自一九八五年六月一日起,逐日连载达两整年之久。为免脱期,有很多章节竟是在越洋飞机上写的,由世界各地邮筒寄给李蓝——这也算是个很奇特的撰稿经验吧。

现在把这长至六十万言的故事结束之后也不无感慨。它只为多难的近代中国那些历尽沧桑、受尽苦难的小人物们的噩梦做点见证;为失去的社会、永不再来的事事物物和惨烈的"抗战",留点痕迹罢了,他何敢言?

读者们,知我罪我,就不敢自辩了。

一九八七年五月十六日于美国新泽西州北林寓所

原载《传记文学》第五十二卷第四期

海外中国作家的本土性（选载）

《传记文学》按：

本文系旅美历史学家唐德刚教授于一九八五年十二月在一项座谈会中的发言，兹特酌加节略，予以刊出，以飨爱读唐教授大文读者。

前言

从世界文化任何一个角度来看，我们中华民族实在是个"爱好文学的民族"（a nation of literature lovers）。在十九世纪以前，我们用汉文、汉语保留下的文学作品与文学史料，实非其他任何语言所可望其项背。

古人说"六经皆史"，但是在一个学现代比较史学的人看来，我们传统中国，官私作品，实在是"百史皆文"。写历史、写函札、写公私文告，首先着重的便是修辞和文藻。上法堂打官司、到朝廷告御状，往往只要你文字铿锵，官司也就打赢了一半。

这种风气滥觞的结果，往往就以辞害义，在叙事的精确性上和在论理上的逻辑性上，都受了影响。汽车两三辆，朋友七八人，讲起来多么顺口、好听、有文学情调！管他是二辆或三辆，七个人或八个人呢？

因此做"马虎先生"也是我们生活方式中的"本土性"之一种吧。

子曰："必也正名乎！"我们要谈华裔海外作家的"本土性"，先得把"本土性"来下个明确的定义。

"本土性"的定义

在这世界上，每一个特殊民族，都有其与众不同的特殊文化传统和与众不同的生活方式，和由这个特殊传统、特殊生活方式，所孕育出来的特有的民族心态——这一特殊民族心态，就是所谓"本土性"，这在英文词汇里通俗地说来，中国人的本土性则是The Chineseness of the Chinese。没有中国"本土性"的中国人，在七十年代美国少数民族运动中，往往被激烈分子诅咒成"外黄内白的'香蕉'（Banana）"。其实近百年来的北美洲，乃至今后一百年的北美洲，也不会有百分之百的"香蕉"——既然"外黄"，内心亦不可能"全白"。话说到底，纵是"全白"，也并不是什么"坏事"，因为"全黄"也不代表什么"好事"。Chinesess不是个道德名词，它只代表一种"民族心理状态"（Ethnic mentality），而这个状态，也是或多或少，永远地流动着，它不是一成不变的。

历史上没有"没有本土性的文学"

至于海外华裔作家是否保存有其"本土性"呢？回答这一问题，我们首先得把所谓"世界文学"搜搜根。三四千年来，我们在历史上还未发现过一篇"没有本土性的文学"。摩西、耶稣、穆罕默德承受"上帝"意旨，为全人类造福的《新约》《旧约》和《可兰经》，应该是"太空性"、"宇宙性"而没有其"本土性"了。朋友，你去读读这三部"经书"，试问世界上还有哪一部书，比这三部圣书更有"本土性"？

四大皆空的释迦牟尼应该是"工人无祖国"了。朋友，再读读《金刚经》看看，你就知道那位印度欧罗巴教主的本土性之重啊。

等而下之，从古希腊的荷马、古印度的吠陀，和我国古代的《诗经》——《诗经》上不但具有"中国"的本土性，"本土性"之内又可分出不同的"区域性"。所谓"国风"，他们的本土性之重还要说吗？

历史上更没有"没有本土性的作家"

这个世界上有很多国际性人物，每好以"国际性"自诩，排除"本土"大搞其"国际"。近百年来，左翼的贤达们曾搞了四个"国际"。三个都垮了，还剩个不死不活的"第四国际"，现在还在敝大学的街头地摊上拉客、卖书。

最诚心诚意丢掉国籍到海外荒岛上去做"无国籍的公社"居民的，要算若干美国"嬉皮"了。

在七十年代的初期，笔者自己所教的班上，这种杂色"嬉皮"便层出不穷，他（她）们都自吹无本土性，要做"世界人"（people of the world），到荒岛上去住"Commune"。我就提醒一个青年，使他大彻大悟，终于退出公社——我的警语很简单："你是什么鸟'世界人'，你只是个American hippie！""嬉皮"是六十年代极端个人自由化的美国"本土性"的具体表现。他跳不出这个"唯心"的牢笼，而自吹是得到"解放"，冲出了"地狱"，可怜亦可笑也。

文学这个东西，本来就是用来反映一种社会生活方式，和在这一"宏观"的体察下之社会中，反映某一个体的心理状态的一种工具。"我知故我在"，但是问题是"知"从何来——人非生而"知"之者。洪秀全认为他的"知"是来自"上帝爸爸"和"哥哥耶稣"，其实洪秀全本身该背了多少"本土性"，洋泾浜的上帝皮毛而已。

"本土性"连这个"天王"都摆脱不了，哼！你这个坐飞机飞出中国的小作家想摆脱吗？

世界上也没有"没有本土性的语言"

不特此也，"语言"（language）的本身就是个运载"本土性"的工具。它也是在"本土性"的熔炉里锻炼出来的产品。因此任何语言都带有该语言的本土性，任何使用此一语言的人也就被他传染——污染或感染——而带有各该语言的本土性。

语言是表达使用这一语言的人群——尤其是作家们——内心思想的工具。这种人群内心的思想，也就铸造出这一语言的特征，例如组词、造句、成语、文法……因而它所含蓄的"本土性"也特别的重。

举例以明之。我们中国人一向认为"朋友"是"五伦之一"，有"通财之'义'"。因此，中国人合伙做生意，往往不订契约。大家结合只靠宁波佬所说的"一句闲话"——"然诺重千金""疏财仗'义'"。有这种"心态"，因此汉语中也有这个"词"叫"义"，俗语叫作"义气"。而这个"义"字，便是所谓"中国本土性"的具体表现之一种；"义"在其他文字中，便找不到"同义词"——英文中就没有这个"词"。例如说，"某人很义气"这句话在英文里简直就无法翻译。

所以"文字"实是含有"本土性"最强烈的一个"社会交流工具"。一个作家如果能纯熟使用某种文字，他就必然会被某种文字的"本土性"所感染。是深是浅、是好是坏，那是另一问题。所谓"海外中国作家"都知道，用某种文字来"讲"或"写"，你也必须用同一种文字来"想"，这样的"讲"和"写"，才能臻于娴熟，达于化境。"讲"和"想"用同一种"外国语"，是学习"外国语"的第一关。没有这个"突破"（breakthrough），所谓"外语"，是不可能纯熟运用的。用某种文字去

"想",你就不可避免地带有某种文字的"心态"或"本土性"了。

因此,凡是用"汉语"去"想"的"中国作家",他们就必然有其大同小异的"中国心态",也就是"中国的本土性"了——中国方言(如粤语、沪语、闽南语、客家话)也是汉语的一部分。说这种语言的人也都具有"中国心态",不过今日海内外的"中国作家"(包括新加坡的"华语"作家)所使用的文字,仍然是所谓"国语"(普通话或华语)。用中国方言所写的出名的文学作品,大概只有一部用苏州语的《九尾龟》——其他则只限于一些"方言"译的《圣经》了。

所以,两岸的中文作家们,隔离了三十多年之后,不管双方有何种不同的"意蒂牢结",不同程度地西化、洋化、异化,他们都根本上具有相同的"中国本土性"——大同小异的"本土性"(汉语如一旦被全盘"拉丁化"了,那就又当别论了)。

能使用相同语言的人,就自然会具有大同小异的"本土性";使用两种完全不同语言的人,他们往往则是两种"心态各异"的不同的动物,虽然他们体质上长得是一模一样的——这一现象在新加坡和美国华侨社区都极其明显。

在新加坡,那些专说"华语"和专说"英语"(着重个"专"字)的"新加坡人",便是两种不同的"新加坡人",一望而知。在美国则ABC(土生华侨)和CBA(移民华侨)也是截然不同的,虽然他们的区别没有像在新加坡那样的明显和尖锐——因为在新加坡,往往两种人都是当地土生的。

至于寄居海外的"中文作家"们究竟保留了多少,或何等程度的"中国本土性",那就要牵涉到文化外流和移植的基本问题了——文化外流的方式和过程、移植区内土壤的性质、移植区内其他文化的阻力和诱惑力,也就是"文化冲突"(cultural conflict)的问题。这些对外流文化"本土性"之存亡、深浅,都有其决定性的关系。

"本土性"的保存与保守

大体说来,一个文化之外流,亦如江河之泛滥。水是向低处流的。它如流向一个原始、落后、贫瘠的低洼地区,那这个文化整体(cultural entity),包括语言文字、风俗习惯,就要像黄河决口,淹没一切。白人(Aryan People)文化之入侵古印度与现代非洲、美洲,就是个最大的例子。

今日所谓"非洲文学"(黑文学Black Literature)和南美洲的"拉丁文学"(或黑西班牙文学Hispanic Literature)都是用欧洲文字写的。连那个得诺贝尔文学奖的印度大诗人泰戈尔的作品也是用英文写的。

我汉族在东亚大陆,三千年来滚雪球式的发展,也是遵循这个程序进行的。东去朝鲜的箕子,南下广东的赵佗,都是这项文化扩张中的英雄,至于无名英雄,那就更是千千万万了。

但是一个文化向外发展——也可说是"文化侵略"吧——如果碰到土著文化的抗拒,那就要看抗拒者阻力之大小,来决定入侵者"本土性"之流失与变质的程度了。换言之,也就是在这"文化冲突"的战场里,能保留多少其挟带出国的"本土性"了。

如果抗拒者的文化远低于入侵者的文化,则这个入侵者或移植者就必然抗拒与土著文化合流。它要用尽一切方法来排斥土著文化,来保留其移植者的"本土性"。古雅利安人之入侵印度,和古犹太民族之被迫向四方逃亡,都是这样的。古雅利安人要保持他们原高加索的"本土性",为患印度之烈(例如印度的阶级制Caste System),至今未泯。

犹太人之逃亡,则是一种"高级难民",所到之处,不愿与土著合流,以保存其本土已失的本土性,乃形成世界各地、自我封闭的"犹太社区"(ghetto)。他们歧视土著,土著也歧视他们。年久成习,演变成恶性循环,就促成有世界性的"反犹运动"(anti-Semitism)了。

我们移民南洋的华侨,和犹太外移也有异曲同工之妙,引起我们和土著之间的歧视与反歧视的循环。犹太人在各地都保留了他们的语言文字、风俗习惯，我们在南洋亦复如是。

再者，一个向海外移植的民族，在历史上（此地强调"历史上"三字，它和"目前情况"又略有不同）往往是各该民族的下层阶级（体力劳动者）和避难的"逋逃客"。他们为着衣食之谋，或狭隘的宗教信仰，局处异邦，很难搞文化改革（是坏是好又当别论）。他们因此在生活和思想上，较之祖国人民，且更为保守，也就更具"本土性"——祖国在社会发展上的急剧变化（好坏不拘），而侨社却保持着它静如止水的旧文化、旧传统，也就是保留了高度的"本土性"。有许多传统的风俗习惯，在祖国可能早已泯灭，而在侨社则继续通行无讹。这种保守性的聚"族"而居的华裔海外侨社如"唐人街"或"中国城"，因而就形成"唐人社区"（Chinese ghetto）。

"本土性"的漂失

这种"本土性"在经济和文化比较落后的地区，往往可永远保存，甚至"独立建国"，如新加坡（事实上南非和拉丁美洲的许多小国，在文化上也是欧洲白人的"新加坡"）——但是这现象多半是"水向低处流"、久积成湖的结果。一旦流水遇高丘——一个移植的文化，碰上一个更多彩多姿、更丰富文明的阻力，那就要发生"倒流"甚或"灭顶"的现象了——我华族向北美洲移民，现在就发生了这种现象——在北美洲我们钻入了一个物质上超高度发展、文化上更多彩多姿的现代文明圈中，在这个"文化战场"上，我们的"第一代"，尤其是知识分子圈内的第一代，在保持"本土性"之肉搏战中，已是"且战且走""屡败屡战""可泣可歌"（有的也就干脆放下武器投降了）！我们的"第二代"，尤其是知识分子阶层，其中尤其是"高知阶层"的子女，他们还在襁褓之中，早就"全盘西化"了。

可悲的是：在中国旅美高级知识分子的第二代的圈圈里，"中国本土性"早已变成孩子们生活中的"噱头"和"笑料"——他们都是百分之九十的"洋基"和"香蕉",Chineseness云乎哉!

聚居在Chinese ghetto中的子女虽稍胜一筹,但是一旦展翅"单飞",脱离了ghetto,"本土性"也就微乎其微了。

所以在北美洲,我们华裔的本土性之保持,全靠"第一代"——在中国侨美的"中文作家"中,也只以"第一代"为限;"第二代"的华裔作家就不能再用中文写作了。这在新加坡则不然——我个人在新加坡遇到好多第二、三代的"华文作家",这在美国是不可想象的。

一言以蔽之,这就是个文化"水平"的问题。东南亚的土著文化,一般在当前汉文化的"水平"之下,所以我们可以"水到渠成";美国当前的文化,则在我们的"水平"之上,我们只能在深泽低沼中搞点封闭的"艺脱"文明,一出沼泽就被人淹没了。

但是本土性之漂失并不是什么了不起的坏事。因为事到如今,没有哪一家文明是可不受外界影响而单独存在的。如果一种文化水平太低,或太古老,它就必然受到外来文化的影响或侵略;反之,它就必然向外扩张和影响别人,以邻为壑,来淹没别人。我国古代文明之扩张属于后者,现代文明之含辱蒙羞则属前者。不是我活就是你死,哪有了局?和平共存,则中外文明终有拉平之一日。

中国文学不是个孤立的东西,它是中国文明中最敏感的一部分。只要中国文字永远使用下去,中国本土性就不会消灭,但是它在外力冲击下而崇洋,而部分西化,则是难免的。有朝一日,它的水平提高,它也会向西方倒流的。

所谓"海外中国作家",只是"中国作家"的延伸。海内外"小异"多已哉,"大同"则是逃不了的。

原载《传记文学》第四十八卷第二期

撰写《李宗仁回忆录》的沧桑(上)
——一篇迄未发表的《李宗仁回忆录》中文版代序

《传记文学》按：

　　本文系旅美史学家唐德刚教授于四年前寄交本刊者，迟迟未发表的原因，一方面因为李宗仁其人，固有其不可忽视的历史地位，但毕竟是此间不受欢迎的人物；另一方面，也是最重要的原因，唐教授此文原是当时为香港明报月刊社计划出版的《李宗仁回忆录》中文版（部分曾在《明报月刊》连载）所写的序文，嘱本刊编者在该书出版前后，觅一适当时机配合刊出，不意明报月刊社因故并未将此书付印，四年多的时间，一直到今天仍未见有任何出版的迹象，该社究因何故打消出版计划，局外人不得而知，不过据熟悉香港出版界的朋友透露，不外（1）李某为一过气政治人物，香港读者对其回忆录并不甚感到兴趣；（2）广西人民出版社未经撰稿人唐教授同意擅予抢先出版；（3）该社因人事或其他因素，可能影响出版计划等等。不论如何，唐教授这部耗费多年心血的百万言大著，在香港发行中文版的计划从此便胎死腹中，而这篇原为中文版所写的长序也就尘封迄今，而没有机会与读者见面了。

《李宗仁回忆录》中英文稿是一九五八年春至一九六五年夏唐德刚博士在美国哥伦比亚大学"中国口述历史计划"项下，继《胡适口述自传》之后，费时七载完成的一部大部头的历史性著作。在"文化大革命"风暴中，李宗仁濒临批斗的边缘，本应与草木同朽，没想到在做寓公时代完成的这部"三分口述七分唐著"回忆录，意外地却使他留下无法与草木同朽的历史记录。

哥伦比亚大学"中国口述历史计划"，唐德刚博士自始至终都参与其事（也可以说是原始创意人之一）。这一计划，在二十世纪五〇年代及六〇年代，为中国近代史保存了许多重要的第一手的史料。其中有很多曲折、很多辛酸、也有很多有史料价值的"掌故"，唐博士均身历其境，耳熟能详的。当本刊为唐博士出版《胡适杂忆》《胡适口述自传》及《五十年代的尘埃》等三书以后，编者曾一再促请唐博士写一篇《哥大口述历史的历史》（《胡适杂忆》中最后一章《历史是怎样口述的》中，唐教授曾写过一部分，但只限与胡适有关部分），编者出题约稿，唐博士虽未予拒绝，但因教学研究与兼任学校行政工作忙碌异常，故迟迟未能交卷。直至四年前本刊收到这篇"长序"，可以说唐博士无意中完成了编者所殷望的一篇"史学之史"，实为本刊意外而又意外的收获！

一拖四年余，《李宗仁回忆录》香港中文版已无出版的可能，大陆版的《李宗仁回忆录》虽已再版，并未增刊此一长序。（可能尚不知有此序之存在？）如果本刊不将其早日公诸于世，将来很可能就此散失了，而《李宗仁回忆录》漫长而饶有趣味的撰述经过，及哥伦比亚大学口述中国历史的历史也就从此永无问世的机会了。因此本刊决定将这一长序先行发表，至于《李宗仁回忆录》一书，何时能与大陆以外的中文读者见面，则并非本刊之重点所在，相信时间会解决这个问题。

一、李宗仁的历史地位

李宗仁是中国近代史上一位屈指可数的政治领袖和英雄人物。读历史的人，纵使以成败论英雄，对这样一位不平凡的历史制造者，也不能等闲视之。

从一个历史人物的任何角度来看，李宗仁的一生事迹原也不能归纳成"失败"二字。他的出身是清朝末年，落后的广西农村里一个诚实忠厚的牧童。论家庭环境，他比后来和他同时显赫的国共两党中的领袖人物都要艰苦得多。他是个真正赤脚下田、肩挑手提、干过粗活的贫苦农民（其他做过同样自述的高层领袖人物，往往都是言过其实）。然而历史和命运，三凑六合，却渐次提携他在中国军政两界，逐年上升；终于在国民党政权在大陆上的最后一年中，成为国家元首——有历史和正统地位的国家元首。这在中国的传统史学上说，也可说是中国历史上最后的一位"末代帝王"吧。"末代帝王"——尤其是传统的宗法社会转向社会主义社会这个"转移时代"的"末代帝王"，是任何读史者所不能忽视的。

从李氏个人在历史上的事功方面来看——让我引一句套语——他的一生也可说是"有足多者"。他在二十来岁初主"方面"之时，居然能摆脱旧军人的传统，跳出当时腐化的环境而以新姿态出现。这就是一件那时军人不容易做到的事。其后他加入国民党，参与国民革命，论战功、论政略，他都是国民党旗帜下一位佼佼不群的领袖。在那些国民党执政时期诸多决定性的大事件之中——如"统一两广""北伐""清党""宁汉分裂""武汉事变""中原大战""国共第一次内战"（"五次围剿"与"反围剿"）"闽变""六一事变""抗战""国共二次内战""行宪""蒋氏二次下野""国民党退守台湾"等等——李宗仁都是关键性人物之一；少了他，历史可能就不一样了。

就以最后这两件事（蒋氏二度下野、国民党退守台湾）来说吧，李氏也是造成今日两岸对峙的重要人物之一。当年李宗仁曾对笔者力辩一九四九年"逼宫"之说为"诬赖"。据个人探索，我也认为"逼宫"之说有点过甚其辞。但是蒋氏当年既然退而不休，却为什么又要坚持"引退"呢？

原来"内战"与"外战"不同，在中华民族传统的道德观念支配之下，对外战争在情况险恶之时，卫国将士是应该"宁为玉碎"的。但是内战在同样情况之下，那便不妨"阵前起义"或谋"局部和平"，以求"瓦全"了。蒋氏下野而让李某"抛头露面"，其用意显然是在"稳定桂系"，免得它效法傅作义，在华中地区搞"局部和平"罢了。

在蒋氏那时的估计，桂系如不搞"局部和平"，它或许仍然可以"割据两广"以抗共军。这样蒋氏所直接控制的中央系也就可以确保台湾了。这也是"守江必先守淮"的次一步安排吧。留得青山在，不怕没柴烧。一旦国际局势转变，国民党卷土重来，还怕"桂系"不听指挥吗？

后来桂系在"两广"虽然"割据"未成，但是李、白二人没有和程潜、陈明仁等一道去搞"局部和平"，倒给予中央系人物较充分的时间去准备退守台湾——如胡适在抗战期间所说的"苦撑待变"！那时李、白二人如果也搞起"局部和平"来，则情势可能早就改观了。话说从头，李宗仁一个人的意志，也是这个历史发展的关键！

一九六五年初夏，李宗仁有一次忽然十分伤感地向我说，他年纪大了，想"落叶归根"！他那片"落叶"，如果在一九四九年就"归根"了，今日中国和世界的局势还会是这样的吗？

匹夫一身系天下安危。我们读历史的人，岂能小视李宗仁这位"末代帝王"的个人故事！所以我们要治"民国史"，则对李宗仁其人其事就必须有一番正确的认识。但是要认识李宗仁，他本人的回忆录自然是最直接的原始资料。

二、本书正名

当然，古今中外任何历史人物——尤其是政治圈内的人物——的自述，都有其片面性。它的论断是极度主观的。但是一位创造时势的英雄，对他如何创造他那个时势的自述，其史料价值究非其他任何间接史料所可比。至于如何在这些第一手史料中去甄别、取舍，那么见仁见智就要看治史者和读史者——不论他是个人、是团体或是阶级——个别判断能力之高低和成见框框之大小来决定了。

笔者不敏，由于"治史"原是我的终身职业，"读史"也是我生平最大的兴趣；加以上述理想的驱策，因而在美国大纽约地区接受哥伦比亚大学之聘，自一九五八年暮春至一九六五年初夏，断断续续地用了将近七年的时光，在李宗仁先生亲自和衷合作之下，写出了这部《李宗仁回忆录》的中、英二稿。属笔之初，李与我本拟在"回忆录"之外，另加一书名叫"我与中国"——使它和当时风行美国的《艾森豪威尔回忆录》另有个书名叫"远征欧洲的十字军"一样。至于作者的署名则更经过哥伦比亚大学的提议、李氏的同意，用"李宗仁口述；唐德刚撰稿。美国哥伦比亚大学·东亚研究所·中国口述历史学部编纂发行"等字样。出版时列为哥伦比亚大学"东亚研究所丛书第×××号"。这种安排也可说是一种三边协议吧。

我们那时想取个"附带书名"的原意，只是为本书"英文版"着想的。因为当时欧美社会的时文读者们对"李宗仁"这个名字，并不太熟习，加一个"我与中国"就比较清楚了。不幸英文版之付印由于李氏于一九六五年夏秘密离美而中止。如今二十年快过去了，李宗仁的故事在欧美已不成其为"时文"，而是一本不折不扣的"史料书"了。史料书再用这个附带书名不但失去了原来的意义，而且会影响本书史料上的严肃性，所以笔者征得哥大校方同意，为保持本书的纯学术面貌，就决定不用了。

至于本书的"中文版"，它原无加一附带书名之必要，画蛇添足，就更犯不着了。这件事从头到尾是笔者个人向李建议的，取舍之间并未违反李氏之原意也。

三、中文稿出版的曲折

本书共有中、英文稿各一部。

中文稿共七十二章，约六十万言。此稿内容政治掌故太多，牵涉广泛，各方阻力不小。且销量有限，出版不易，以致积压甚久。因此在七十年代中期，当国际环境好转，海内外学术风气亦有显著改变之时，本稿原国际版权享有者的美国哥伦比亚大学乃委托笔者将本书中文稿转交香港《明报月刊》，暂时以"连载"方式，按月分章发表，以飨读者。

哥大执事人并有正式公函给我，因为我是本书中、英二稿的唯一撰稿人，根据国际出版法，我个人有权收取本书中文版的国际版税。至于本书英文版的版税问题，哥大历届当轴均一再言明，校方为本书"投资"太多，为收回成本计，大学拟以英文版版税"归垫"云云。

以上都是享有两稿版权的哥伦比亚大学向我这位"著作人"主动提出的。笔者一介书生，对资本主义学术界的生意经，既无研究，更无兴趣；只要他们能不动本书内容，能保持这本历史记录的真面目，我就很满意了。至于大学当局主动地向我言"利"言"权"，我多半是由他们做主而不置可否的。这可能也是我们海外中国知识分子，治学异邦，而仍然未能摆脱我故国乡土书生的头巾气，有以致之吧。

由于哥伦比亚大学的授权与供稿，香港《明报月刊》乃于一九七七年四月份（该刊总第一三六期）起，按月连载至两年之久。后因该刊前编辑以此稿过长，希望暂时停载若干期，以免读者乏味。同时亦因哥大所发之中文稿中，竟然缺了极其重要的、有关当年"国共和谈"的一章——第六十六章，"收拾不了的烂摊子"——需由英文稿回译，而笔者事忙，一时未能动笔，这一"连载"便暂时中断了。

今年（一九八〇）年初，笔者承香港《明报》发行人查良镛先生函告，以《明报月刊》对《李宗仁回忆录》将恢复连载，并拟刊行全书。此时适本书英文版业已问世，笔者乃着手将此缺稿回译，并将十余年前所撰之"中文版序言"修改补充以适应当前需要。惟平时教学事忙，一时无法抽空，遂拖至学期结束。后正拟趁暑假赶工之时，忽自中文报刊上读到消息，始知《李宗仁回忆录》中文版，已为广西文献委员会在桂林出版——笔者执笔草此文时，对该"桂林版"尚未寓目。

这件突如其来的出版消息，倒使我这位"撰稿人"，颇觉意外。理由是：

第一，桂林出版的《李宗仁回忆录》据说是李幼邻（李宗仁的长子）带回去的那份残稿。全稿缺了上述那极重要的第六十六章，画龙失睛，岂不太可惜了吗？桂林的出版商事先为什么不问我一声呢？

第二，笔者是该书享有国际著作权的唯一"撰稿人"。全书虽是根据李宗仁大意下笔的，而李氏所提供的只是一些含混的"口述史料"（oral source）——李宗仁旅美期间，身边无片纸史料——至于详尽明晰的"著述史料"（written sources）之搜集，写作计划之拟订，新式史学方法之运用与全部文稿之撰写等等，则全是我一手包办的。所以哥大口述历史学部原主持人，在本书英文版《导言》中，便郑重指出，本书是"一位历史制造者和一位历史学家的合著"（全文见英文版韦慕庭、何廉合撰的《导言》）。论对本书撰写过程中用力之多寡，和在史学著述上文责之轻重，在哥大发行的英文版上，我的名字尚且排在李宗仁名字之前呢。因此，按法律、按事实、按情理，这都是李宗仁和笔者二人的"合著书"，这也是李氏生前和哥伦比亚大学共同协议认可的。为什么这本桂林版的问世，我这位"合著人"事前竟毫无所知呢？！

第三，本书所用的体裁虽为"自传体"，但是它的撰著过程却是与"传记体"分不开的。只是一般传记的写作——如薛君度所著的《黄兴传》（英文原著作于哥伦比亚大学，中文译本最近在湖南长沙出版）——所用的资料多半以"著述史料"为主；作者的意见，也可随心所欲，任意发表。本书的写作，则是"著述史料"与"口述史料"并用；作者任何意见须经当事人认可而已。所以本稿实是"传记""自传"合二为一的一本现代史学著述。本书之行世，自传当事人和史学执笔人，对当前读者和后世史家，都应有个明白的交代。一本史学著作不是一个由天上掉下的殒石，它是有来龙去脉的。读史的人——尤其是将来的史学家——也是要寻根究底的。一位生前未尝执笔为文的李宗仁先生，死后忽然从天上掉下一本自传来，这也是对读者和历史的蒙混。所以自传的当事人和自传的真正执笔人，在书面联署，目的是向读者和历史负责，非徒世俗所谓附骥留名而已也。当年美国报人斯诺在陕北访问毛泽东所写的《毛泽东自述》，仍然是斯著《西行漫记》（或译《红星照耀下的中国》）里的一章。斯诺对中国近代史并无深入研究，该篇并未引用其他"著述史料"；他所用的倒是百分之百的毛氏的"口述史料"。虽然如此，历史家并没有把此篇收入《毛泽东选集》，那一篇仍是斯诺的作品。美国女作家史沫特莱夫人所写的《朱德传》亦复如是。这些都是近代史学著述上有名的作品，尽人皆知。本书桂林版的发行人，为什么对这些前例熟视无睹，而单独把我这位"撰稿人"的名字在书上一笔划掉呢？

第四，在资本主义制度下的哥伦比亚大学，为着捞回原先投资的成本，也只是取消我这位"作者"应有的"版权"，它并没有剥削我的"著作权"。广西文献委员会，理应对历史作家有更多的保障，它怎能比资本主义的哥伦比亚大学，更进一步，连我的"著作权"，也给不声不响的没收了呢？

在百思不得其解之下，我的臆度便是：祖国的学术界和海外的学术界，不幸隔绝太久了。因此著述界和出版商在海内外彼此抄袭、翻印、剽窃等陋习多少年来已相沿成风，视为当然。如今海禁大开，海内外著述界已由高度交流而日趋统一。但是原先的陋规恶习，还有其相沿的惰性，一时颇难祛除。近三十年来该有多少我国出版的名著，在海外被改写、换名、盗印了，这也都是尽人皆知的事。

再者李幼邻先生当年经商事忙，他对这一宗替他父亲写回忆录的学术事务，原未参与，隔阂殊甚。他对本书由协议、到撰写、到出版的一系列合约的安排，并不熟悉。最近他只是以李宗仁长子的身份自黄旭初先生的遗属手中，取得了这份残稿（至于此稿如何落入黄家，下文当另有交代），他便把这份残稿捐献给广西政协了，而接受这份残稿的广西人民政协当局，当然更不知道本稿各种复杂的前因后果，因而就以"官场惯例"，未经调查、不问情由，便把全稿一股脑出版了。

这样一来，他们也就把一个现代史学作家，当成当年官场上的"文案""师爷""秘书"等一样的"幕僚"看待了。这些旧时代的"幕僚"的主要职务，便是遵"长官之命"，去为长官"拟稿"；拟好了"文稿"，再由他们"主任秘书"或"幕僚长"来"核稿"一番；然后再"呈阅"，由"长官划'行'"，便是长官的"文告"了。

但是这种旧时代的"官场惯例"和现代学术界的"科学分工"，是水火不相容的。可是笔者这部现代史学的著述，显然是被当成旧社会的"长官文告"给处理了。在今日海内外学术界、著作界，由高度交流而日趋统一的现状下，竟然发生这样有欠正常的出版现象，我身为海外作家之一，不避冒昧地著文反映，在法、理、情三方面，请求有关当轴，加以澄清，也是我们帮助祖国出版界现代化、国际化的应有责任吧。

四、英文稿和中文稿的关系

本书的英文稿原是笔者对中文稿的节译、增补和改写而成——共五十三章,亦四十余万言。此宗英文稿于年前经笔者重加校订,由哥伦比亚大学授权英美两家书商,于一九七九年六月在美英两国同时出版。为节省纸张用小号字排印,亦有六百四十二页之多。书前有上述韦、何两氏的《导言》,我自己也写了一篇英文长序。

这中、英二稿在分量上说,都不算小,甚至可以说在中国近代史传记项下,是一部鲜有其匹、全始全终的一部"当国者"的自述。用常理来说,这中、英二稿自应以中文稿为主,英文稿不过是一部"节译"而已。谁知就撰写的程序来说,这中、英二稿却相辅相成,各有短长。其内容亦间有不同。此种情况之发生固亦有其常理所不测之处也。其中最主要的原因,便是这部书的写作原是一所美国大学所主持的。美国大学对出版中文书是毫无兴趣的,当然也就不愿提供非必需的经费来支持中文写作了。

笔者当年受聘执笔,要随时向校方主持筹款的上级报告"进度",而学校当局对我这位"研究员"的"研究工作"之考核,亦全以英文稿为衡量标准。幸运的是李宗仁不懂英文,我非起个"中文草稿",则李氏便无法认可。那时笔者如为着省事,但向哥大按时"交差",则中文草稿原无加工之必要——哥大当时所主办的其他中国名人"口述自传"(如胡适、孔祥熙、陈立夫、顾维钧、张发奎、蒋廷黻、陈光甫、蒋彝、吴国桢、李汉魂、何廉等人),均无中文稿。该校在同时期所主办的一些东欧名人的"自述",亦无东欧文底稿。笔者所撰这部中文版《李宗仁回忆录》,则是其中唯一的例外。

说实在话,这部书原是我个人循李宗仁之请,在正常英文撰述工作之外的一点"额外工作"——说是笔者个人"偷空的私撰"亦未始不可。

为着赶写英文稿,按时向校方"缴卷",同时并保持中文稿最低限度的可读性，我那时精力虽旺，也还是日不暇给，工作时间往往是通宵达旦的。而这点自讨苦吃的"额外工作"，也不知道给予我多少一言难尽的"额外"苦恼，有时因之气馁，有时因之心力交瘁，是难免的；但是笔者愚而好自用的个性，总算也有可用的一面，我是咬紧牙关，不计后果地坚持下去了——坚持着用掉数十打铅笔，多写了一百多万个中国字！

那份"铅笔稿"——多半是我在午夜前后一灯荧荧之下，埋头书写的——它的分量虽大，而哥大当局却一直不知其存在。一直到一九六五年深秋，李宗仁秘密离美后三个月，哥大的律师为向法院"备案"，细查全稿撰写程序，才被他们发现的。一旦发现，校方乃要我缴出归公，由哥大"封存"，从此就算是哥伦比亚大学的"财产"了。该稿现在仍被锁在哥大图书总馆的"珍藏部·手稿室"。笔者前不久曾一度被特准取阅，全稿纸张，已苍黄不堪矣。

这部中文稿既是一部"额外工作"，而这额外工作又多至百余万言，因此落笔之时，我断然没有工夫去字斟句酌的。事实上那份草稿的撰写方式，简直与一般"限时发稿"的新闻记者的写法一样——真可说是"文不加点，一气呵成"，要推敲、要考订、要章节改组，就到英文稿上再去加工吧。

据笔者个人，乃至海外一般同文的经验，写英文在某些方面，远比写中文轻松。主要的原因便是中文须"手抄"，而英文可"打字"。打字是机器工业，快而省力——笔者本人便可于一分钟之内很轻松地"打"出四十五个以上的英文字——所以一稿可以数易。必要时且可请打字员代劳，甚或录音口述，不必挥动一指。写中文则是手工业，一字一句都得亲自手抄。一篇短稿，往往也要个把钟头才能抄完。要把一份长逾百万言、"额外工作"的手抄稿，不断地改写改抄，那几乎是不可能的事。但是这部《李宗仁回忆录》，却是经过六七年的时间，不断地改动才完成底稿的，因为有时完稿之后，已经李氏认可了，忽然又发现了新史料，甚或新回忆("忽然间想起来了!"),如此则部分手稿必须改写,而这项改写工作,我往往就舍中就英了,在英文稿上直接加工,然后要打字员重新打过就是了。

至于中文稿,手抄太困难,而海外又无中文"录事"或"钞胥"可以帮忙,所以中文稿需要改动,我只写了些"眉批",或标上一两张签条便算了。"改写工作"就只好"留待异日"再做吧。

举一两条小例子:

民国十五年(一九二六)北伐途中,蒋、李二人"拜把子"之时,蒋总司令的盟帖上原有四句四言的"盟诗"。李先生忘记了。那盟帖也在一九二九年"武汉事变"中遗失了。所以在中文稿上我们就没有写下来。可是后来郭德洁夫人阅稿时,她还能记出原文。李氏乃要我"加上去"。我便把这四句译成英文,把原稿抽出"改写",并重新"打"好,天衣无缝地补了进去(见英文版第一七五页)。

但是在中文稿上,我只加了一张签条,以便将来"整理"时,再行补写。孰知李氏一去,"补写"不成,而这张签条后来又在哥大复印全稿时被暂时"抽下"。一抽之后,不识中文的助理员便无法复原。因此蒋总司令的这四句"盟诗"和陈洁如女士的芳名,在中文版上也就不能出现了。

还有,当李宗仁营长于民国八年(一九一九)率部驻防新会时,奉密令逮捕新会县长"古某",并将其"当场崩掉"。县长是被他杀掉,但是名字却被他记错了。后来经辗转查明,那位被枪杀的县太爷的名字原来叫"何文山",湖南人,而非"古某"。在英文稿上我是根据新史料改正了(见英文版第五十八页至六十页)。但是在中文稿上,我也只加个签条,这个签条后来也脱落了。所以该章其后在《明报月刊》(总第一四二期)印出时,那位冤死鬼还是那位"古某"。我相信在新出的"桂林版",可能仍是将错就错的。

以上所说的虽然只是一些小出入,而如上节所述的中文稿第六十六章"收拾不了的烂摊子",则全章都是笔者最近才从已出版的英文稿第四十七章整个回译的。原来当我发现中文清稿中缺了该章之时,我曾专程去哥大各处搜寻,却遍觅无着。这章稿子究竟怎样遗失了呢?事隔二十余年,真是线索毫无!后来我在自己的日记和其他一些杂乱的残稿之中,才找到点影子。

事情的经过大概是这样的:在当初我把那一章中文底稿译成英文之后,哥大方面的美国同事阅后都嫌其太简略了——因为这是当时大家等着要看的"最重要的一章"——我自己反复读来也自觉有避重就轻之感,乃决定把全稿抽出,从头改写。改写再经李氏完全同意之后,未等把中文底稿润色后抄成清稿,我就把底稿译成英文了,因此中文清稿一直没有叫昭文(按即作者夫人吴昭文女士)补抄。没有补抄的原因,是笔者对改写稿仍不满意,只以"来日方长",以后与李宗仁商量,再来个三次改写吧。

原稿既然抽下来了,打杂的女秘书可能就忘记放回去。后来哥大的中国口述历史档案室又先后三迁,而直接管理档案的女秘书又一死三换,先后不接头。笔者原不管庶务——按规章我也无权过问,也没时间过问——后来受调离职就更不能过问,残余的中文底稿第六十六章也就再也找不到了。

原先我个人对整个七十二章中文全稿的打算,是等到英文稿完工之后的遥远将来,在李宗仁继续合作之下,再"慢工出细活"地补充、润色,甚或彻底改写。因为在李氏与哥大合作之初,便同意在回忆录英文版面世之前,不得以中文发表任何回忆史料。这本是美国学术界的生意经,所以我对于中文稿,原也打算天长地久,以后再慢慢琢磨的。这本是我个人的心愿——这部中文稿太毛糙了,她是一块璞玉;玉不琢、不成器,我是预备把她好好地改写的。一部必然传之后世的中国史书,怎能让后世史学家看出"英文版优于中文版"呢?这种心理也可说是我们寄居海外的中国知识分子,对祖国文明所发生的班超式的愚忠愚孝吧。

谁知英文稿甫告完工之日，李宗仁忽然自纽约"失踪"！哥大随即循法律程序，把与李氏有关的中英文一切文件，全部封存。哥大这一锁就锁了十二年之久。直至一九七六年初，"中美国交解冻"已成定局之时，哥大当局始决定把这项中文稿"解冻"发还。这时李宗仁夫妇墓木俱拱，海内外人事全非。笔者亦两鬓披霜，摩挲旧作，真是百感交侵！

笔者虽然是这部书从头到尾唯一的执笔人，但是在体裁上它毕竟以"自传"方式出现。在治学的基本原则上说，我今日对这部稿子，除掉改正少数笔误之外，我是不应易其一字的。改写和润色，都为治学常规所不许。

但是这部书，原只是一"草稿"——一位未施脂粉、乱头粗服的佳人。她原是学术在政治上的牺牲品。因此这中、英二稿，并不是一稿两文，而是一个著作程序中，两个不同阶段之下的两种不同的产品，相辅相成而各有短长。中文稿还没有脱离"草稿"阶段，英文稿在程序上却是"定稿"，而这一定稿大体说来却又是中文草稿的节译和补充。这点实在是我们华裔知识分子在海外以中英双语治中国史，无限辛酸的地方。这也是笔者要向《李宗仁回忆录》中文版读者抱歉，并请逾格体谅的地方。

五、初访李府

《李宗仁回忆录》的中、英二稿的"正本"虽被哥大积压了将近二十年，其"副本"则在海内外变相流传，易手多次。因而新书未出，旧稿已经弄出意想不到的许多古怪的"版本问题"来。笔者既是两稿唯一的"撰稿人"，我自觉对这部稿子撰写经过中，若干关键性的细节，亦有稍加叙述的必要；庶几读者能了解真相而不为鱼目混珠的版本问题所困惑。

这部书原是美国哥伦比亚大学·东亚研究所·中国口述历史学部主持之下撰写的。这个"学部"（或译为"计划"）原于一九五七年试办成立,也算是该校总口述历史学部中的一个支部。这个支部的主持人是该校授中国近代史的白人教授韦慕庭（C. Martin Wilbur）。各项经费原是他向福特基金会、美国联邦政府,以及其他方面筹募的;一切内部政策也就由他一人决定。笔者在拙著《胡适杂忆》的最后一章里,也曾略有交代。

韦氏为与中国海外政要洽谈方便起见,后来也邀请当时在哥大教授中国经济的华裔何廉（Franklin L. Ho）博士参加。但是何氏的职务只是陪陪客、吃吃饭、做点咨询工作而已,并不负丝毫实际责任。何氏是搞经济的,同时因为他早期在国民党中做官是属于"政学系"那个官僚集团,历史既非其所长,而他过去在中国政治圈中的恩怨,反增加了哥大对中国口述访问中的不必要的困难。即以宋子文为例吧,宋氏曾多次透过顾维钧先生向哥大表示愿意参加。宋是哥大的校友,又是所谓"四大家族"中的宋家的第一要员,在后期的国民党政权中,他是位核心人物,本身就是一部活历史。最重要是他还拥有整箱整箱的私人文件。

不幸的是,当他在重庆做行政院长的时期,把他下属的"农本局长"何廉给关了起来。据说当时何氏如没有"政学系"的靠山,是可能丧命的。

如今大家都生活在海外,纵不计前嫌,但是把杯握手,也难免脸红——尤其当时华人知识分子圈圈内的传说,都以为这个口述历史是何廉主持的,何氏对外自然也当仁不让——所以宋子文就有点踌躇了。后来宋氏还是不顾既往,颇有参加的愿望,但是在"咨询"过程中,他的名字却被划掉了。

后来顾维钧先生向我说,宋子文先生希望你也能帮帮他的忙,他想写本回忆录。我斩钉截铁地告诉顾先生,我愿抽空,为宋先生义务帮忙。但是顾先生知道我是一位"穷忙"的流浪汉,哪里能抽出这个空;一人担三口,昼夜不停走,哪里又能负担起这个"义务"呢?所以也就作罢了。

后来宋氏在西岸吃鸡,不幸噎死的消息东传之后,我个人闻讯,真搥床叹息——我们治民国史的人,怎能把宋子文这样的"口述史料",失之交臂呢?

哥大这个"中国口述历史学部"自始至终就只有两个全时研究员。那个夏连荫(Julie How)和我。夏女士最早访问的对象是孔祥熙和陈立夫,我最初访问的则是胡适和李宗仁。

李宗仁是在一九五八年春夏之交,适之先生决定出长台北"中央研究院"之后,才应邀参加的。参加的程序是先由哥大校长具函邀请,李氏答应合作了,东亚研究所乃派我前往,商讨有关合作的一切细节和工作方式。

记得我第一次受派往访之时,是一个天朗气清、惠风和畅的日子。当我开着汽车在李氏住宅附近寻找门牌号码之时,忽见迎面开来一部黑色的林肯轿车。开车的是一位相当清秀的中年东方妇女。她见了我便把车子与我车对面平行停下,微笑地问我:"你是来找我先生的吗?"我一看就知道她是大名鼎鼎的郭德洁了。我答应之后,她便说:"我先生正在等着你呢。"说着她便掉转车头,领我到他们的住宅。那是一幢只有一间车房,相当朴素的平房。据说原来是一位美国木匠的住宅,是李夫人以纽约市内房租太贵,由她坚持着买下来的。我二人下车之后,李先生已站在门前,含笑与我握手了。

李先生中等身材,穿一件绒布印红黑格子的运动衫,灰呢长裤。他那黄而发皱的老人面孔,看来就像祖国农村里的一位老农夫。他领我到客厅,延我"上座"。李夫人捧出咖啡、茶点之后,便又开车买菜去了——说是留我午餐。果不久,当李氏与我谈兴方浓之时,李夫人已经放好了一桌子的菜肴,来约我们吃饭了。这便是我在他们李家所吃的有记录的一百六十八顿饭的第一顿。菜肴不算丰盛,但是十分精致可口。我顺便一看他们的厨房,里面一清如水,杂物井井有条,杯盘银光闪闪。我不禁暗自赞叹:"郭德洁原来还是一位好主妇!"——那时他们是没有佣人的。

后来一位广西籍的岑女士（岑春煊之后裔）也告诉我，战前在桂林，她便时常看到郭德洁骑着脚踏车"上街买小菜"。郭是那时桂林的"第一夫人"，居然骑单车出街，也确是难能可贵的。

这时在李家我们三人且吃且谈，笑语悠然。郭夫人则时起时坐，替我们加菜添汤。看着座上的主人，我简直不相信，他二人便是"李宗仁、郭德洁"这一对民国史上的风云夫妇！他二人言谈举止，都极其平凡而自然，没有丝毫官僚气氛，或一般政客那种搔首弄姿的态度。

这是我对他们夫妇的"第一次印象"，也是我们其后七年交往的肯定的印象。我至今觉得李宗仁先生是一位长者、一位忠诚厚道的前辈。他不是一个枉顾民命、自高自大的独夫，更不是一个油头滑脑的政客。我在他身上看出我国农村社会里，某些可爱可贵的传统。

至于郭德洁夫人，我觉得她基本上也是一位"鸳鸯""平儿"这一类型的好姑娘、贤主妇。不幸她命大，做了"代总统夫人"，无端地被人看成个女政客，实在是有点冤枉。人孰无过？人孰无短？李氏夫妇亦自有其过，自有其短。但他二人都不是在人格上有重大缺点的人，更不是什么坏人。他夫妇都是深厚的传统中国农业社会所孕育出来的一对温柔敦厚的好人。至于这种好人，是否具备其应有的现代化的知识，在二十世纪的中国，来治国用兵，那当然又是另一种问题了！

但是把二十世纪的中国里所有治国用兵的领袖们，都从阴曹地府里请出来，排排队，有几位又真的具备其应有的现代化知识呢？！

日子过久了，我和李府一家上下都处得很熟。李先生的长子幼邻那时与其生母（李氏乡间的"原配"）同住在纽约。幼邻经商很忙，不常来父亲家。我们偶尔一见，也很谈得来。李先生的幼子志圣，那时正在纽约读大学，长住家中；后来应征入伍，当了两年美国兵，又返纽复学。他是位极其诚实忠厚的青年，为人亦甚为爽快，我们相处甚得。李氏的侄儿李伦是位工程师，后来也是全美驰名的武术教师，在欧美两洲开办了好几所

"功夫学校",一度也住李家,我们都变成挚友,相处无间,至今仍时相过从。这三位青年虽也是当年达官贵人的子弟,但是他们都没有以前大陆上那些常见的公子哥儿辈的坏习气,也颇使我刮目相看。

李氏夫妇和我处熟了,他二人也告诉我说,他们对我的"第一次印象"也不太坏。因为在他们的心目中,那时代表哥伦比亚大学来访问的"博士",可能是一位假洋鬼子,谁知却是一位"诚实本分"的"五战区老同事"——因为笔者在抗战时期曾在"五战区"做过小兵。可能就因为我们双方相互欣赏对方从祖国农村带出来的土气吧,我们七年中的工作和交往,真是全心全意地合作。我的老婆孩子也逐渐变成李家的常客。内子吴昭文与李夫人也处得感情甚好;我的儿子光仪,女儿光佩,也颇得"大桥公公"和"大桥婆婆"的喜爱——那时我们访问李家,一定要开车通过那雄伟的华盛顿大桥,所以孩子们便发明了这一称呼。

相处无间,我们就真的变成"忘年之交"和"通家之好"。这样也就增加了我们工作上的效能和乐趣。为此我也曾牺牲掉甚多所谓"华裔旅美学人"一般所认为最理想的转业良机,而安于这项默默无闻、薪金低微、福利全无、对本身职业前途有害无益的苦差事。更不知道这项苦差做久了,在这个商业习气极大的社会里,由于为人作嫁,后来几陷我于衣食难周、唉饭无所的难堪绝境。

我个人那时不能入境从俗,而害了我国传统文人的"沉溺所好,不通时务"的旧癖——这样对一位寄人篱下的海外流浪汉的谋生养家、奉养老亲、抚助弟妹来说,可能是件一言难尽的绝大错误吧!但是回想当年,闭门撰稿、漏夜打字的著述乐趣,以及和李宗仁夫妇的忘年友谊,此心亦初不稍悔。是耶?非耶?今日回思,内心仍有其无限的矛盾与酸楚,时难自怿!

六、撰稿的工作程序

李宗仁一生显赫，他原是一位不甘寂寞的人物，生性又十分好客而健谈。不幸一旦失权失势、流落异邦，变成个左右为难、满身是非的政治难民，不数年便亲故交疏，门可罗雀。

政治圈子——尤其是中国式的政治圈子，原是最现实的名利市场。纵使是从这个名利市场破产倒闭下来的政治难民们，他们对现实性和警觉性，仍然有其深厚的遗传。像李宗仁那样两头不讨好的是非人物，那时的中国寓公们和"左右"两派的华侨，都是不愿接近的。

他们李家原出自广西的落后农村，本来也就门衰祚薄，至亲好友，原已无多，在这特殊的情况之下，社交的圈子当然就更小了。此时李氏年事已高，每天只要四小时的睡眠。他又没有像胡适之那样的"读书习惯"。平时看点一无可看的《侨报》之外，也没有读闲书的兴趣。加以不谙英语，又不能——不是不会——开车，邻居和电视，都不能劝解寂寥。日长昼永，二老对坐，何以自遣？因而他们最理想的消磨时光的办法，就是能有闲散的客人来访，天南地北地陪他们聊天解闷了。

就在李府二老这种百无聊赖的真空状态之下，忽然来了我这位"清客"。而我所要谈的，又是他二老最有兴趣的题目。所以对二位老人来说，我的翩然而至，也真是空谷足音，备受欢迎。因此当我最初访问时，李先生便希望我能每周访问三次。

我是如约而往了，每次都是自上午十时直谈到深更半夜。吃了李家两餐饭之外，有时还要加一次"宵夜"。原先我是带录音机去的。如此谈来，录音又有何用？所以我就改用笔记了。但是每次十余小时的笔记，也未免太多，我又何从整理呢？

我这时与李氏工作，是紧接着我与胡适之先生工作之后。这两件虽是同样性质的工作，而我这两位"合作人"（英语叫Collaborator）却有胡越之异。

胡适是一辈子讲"无征不信""不疑处有疑""九分证据不讲十分话"的大学者、考据家。他自幼聪慧，不到十岁，便已经有个文绉绉的诨名叫"穈先生"了。其向学精神，老而弥笃。我和他一起工作，真是一字千钧，半句不苟！

李宗仁恰好是胡适的反面。李氏一辈子总共只进过三年多的"军事学校"。他幼年在家中也宁愿上山"打柴"，不愿在私塾"念书"。在军校时期，日常所好的也只是些器械、劈刺和骑术等"术科"，做个拳打脚踢的"李猛仔"。李猛仔自然对"文科"也就毫无兴趣了。他其后做了一辈子猛将，叱咤风云，上马固可杀贼，下马就不能草露布了。稍微正式一点的"笔墨"，就全靠"文案""师爷"或"秘书"来代笔。李先生告诉我，他当年和蒋总司令结金兰之好时，他迟迟未能把"盟帖"奉换的主要原因之一，便是"不好意思找秘书来代做那四句'盟诗'"。

所以李先生对我辈书生所搞的什么考据、训诂、辞章、假设、求证等做"学问"的通则、规律和步骤，当然也就完全漠然了。正因为如此，他却有坚强的信心，认为他所讲的，无一而不可以写下，传之后世。这就是"隔行如隔山"的必然后果吧。我既是前"五战区"里的一个小兵，我虽明知照他老人家所说的原封写下来，是要闹笑话的，我也不好意思向我的"老长官"，发号施令，直接告诉他："信口开河，不能入书！"

日子久了，人也更熟，我才慢慢地采用了当年"李宗仁少尉"在"广西将校讲习所"，对那些"将官级学员"教操的办法——用极大的耐性，心平气和，转弯抹角地，从"稍息""立正"慢慢解释起。

最初我把他老人家十余小时的聊天记录，沙里掏金地"滤"成几页有条理的笔记。然后再用可靠的史籍、档案和当时的报章杂志的记载——那时尚没有《民国大事日志》一类的可靠的"工具书"——考据出确信不疑的历史背景；再用烘云托月的办法，把他"口述"的精彩而无误的部分烘托出来，写成一段信史。

就以他在"护国军"里"炒排骨"（当"排长"）那段经验为例来说吧。我们在大学里教过"中国近代史"的人，对当年反袁"护国军"背景的了解，总要比那时军中的一员少尉排长所知道的，要多得多了。所以我就劝他在这段自述里，少谈国家大事或政治哲学，而"炒排骨"的小事，则说得愈多愈好。

因此他所说的大事，凡是与史实不符的地方，我就全给他"箍"掉了。再就可靠的史料，改写而补充之。最初我"箍"得太多了，他老人家多少有点怏怏然。我为着慢慢地说服他，便带了些《护国军纪实》一类的史籍，和民国初年出版的一些报章杂志给他看。我甚至把《民国史演义》也借给他读。这部《演义》虽是小说，但是全书大纲节目，倒是按史实写的。李先生对这种书也颇感兴趣，也有意阅读。我为他再解释哪些是"信史"可用，哪些是"稗官"要删。俗语说，"教拳容易改拳难"，要帮助一位老将军写历史，实在也煞费苦心。

李先生每喜欢开玩笑地说他所说的是"有书为证"，而他的"书"，往往却是唐人街中国书铺里所买的"野史"。我告诉李将军说，写历史也如带兵打仗。打仗要靠正确的"军事情报"，情报不正确，是会打败仗的。写历史也要有正确的"学术情报"，情报不正确，写出的历史，就要惹行家讪笑了。

这一类军学参用的建议委婉地说多了，李先生也颇能听得进去，而觉得我"箍"得有理，对我也有完全的信任——这大概也是因为"在野"的人，总要比"在朝"的人，更为虚心的缘故吧。这样我这位唐少尉，才渐渐大胆地向我"将官级的学员"，叫起"稍息""立正"来了。

大体说来，我那时起稿的程序，是这样的：第一，我把他一生光辉的经历，大致分为若干期。他同意之后，我又把各期之内，分成若干章。他又同意了，我乃把各章之内又分成若干节和节内若干小段。其外我又按时兴的史学方法，提出若干专题，来加以"社会科学的处理"，希望在李氏的回忆录里，把中国近代史上的一些问题，搞出点新鲜的社会科学的答案来——这也是当时哥大同人比较有兴趣的部分。

可是经过若干次"试撰"之后——如中国传统史学上"治、乱""分、合"的观点和史实，在社会科学上的意义——我觉得这种专题的写法，是"离题"太远了。盖李氏所能提供的故事，只是一堆"原始史料"而已。他偶发议论，那也只是这位老将军个人的成熟或不成熟的个人意见。我这位执笔人，如脱缰而驰，根据他供给的"口述史料"，加上我个人研究所得，来大搞其社会科学，那又与"李宗仁"何干呢？这样不是驴头不对马嘴了吗？所以我就多少有负于校中同仁之嘱望，决定不去画蛇添足。还是使他的回忆录以原始史料出现吧。

在李先生觉得我的各项建议俱可接纳时，我就采取第二步——如何控制我的访问时间，和怎样按段按节一章章地写下去了。

首先我便把访问次数减少。每次访问时，又只认定某章或某几节。我们先把客观的、冷冰冰的、毋庸置疑的历史背景讲清楚——这是根据第一手史料来的，无记录的个人"记忆"，往往是靠不住的，甚至是相反的——然后再请李先生讲他自己在这段历史事实里所扮演的角色。约两三小时讲完这段故事之后，我便收起皮包和笔记，正式访问，告一结束。

随后我就陪李氏夫妇，天南地北地聊天聊到深夜，这也算是我们的"无记录的谈话"吧。这个办法是我从访问胡适所得来的经验。因为这些不经意之谈，往往却沙里藏金，其史料价值，有时且远大于正式访问。

李先生很喜欢我这办法。因此有时在正式访问之后，我也约了一些哥大的中美同事和友人，一起来参加我们的"无记录谈话"。哥大师范学院的华裔胡昌度教授，便是后期时常参加这个"谈话"的李府座上客。

但是就在这轻松的谈话之后的三两天内，我则独坐研究室，广集史料、参照笔记、搜索枯肠，一气写成两三万言的长篇故事来，送交李氏认可。他看后照例要改动一番。取回之后，我再据之增删，并稍事润色。

我写这长篇故事，归纳起来说，亦有三大原则：

（一）那必须是"李宗仁的故事"，虽然在他的口述史料之外，所有成筐成篓的著述史料，全是我一手搜集编纂的。

（二）尽可能保持他口述时桂林官话的原语气，和他对政敌、战友的基本态度。李先生说故事时虽亦手舞足蹈，有声有色，但本质上是心平气和的，极少谩骂和愤激之辞。他对他的老政敌蒋公的批评是淋漓尽致的，但是每提到蒋公他总用"蒋先生"或"委员长"而不直呼其名，或其他恶言恶语的称谓。提到其他人，他就直呼其名了——这大概也是多少年习惯成自然的道理。所以笔者撰稿时，亦绝对以他的语气为依归，断不乱用一字。

（三）他如有少许文字上的改写，我也尽量保留他那不文不白、古里古怪的朴素文体，以存其真。只是有时文章组织不清、文理欠通或字句讹错，非改不可之时，我才加以改写。例如李氏专喜用"几希"二字，但是他老人家一辈子也未把这个词用对过，那我就非改不可了。全稿改后再经他核阅认可。取回后，我再把这初稿交予小楷写得尚称端正的内子吴昭文，用复写纸誊写全份（那时尚无廉价复印机），我留下正本，以副本交李氏保留备查，这就算是我们的清稿了。

这样地完成了两三章之后，我便停止访问若干时日。一人独坐，把这两三章中文清稿，用心以英文缩译，甚或改组重写，务使其在文章结构的起承转合和用字造句的锤炼上，进入全稿的"最后阶段"，以便向校方报告"进度"，并按时分章"缴卷"。所以笔者在本文前段便提过，本书在写作程序上，这中英二稿，并非一稿双语，而是一宗文稿在撰写程序上的两个阶段。中文稿实是"初稿"，而英文稿反是"定稿"也。

我打出英文稿之后，再交李先生转请甘介侯先生以中英两稿互校。由甘先生说明或修正，再经李氏认可之。我取回该稿之后，再请校方编者涉猎一遍，并对英语造句用词，稍事润色，我再作最后校订之后，便打出五份，这便是全稿著作过程中的"定稿"了。照例也是哥大留原本，以一副本交李氏。其后哥大向外界申请资助时，提出作证的资料，便是这种英文原稿。

以上便是我和李宗仁先生的工作程序。经过长期合作，李先生总算对我完全信任。我们之间的工作关系，可说是顺利而愉快的。在这顺利而愉快的气氛之下，李宗仁先生最大的消遣，便是静坐沙发之上，微笑地欣赏他自己的回忆录；而我则日夜埋头赶稿，也真是绞断肝肠！（待续）

原载《传记文学》第四十七卷第四期

撰写《李宗仁回忆录》的沧桑（下）
——一篇迄未发表的《李宗仁回忆录》中文版代序

七、美国汉学的火候

在我和李宗仁先生一起工作的最初两年——一九五八年九月至一九六〇年秋季——对我发号施令的虽然不是我的中国"老同事"（李氏对我的自谦之辞），而我的背后却有一个时时不耻下问的洋上司——那个出钱出力的哥伦比亚大学。

不用说大学里的"口述历史学部"自有其清规戒律，主管首长要我们一致遵循。我们的正式上司之外，还有些在其他名大学执教，而在本大学担任顾问的有决定性影响力的智囊人物。他们都坚持，我们口述历史访问人员向被访问者所吸收的应是"原始资料"。一般尽人皆知的历史事实，应通通删除。他们所说的"原始资料"，用句中文来说，便是什么"内幕"或"秘史"一类的故事。

这种写法，笔者个人是不十分赞成的。我也不知道这部《李宗仁回忆录》里，有哪些故事在美国汉学家看来才算是秘史或内幕。老实说，我那时替胡适之先生所编写的《胡适口述自传》里，便没有一线一毫"原始资料"的。在中国读者看来，那只是一篇"老生常谈"。虽然他在美国学者读来，亦自有其新鲜之处。

所以我认为像李宗仁、胡适之、陈立夫、宋子文……这些人物，都是民国史上极重要的历史制造者。历史学家应趁此千载难逢的时机，找出这类人物在中国历史演进过程中成长的经过，把他们与整个"民国史"做平行的研究。这样相辅相成，我们虽不求"秘史"和"内幕"，而秘史、内幕自在其中，我们不急于企求作"社会科学的处理"，而社会科学的处理，也自然探囊可得。

一次我问精研佛理的老友沈家桢先生说："你们修持佛法的人，搞不搞'五通'呀？""五通"也者，俗所谓"千里眼""顺风耳""他心通"等"广大"之"神通"也。

沈君说："不搞！不搞！"

"为什么不搞呢？"我又问。

沈君微笑说："火候到了，自然'五通'俱来……我们不能为修'五通'而学佛……"

"火候到了！"真是禅门的一句偈。

"火候"不到，如何能谈"通"呢？

那时笔者亦已放洋十载，在美洲也曾参加过洋科举。但是笔者毕竟是中国农村里长大的，带着中国土气息、泥滋味的山僧，又怎能和美国的科第中人参禅说偈呢？

李宗仁那时是坚决地支持我写作计划的当事人，坚决到几乎要拂袖而去的程度。这反使我十分为难——因为我自己并不那样坚持我的一得之愚。林冲说得好：住在矮屋下，哪得不低头呢？事实上，李先生全力支持我的原因，也倒不是赞成我免修"五通"。他主旨是想乘机写一部控诉书，或鸣冤白谤书——这一点却正是哥大的清规戒律所绝对禁止的——

历史不历史，对他倒是次要的。但他至少是不愿做个专门提供"内幕"和"秘史"的学术"情报员"。虽然他这条"资格"，最后可能导致他死于非命，他所能提供的"内幕"也实在是很有限的。老实说，这部书上所有的重要关节，很少我是不能在"著述史料"中提出注脚的。

在这两个壁垒之间，我这个撰稿人何择何从？！当时也真是一言难尽，煞费心裁！

八、李传以外的杂务

笔者与李宗仁先生合作，前前后后虽然拖了六七年之久，但是我为这中英两稿的"全时工作"，实不出三整年——虽然这两本一中一英的回忆录，都是部头相当大的书。它们也是哥伦比亚大学中国口述历史学部唯一完工付梓的两部书。

在全书尚未杀青之时，我又被调去访问已故黄郛将军的遗孀黄沈亦云夫人。黄夫人是位能诗能文的才女，那时正在纽约撰写她的《亦云回忆》。她并带来数箱黄郛将军——那位"摄阁"国务总理、《塘沽协定》的主持人、"蒋介石的把兄弟"——经手的绝密文件。

我的任务是帮助她清理并考订这几箱无头无尾的"密电"和"私档"，并襄赞她老人家改写其回忆录；同时把她自撰的"中文初稿"，增加史料，改头换面，译成英文。

那时寓居纽约一带，昔年的中国政要，有意来哥大加入"口述历史"行列者，可以说是成筐成篓的。大学人手有限，应接不暇，所以我上项助理黄夫人的工作，乃被硬性规定——限六个月完工。我便以这迫切的时限，把冗长的《亦云回忆》的中文稿，以英文改编"从初稿伸缩写成英文稿廿五章"（见一九六八年台北传记文学社出版《亦云回忆》中文版上册，作者自序二），凡八百余页，亦三十万言。

那几箱"黄郛私档",是笔者在海外所见真正的"内幕"和"秘史"——关于"闽变"的秘史。我在"民国史"上,很多心头上的不解之结,一读之后,均豁然而释。我对这些"密电"所发生的"考据癖",大致与胡适之对《红楼梦》的兴趣,不相上下吧。

黄夫人对她丈夫这几箱遗物的内容是不太了解的。我细读之后,向她解说,黄夫人就想改写她的《亦云回忆》了。她改是改了,并另写一篇"自序"——"自序二"。但迫于时限,所改无多。我在她译稿上由她批准的"改写",也"改"得有限,实在是件很可惜的事。

黄稿甫竣,校方又改派我接替对顾维钧先生的访问。我接替的工作阶段,正是顾氏"学成归国",兼任外交部和大总统府的"双重秘书",亲手译泄"二十一条";其后经过"巴黎和会""华府裁军",又继任外长,递升内阁总理,代曹大总统"捧爵祭天";北伐后隐居东北、襄赞"少帅";"九一八事变"后,参与国府外交、招待"李顿调查团",以至率团出席"国联"并首任中国"驻法大使"的那一大段——也就是顾氏毕生经历上,那最多彩多姿的一段。

其外顾氏还藏有外交私档三十七大箱,他有意捐存哥大。这对我这位学历史的来说,也真是一座宝山。经顾氏面托、校方授权,我又负责把这三十七箱文件和顾氏四十年的英文日记,接收过来,并负责整理、编目和摘由。为此哥大当轴又调我以助教授身份,兼该校中文图书馆主任,并要我订出中国文史资料的整理和扩充计划。十目所视、十手所指,这项工作是万般繁重的。

这个中文图书馆,不提也罢。我接手时,它哪里是个图书馆?简直是个伟大的字纸篓。几乎半数以上线装书的书套,都可摇得叮咚作响。那些二三十年代出版的报纸本书报,由于长期高热烘烤,无不触手成粉。抚摸之下,真令人心酸泪落和愤恨。

对这二十余万本珍贵图书的抢救,我自觉责无旁贷。中文部的华裔同事们如鲁光桓、王鸿益、汤迺文、刘家璧、汪鲁希、吴健生诸先生与我早有同感。因而在我于一九六二年秋初，卷袖下海之时，大家同心一德，通力合作。他们也被我这个"主任"推得团团转。这是我祖国文明的珍贵记录。我们只想把这宗世界闻名的汉籍收藏，抢救下来，如此而已。

但是谁又知道我们这几位隐姓埋名者，日以继夜地为大学做了这桩无名无利的苦工——我们的薪金都属于当时哥大最低层的一级——却惹出校中有关部门意想不到的妒忌和打击。而最令人啼笑皆非的却是我们的问题出在我们众口交赞、远近闻名的工作成绩——这成绩，纵迟至今日，该校上下还是继续认可的。为什么道高一尺，魔高一丈呢？这才使我逐渐感觉到我个人已被卷入美国学府内所司空见惯的、最丑恶的"校园政治"。我们这个芝麻绿豆大的"中文部"，要生存下去，它这个"主任"，就得应付人事、援引党羽，甚或谄笑逢迎，踢它个校园内的"政治皮球"！

笔者一介书生，偷生异域，要如此降志辱身，为着是保持这份嗟来之食呢，还是为着对这宗汉籍收藏的"责任感"呢？"责任感"与"自尊心"原是一个铜元的两面，二者是分不开的。一个善于逢迎的人，他的灵魂里是不会有太多"责任"的。但是相反的，如果只是为着"责任感"，来"拔剑而起，挺身而斗"，别人根本不知道你责任何在，那你也只是个市井暴徒而已。市井暴徒能完成什么"责任"呢？你牺牲个不明不白，"烈士""义士"云乎哉？

最坏的却是我那时的顶头上司。他是我所碰到的美国同事之中，在美国联邦政府中官做得最大的，但是也是个最无耻、无能、全无责任心的人。他最大的本事便是观风使舵，逢迎吹拍。日久技穷，终于在政海灭顶，最后沦落在哥大混饭吃。

他对我们的专业，甚至对一般图书管理的普通业务，是一团漆黑。他也从不关心业务。但是他对校园政治，则观察入微，头圆手滑。这种无耻的失业政客，都是当时的校长误以为是人才而延揽入校的。结果他自己亦深受其累，终至学潮迭起而罢职丢官。

加以当时哥大校内的"中国学"名宿，老实说，也不知道大学的汉籍收藏，究有几本书。他们各有一个专钻的"牛角尖"，只要在这"尖"内，他们所需要的"资料"能一索即得，也就心满意足了。尖子以外的万卷典籍，干掉、霉掉、烂掉、偷掉，管他鸟事？我这位"主任"，目不暇给地在忙些啥子，他们除掉那一索之需之外，也全不知情，也从不关心。再者，这些尖子与尖子之间，往往亦各是其是，极不相能。在彼此龃龉之下，有时还难免拿无辜的第三者出气。所以要他们并肩而坐，为我这堆烘烂了的中国图书说点公道话，那简直是缘木求鱼！

后来我的继任人，他在详阅我遗留下来的一些文件之后，对我在那种环境下，毫未懈气地干了七年，而感觉惊异。他是兔死狐悲，物伤其类啊！

九、对《回忆录》的最后赶工

就在上述这段极其糟乱的发展过程之中，李宗仁先生仍不时找我去吃饭聊天，讨论修改和出版他英文版回忆录的琐事。他老人家是位中国前辈，对洋人习俗，初无所知。在洋人看来，我撰写《李宗仁回忆录》，只是"受雇执笔"。一旦调职，我这执笔人和哥大这宗"财产"的关系，便要看当初"聘约"了。合约不清，则凭大学随意决定。它如要我为它的"财产"继续工作，按法它是要对我按工计值的。大学既不愿出此"值"，它也就不好意思无酬地要我续"工"了。

无奈那时李先生已存心离美。他总希望在动身之前，把这份稿子作一结束，所以他仍然不时电催，促我加油。我既是中英二稿唯一的执笔人，又怎能因"受调离职"，便拂袖不管呢？加以李先生是我的前辈，我二人都是中国传统孕育下来的"中国知识分子"，关于"无酬之工"，我连"暗示"也不敢微露了。所以在李氏不断催促之下，我还是在大学公余之暇，漏夜为英文稿赶工，以期不负所望。所幸那时精力犹盛，有时整夜打字，直至红日当窗，我才假寐片刻，便要往哥大上班了。

这部英文稿我终于杀青了。李公一切认可之后，我又为他与哥大出版部拟订合约，一切顺利，不幸此时哥大出版部主持人因为婚姻问题请假，一时无法回任来签署合约。李宗仁先生夫妇等不及，便悄然离美了。为山九仞，功亏一篑，夫复何言。事隔十五年，最后始由笔者专负文责，独挑大梁来出书，其命也夫？

十、李宗仁给黄旭初的信

我和李宗仁先生七年合作的工作情况，当然只有我二人知道得最清楚。但是他那时和在香港居住的"老部下"——前广西省主席黄旭初氏通信，亦偶有报导。李氏逝世之后，黄氏曾将他二人的有关撰写回忆录的通信，在香港出版的《春秋》杂志上，择要发表，下面几段，是谈到我们当年工作的情况，黄氏写道：

> 一九五九年……九月十二日李〔宗仁〕又来函说，回忆录已写至围攻武昌，只唐德刚（安徽人）一人工作，整理文字、抄写文字、译成英文，全部是他，故进展缓慢。完成后或有百万字等语……

> 一九六二年一月二十日李又来函云："去春已竣事之《回忆录》，中文有六十万字。依工作惯例，应由唐德刚继续整理，因哥大另有时间性之工作须唐担任（刚按：此一'时间性之工作'，系指为黄沈亦云夫人译改回忆录，并整理'黄郛私档'事。因黄夫人那时拟返回台湾定居也）。对此不拟出版之回忆录，待后整理。"（刚按："不拟出版"云云，保指中文稿，因李氏与哥大有先英后中的出版承

诺也。)

李氏一九六五年六月离开美国到瑞士,我(黄旭初氏自称)得他七月八日由苏黎世来函云:"哥大当局集中精力整理英文回忆录工作,正拟与我商洽今年秋间订立合同出版事宜,而我事前已启程来此,只好停顿,唐德刚以副教授兼哥大图书馆中国馆长,一身数职,赶理英文稿,常至深夜尚未回家,所以中文稿之整理充实,不便向其催促。"(以上三段引自一九七〇年八月一日,香港出版的《春秋》杂志,第三一四期,黄旭初著《李、白、黄怎样撰写回忆录?"》十五页。)

李宗仁在上引诸函中所说的我们工作情况,均系事实。只是在他离美之前,我把英文全稿已"赶理"完工。哥大出版部所拟的合约,亦已拟就打好,而终以阴错阳差,李氏未及签字,便秘密离去,这也是命中注定该如此结束的吧?!

十一、李宗仁返国始末

李宗仁夫妇于一九六五年六月,秘密离开纽约赴苏黎世,然后再由苏黎世专机返大陆,在当时是一件国际上的大新闻。这新闻原是我首先向哥伦比亚大学当局打电话,其后再由哥大校长寇克氏向新闻界宣布的。

李氏返国定居,是他早有此意,但是其发展的过程,却是通过不同的路线的。

我个人所得最早的线索似乎是在一九六三年的春天。他那时有意无意地告诉我,他"要去巴黎看戴高乐"!

李宗仁和戴高乐有什么关系呢?

原来戴高乐于一九六二年冬，在法国大选中大获全胜之后，威震西欧。憧憬当年拿破仑之余威，他要在西欧政治中压倒英国，在世界政局中摆脱美国，而自组其以法国为首、立于美苏两大集团之间的"第三世界"（le tiers monde）——"第三世界"这个名词，是戴高乐最初发明的，其意义与今日所使用的显有不同——但是环顾全球，能与法国携手，共奠"第三世界"之基础，与美苏两大集团争霸者，那就只有刚刚脱离苏联集团，同时仍与美国对峙的中华人民共和国了。

所以在六十年代初期，戴高乐主义形成后的第一着棋，便是"与北京建交"！

至于巴黎、北京之间的秘密建交谈判的"内幕"，历史学家虽尚无所闻，而戴高乐想讨好北京，帮同人民政府解决"台湾问题"，则是意料中事。

加以戴高乐在法国政坛登台之时，正值"金门炮战"，华府、北京的紧张关系，已达使用原子弹的边缘。这时北京深感莫斯科之不可恃，亦显然有另觅友邦的意图。法国乃乘虚而入。戴高乐因此想——也可能是循北京之请——来居间调解国共之争，以为中法关系正常化的献礼。而国共之间的牵线人，当然最好是一位由左右为难，转而为左右逢源的中国政客。这样，戴高乐可能就想到在美国当寓公的李老总，而李老总也就要到巴黎夫看戴高乐了。

可是李氏巴黎之行，始终没有下文。这后果，老实说也是在我当时的逆料之中。因为戴老头没有读过中国近代史，他不知道这位在政治上已一败涂地的李寓公，在蒋、毛之间，绝无做政治掮客的可能。国共之间的政治掮客是有其人，但绝不是李宗仁——这是当时笔者个人的观察，李宗仁之所以去不成巴黎的道理。

可是一九六五年夏，李宗仁却偕夫人悄然而去。他之所以决定离美返国的道理，据我个人的观察：第一，他原是一位不甘寂寞的人——国民党中的领袖们有几位是甘寂寞的呢？在美国退休的寓公生活，对他是太孤寂了点。他有时搓点"小麻将"来打发日子。找不到"搭子"之时，有时就两对夫妇对搓也是好的。

有位年轻的主妇告诉我说："陪李德公夫妻打麻将，'如坐针毡'。"原因是他打那"广东麻将"，"花色又少"，"输赢又小"，"出牌慢得不得了"，"说话又非常吃力"！

李先生的最大的嗜好还是聊天、谈国事。我和他工作的最初三年，有时就带了一批谈客去和他"谈国事"。李公真是一见如故，谈笑终宵。后来我不常去了，李先生遇有重要新闻，还是要打电话来和我"谈谈"。有时我不在家，李氏和昭文也要为"国事"谈上半天。他那一口"桂林官话"和我的"上海老婆"谈起来，据昭文告诉我也是"吃力得不得了"。

和这些青年的家庭主妇"谈国事"，"李代总统"也未免太委屈了。想起北京的人民政协之内，胜友如云，吹起牛来，多过瘾！只要北京不念旧恶，铺起红毡，以上宾相待，那自然一招手，他老人家就"落叶归根"了。

第二，他回国，也是受他的华侨爱国心所驱使。纽约地区十六年的寓公生活，已把李氏蜕变成一位不折不扣的"老华侨"。有时我陪他老人家在"华埠"街上走走，喝喝咖啡。我就不觉得这位老华侨和街上其他的老华侨，有什么不同之处；而街上的华侨，多半也不知道这老头是老几；知道的，也不觉他和别人有何不同。

只要良心不为私利所蔽，华侨都是爱国的。他们所爱的是一个国富兵强、人民康乐的伟大的中国——是他们谈起来、想起来，感觉到骄傲的中国！

那"十年浩劫"之前的中国，在很多华侨心目中正是如此，她也使老华侨李宗仁感到骄傲。想想祖国在他自己统治下的糜烂和孱弱，再看看今日的声势，李宗仁"服输"了。在一九四九年的桂林，他没有服输，因为他是个政治欲极盛的"李代总统",一九六五年他服输了,因为他是个炉火纯青的"老华侨"。

国民党骂他的返国为"变节"。他们对他的"桂系"是深恶痛绝的;他的"桂系",对他们也痛绝深恶。拆伙了,"党"也就没有什么可以留恋的了。

李宗仁也是能言善辩的。这样一想"落叶归根",也就是无限的光明正大了。

但是促使李宗仁先生立刻卷铺盖,还有个第三种原因——郭德洁夫人发现了癌症!

在李夫人发现这种恶疾之前,他二老的生活虽嫌孤寂,然白首相偕,也还融融乐乐。丈夫以不断翻阅自己的回忆录为消遣,亦颇有其自得之乐。夫人则随国画家汪亚尘习花鸟虫鱼,生活亦颇有情趣。

郭德洁殊有积蓄,亦雅善经营。在五十年代中,美国经济因朝鲜战争而复苏,股票市场甚旺。李夫人以小额投资,亦颇有斩获。据她告诉我,她在股票市场中,有时还"买margin"呢!

笔者生财无道,到现在为止,我还不知"买 margin"的真正步骤,只知道那是有相当风险的"买空卖空"的股票交易之一种罢了。不过"艺高人胆大",她在六十年代初的小额投资亦颇有亏损。不过那都不会直接影响到他们的日常生活的。

可是李夫人一旦发现了癌症,这就是个晴空霹雳了。

一九六四年李夫人在医生数度检查之后,终于遵嘱住院。在病院中,她时时想起"老头子一人在家,如何生活?"越想越不自安,一次在午夜之后,乘护士小姐不备之际,她披衣而起,溜出医院,叫了部计程车,径自返家。这位失踪的女病人,曾引起病院中一阵骚乱;但是她既开溜之后,决定再也不回去了。

郭德洁原是一位美人,衣着一向整齐清洁。她虽不浓妆艳抹,但是淡淡梳妆薄薄衣，虽是半老徐娘，犹自仪态翩翩。纵在身罹绝症之时，仍然轻謦浅笑，不见愁容。英雄儿女，硬是不愧为顶呱呱的"第一夫人"。

她在真正的"年方二八"——十五虽有余、十六尚不足的豆蔻年华，便被那战功赫赫的青年将领李旅长，在桂平县的城门楼上，居高临下地看中了。他原是和一位"拍马屁的营长"，躲在城门楼之上，好奇地偷看美人的。可是"一看之下，便再也忍不住了！"（这句话是李公乘夫人去香港探母之时，和我一起烧"火锅"时，亲口含笑告我的。）因此将心一横，停妻再娶，郭美人便是李旅长的"平头"夫人了。

她原是位木匠的女儿，出嫁之前还在小学读书——那时革命风气弥漫，小学生是时常"出队"游行的。在这游行队伍之前掌旗的便是她。虽是一位小家碧玉，然天生丽质，心性聪明，年未满二十，便着长靴、骑骏马，率领"国民革命军第七军广西妇女工作队"，随军北伐了，北伐期中的第七军，真是所向披靡、战功彪炳。那穿插于枪林弹雨之中的南国佳人、芙蓉小队，尤使三军平添颜色。

李夫人告诉我，北伐途中，一般同志都把她比作甘露寺里的孙夫人，和黄天荡中的梁红玉。所到之处，万人空巷，军民争睹风采，也真出尽风头。她军次我们安徽芜湖时，曾往孙夫人庙祭奠求签。签中寄语，这位不系明珠系宝刀的刘先主娘娘，竟要与我们将来的"代总统夫人"结为姐妹呢！

郭德洁也确是一位聪明人。她虽连广西落后的国民小学也未毕业，但是从"旅长娘子"做到"第一夫人"，言谈接应，均能不失大体。在纽约期间，我看她与洋人酬酢，英语亦清晰可用。笑谈之间，不洋不土。

我知道她很敏感，因此每次有洋客来访时，我如是翻译，我总介绍她为"麦丹姆"，而避免用"蜜赛斯"。每当我介绍"麦丹姆"之后，我总见她有一点满意的微笑。

我们的麦丹姆，平时也是很有精力的。烹调洗浆之外，开着部老林肯，东驰西突，随心所欲；她那土老儿的丈夫，只好坐在一旁，听候指挥……可恨造物不仁，这样一位活生生的中年夫人，顿罹痼疾。和平安乐的李府，不出数月，便景物全非！

一九六五年初夏的一个深夜，我独自开车送李宗仁先生回寓。时风雨大作。驶过华盛顿大桥之上，我的逾龄老车，颠簸殊甚。这时李公忽然转过身来告诉我说，据医师密告，他夫人只有六个月的生命了。言下殊为凄凉。

我凄然反问："德公，您今后作何打算呢？"他说他太太已不能烧饭了。为着吃饭方便计，他们恐怕只能搬到他开餐馆的"舅爷"家附近去住，好就近在餐馆寄食。我知道李夫人有位兄弟在瑞士开餐馆，我想他们不久将要搬往瑞士去住了。殊不知那次竟是我和李宗仁先生最后一次的晤面，今日思之，仍觉十分凄恻也。

那时（一九六五年）正是我在哥大最忙乱的年份。图书馆内杂事如毛。我周日工作繁忙，是断然没有工夫回家午餐的。可是就在我送李先生深夜返寓的几天之内，一次不知何故忽然返家午餐，餐后正拟闲坐休息片刻，突然门铃大响，有客来访。开门竟是郭德洁夫人，含笑而来。她虽然有点清癯，然衣履整洁，态度谦和，固与往日无异。

李夫人没有事前打电话，便翩然来访，这是前所未有的事，也使我夫妇二人受宠若惊。我们问她何以突然光临，她说是她儿子志圣开车送她去看医生，路过我处，所以顺便来看看我们。志圣则因无处停车，只好在车中坐候，由她一人单独上楼来访。

她看来不像重病在身，和我们亦如往昔地有说有笑，谈了个把钟头，才依依不舍而别。这是我夫妇和她的最后一晤。两个星期以后，我们才恍然大悟——李夫人此次来访，是特地来向我们道别，也是永诀了！

天下就有这等巧事吗？我至今一直在想：我这个绝少回家午餐的人，就回来这么一次，却正好碰着她前来辞行！真是不可想象的事！

她一去，我们就从此永别了！

十二、归国后的余波

一九六五年七月十六日，星期五，我于下午工毕返寓时，在信箱里发现了一封自苏黎世的来信。一看便知是李宗仁的笔迹。信是给我的，里面却写着"德刚、昌度两兄"。他说近年来身体日颓，加以妻子病重，午夜扪思，总觉树高千丈、落叶归根，所以就离开"我的第二故乡美国"了。

信中又说年来致力国民外交，希望中美早日和好——李氏在返国前数年，曾与战前中国驻波兰公使张歆海数度联名致书《纽约时报》，倡导台海罢兵，中美和好——谁知却隔阂日深。自觉无能为力之下！所以就决定"重返新中国"了。"但愿人长久，千里共婵娟"，我们的友谊将不因人处两地，而稍有区别云云。

此时胡昌度不在纽约，我接信后未经他过目，便直接交到哥大去了。因为李公一去，我们将如何处理这宗百万言的回忆录呢？

正当哥大上下会商对策之时，纽约各报与电视，已同时以头条新闻报出了七月二十日李氏专机飞抵北京的消息，接着便是毛、周等欢宴的场面。举世哄传，这位过了气的"李代总统"，旦夕之间，又变成了国际新闻人物。在新闻记者搜寻之下，我们这部百万言的《回忆录》，居然也成了当时的重要新闻。

这时在纽约与李宗仁一向很接近的人，最感紧张的莫过于甘介侯先生了。因为美国"联邦调查局"要追查李氏与北京之间的"搭线人"（middleman）。各报并盛传在李家经常出入的还有几位"共产党员"。此时正是美国害恐共病最严重的时期。为追寻共产党，麦加锡参议员所搞的白色恐怖，在知识分子之间，余悸犹存，而甘介侯与当年执政的共和党又有前隙，因此恐惶尤甚。

原来当国民政府在大陆上溃退时期，蒋、李两派人物在美国争取"美援"的活动，都有其"一边倒"的政策——蒋派专交共和党；李派则专交民主党。甘介侯那时身任"李代总统驻美特派员"，便是搞民主党活动的中坚人物。

在中国大陆政权易手之后，共和党人为打击政敌，便要追查民主党执政时期"失去中国"的责任，庶几以"通共卖国"的罪名来对付民主党中的官僚、政客与职业外交人员。如此则甘介侯自然是最好的见证了。他们要使甘介侯对民主党官员反咬一口，乃不惜用尽一切利诱威胁的手段，来套甘某入彀，以便使其去国会挺身作证，这样他们的政敌就要锒铛入狱了。幸好甘氏亦老于斯道，未入圈套。但是身在虎穴，又已冒犯虎威，欲摆脱干净，谈何容易！

甘氏告诉我：某一位贵妇在游泳池内，对他以重利相诱，甘氏婉却其请。她恼羞成怒，两眼一瞪，说："甘博士！再不听话，将见尔于六尺地下！"

甘介侯一个穷光蛋，漫说六尺，三尺他也就够受的了。惶恐之余，最后还是李宗仁出资以一百元一小时的重价，雇请律师，以"外交特权"为护身符，而幸免于难。

而甘氏开罪于共和党更严重的一次，则是对艾森豪威尔总统的有辱君命。

据李宗仁告诉我，某次艾森豪威尔的幕后大员，纽约州长杜威，约其密谈，谓有要事相商。李以不谙英语，乃遣甘介侯为全权代表。原来艾帅为防台湾落入共产党之手，而又嫌台湾的"独裁"，因有意"送李代总统回台，重握政权"云云。杜威言外之意，艾总统有意在台湾策动一武装政变，然后乘机送李宗仁返台"从事民主改革"。杜威因以此不存记录的密谈，劝李宗仁合作，共成大事。

当李氏事后把这一惊心动魄的密议告我之时，我问他当时的反应如何。李说他既在美国，自然不便与美国当局公开闹翻，所以他就委婉而坚定地拒绝了。

李并感慨地告诉我：美国人所批评蒋先生的那几点都是千真万确的事实，他和蒋氏针锋相对地斗了几十年，也是事实，"但是要我借重美国人来把蒋先生搞掉，这一点我不能做……"

李宗仁当然也知道，做美国人的傀儡，并不比做日本人的傀儡更好受！

后来李氏回大陆，在新闻记者招待会上，也曾暗喻此事，但未提杜威之名。那时的退休总统艾森豪威尔闻讯大怒，因亦隔洋与李氏对骂。他说李宗仁在扯个"黑色大谎"！但据笔者所知，"谎"则有之，不过说这"谎"的是李宗仁还是艾森豪威尔，那就只有上帝知道了。

李宗仁既然不愿做艾森豪威尔的傀儡，那个和艾帅手下的二杜——杜勒斯、杜威——打交道的便是甘介侯了。在甘氏看来，共和党的政客们对他的要求既无一得遂，李宗仁在美时他还可躲在李氏背后，虚与委蛇。如今李氏一去，托庇无由，一旦共和党旧账新算，借口把甘介侯这小子捉将官里去，那真比捉只小鸡还容易呢！因此甘先生便大为着慌起来。

一日清晨我刚进哥大办公房，便发现甘氏在等我，神情沮丧。一见面他就抱怨"德公太糊涂"！

"德刚，"甘公告诉我，"我来找你是告诉你，以后我二人说话要'绝对一致'啊！"

"怎样绝对一致法呢？"我说。

"你知道他们在找middleman（中间人），你我皆有重大嫌疑！"

甘氏口中的"他们"，自然指的"联邦调查局"的密探了。后来这些"他们"，把"我们"这批与李宗仁很接近的人，都调查得一清二楚。据说其中只有一个涉嫌重大的"中国人"，他们尚未找到。这个人的名字叫"韦慕庭"（按：韦慕庭是哥大主持口述历史的美国教授自己取的中文名字)。"我们"得报,真喷饭大笑。

这时我看甘氏实在狼狈不堪。我便笑问他道:"甘先生,您是不是middleman呢?"

"共产党怎会要我做middleman呢?"甘说。

"那你怕什么呢?"

"德刚,你初生之犊不畏虎!"甘说,"你不知道美国政治的黑暗!可怕!"

最后我和甘先生总算达成一项君子协定——这在英文成语里便叫作"诚实是最好的政策"!我二人既均非"中间人",他们如果要对"我们"来个"隔离审讯",我二人是不可能说出一个"绝对一致"的故事来的。对"他们"最好的办法就是各自"据实告之"!

十五年过去了,甘先生当时慌张的情况,我今日想来仍如在目前。我一直没有把这事看成什么大灾难,但是甘某却是个"惊弓之鸟"!记得我在《李宗仁回忆录》中,原拟有最后一章,叫作"退休也不容易"(Uneasy Retirement),想谈谈美国民主、共和两党的"对华政治"(不只是"对华政策")。那也是甘介侯建议不要烧纸惹鬼、少谈为妙而搁笔的。缺了这一章,我始终心有未甘,大概就因为我是个"初生之犊"的缘故吧。

十三、《回忆录》的版权问题

至于李先生对他的《回忆录》的出版问题,在回国之前,他是迫不及待的,一直在催着出版。可是回国之后,他就从北京来信说"不要出版"了。

上文已提过,这份由昭文所抄的《李宗仁回忆录》的中文清稿,一共只有两份。哥大存了正本,李氏存了副本。但是在六十年代的初期,他为征询他老部下黄旭初先生对本稿的意见,乃把这副本寄给了黄氏。后来他匆匆束装取道瑞士返国时——因黄氏侨居香港——乃未及索回。因此此一副本乃落入黄旭初之手。

此时恰好黄氏也正在撰写他自己的《黄旭初回忆录》，并分章在香港的《春秋》杂志上连载。李氏返国之后，不久便卷入"文革"漩涡而消息全无。黄氏乃将李宗仁的回忆录，大加采用，改头换面地写入了他自己的回忆录里去。因此笔者在李稿中的许多笔误和未及改正的小错误，也被黄旭初先生误用了。

黄氏在港逝世之后，才又由黄氏遗属将此一"副本"转交给李氏的长子李幼邻。幼邻于七十年代末期侍母（李宗仁原配）返桂林定居时，乃又将此稿送交广西壮族自治区人民政协文献委员会。该会显然不知此稿的来龙去脉——因为幼邻本人亦不知道——他们并未征询我这位著作人的意见，便擅自出版了。

万里飘蓬，几经抄袭，昭文所手抄的这个复写纸副本，也可说是阅尽兴亡了。

在一九六五年李宗仁返国时，此一副本既在黄旭初之手，李氏自己身边就有个英文稿副本了。据说当年毛泽东主席接见李氏时，曾询及此稿，有意批阅。可惜毛氏不谙英语，而李氏又无中文稿，毛主席乃面嘱将此英文稿发交北京外国语学院，译回中文。

这宗回译稿是否全译了，笔者在海外，当然无由得知。至于这个回译稿现存何处，笔者当然更无法打听。不过我确知其存在，因为李先生在一九六五年底写信给我，嘱我转告哥大当局，停止出版英文稿的理由，便是他"重读"这份"译稿"，觉其与"原中文底稿，颇有出入"的缘故。

李氏之言，分明是借口，因为这份英文稿之完成是经过他逐章、逐节详细核准的，在离美之前，他还不断地催着要出版呢！回国之后，主意改变，这在当时不正常的中美关系影响之下，是完全可以理解的。因此我这位受影响最大的撰稿人，对他这一"出尔反尔"，倒颇能处之泰然，但是哥大当局那些憨直的洋学者们，则认为李氏此函有欠"诚实"！他们因而把这批文化公案，移送法院，让美国法律加以公断。

我当然是这一项法律程序中，跑不掉的第一位"见证"。在律师盘诘之下，我也是一切"据实以告"！至于这件"案子"，其后如何由法院公断，我这位"见证"是无权过问的，只知道其结果是按美国出版法以及国际版权协议，这宗文献全部被判成"哥大财产"。因为在本稿撰著过程中，李宗仁先生只是本稿"口述史料"的提供者，他并不是"撰稿人"，而本稿的真正撰稿人，却又是哥大的"雇员"，所以哥大对它自己的"财产"，有任意处之"全权"。

哥大显然是根据此项法律程序，便把全稿封存了。

在研究室被搬得一空之后，我拍拍身上从五十年代积下来的尘埃，洗清双手，对镜自笑：十年辛苦，积稿盈筐，而旦夕之间，竟至片纸无存！这对一个以研究工作为职业的流浪知识分子来说，履历上偌大一个空白，对他的影响是太大了。但是头巾气太重，沉溺所好，不能自拔，入其境而不知其俗，咎由自取，又怨得谁呢？

十四、千呼万唤的英文版

那时的哥伦比亚大学，虽循法律手续"封存"了它那份"财产"，但是学术毕竟是天下之公器，这份中文稿既经黄旭初借用出版了一部分，哥大的英文稿屡经访问学人的阅读与传抄，亦颇有变相的流传。

这份英文稿，因为写当其时，在五六十年代，也曾是有地位的出版商争取的对象。当哥大的出版部以其篇幅浩繁而感经费支绌之时，柏克利的加州大学则向哥大协商转移。该校政治系主任、名教授查穆斯·约翰生（Chalmers Johnson）博士，并曾为本稿写了一封他认为是中国的"民国政治史上不二之作"的、逾格推崇的介绍信。这一来，这一部稿子乃又自哥大出版部于六十年代后期,转移到加大出版部去。

那时中国大陆上的"文化大革命"正在如火如荼地进行着,李宗仁先生亦消息全无,生死莫卜。加大当局有鉴于这部文稿历史复杂,出版部负责人乃专程来纽约找我加以澄清,并问我对英文稿能否负担全部文责。这本是我义不容辞之事。我遂正式以口头并书面,向加大负责人表示,不论本书在法律上版权谁属,我个人均愿独负文责。他闻言欣然同意。这便是在后来的英文版上,我的名字被列于李氏之前的最初动议。其后相沿未改者,无他,只是一位治史者对他所写的一部传世的历史著作,署名负其全部文责而已耳。

加大既已决定出版本书,他们乃廉价雇用一位,据说粗通中文的美国退休外交官,来担任美国出版过程中例行的核校工作(copy editing),他由于个人关系,且向哥大要去了一份复印的中文清稿,来帮助核校(这时已有廉价复印机)。谁知这位年高德劭的"中国通"自己却在这时卷入了另一桩文化漩涡,无暇及此——同时他的中文根基,似乎做两稿互校的工作亦难以胜任——但是他却抓住了本稿,死不放手。他前后一共"工作"了七八年之久,却只"核校"了十五章。如此一年两章的"校"下去,那么七十二章就要花掉他老人家三十六年的退休时光了。

加大当局为此事而甚为着急,一再要我去催他,并转请哥大负责人去催他。可怜我这位"著作人"却身无"版权"。我催多了,人家总是说:"干卿底事!"多次自讨没趣之后,我也只好索性不管了。听其自生自灭吧。我所怕的是旁人在稿子上乱动手脚,那就不可收拾了。

最后这位校稿人终于倦勤停笔,把稿子退回加大,而加大出版部,也由于他拖延太久,时效全失——美国是个时效决定一切的社会——为顾虑出版后亏本的问题,也就废约不印了。这时美国由于越战的关系,银根已紧,这一失去时效的"巨著",便再也没有出版商愿意去碰它了!

一九七五年年底,这批文稿终于辗转又退回到哥大了。这样哥大负责人，才把这已失时效的一只大鸡肋，发还给我，要我觅商付梓。大学当局并以正式公函告我，两书出版时，我可以收取中文版的版税。

这样一来，中文稿始由香港《明报月刊》分期连载，前文已有交代。可惜这时李宗仁先生已早成历史上人物。年轻一辈的知识分子，许多人已经不知道李宗仁究竟是什么人物了。该刊连载过久，编辑先生感到乏味——这也是新闻界的常情——所以连载未及半部也就中断了。

我们重觅英文稿出版人，也是历尽艰辛的。一本"巨著"（超过六百页）如新闻价值已失，在一个资本主义的国度里，是没有生意人愿意出版的——要不然，便是：（一）作者先垫巨款，出版后如有钱可赚，再慢慢归垫，否则拉倒；（二）本书杀青工作上一切杂务——如核校、制图、索引等工作，按例都是由出版商负责的——这时都由作者自己负担，将来销路好，再由版税中，逐渐扣除归垫。

我这位两袖清风的作者，哪里能拿出印刷费呢？我纵有心张罗筹借，我将来既无版税可抽，我又何以偿欠呢？！

如此，就只好眼看这部拖延二十余年，我个人，乃至我的小家庭，都被它拖得心力交瘁的历史著作，便要永远"藏之名山"了。在万无一望的情况之下，我把死马权当活马医，乃转向我自己服务的纽约市立大学研究部申请资助。

纽约市大此时正在全校宣布"破产"之后，一连串地减薪、裁员。直至目前为止，它老人家还欠我们教职员半月薪金未发呢！

我的挚友，最忠实无欺的君子，李佩钏教授，他在市大服务已二十一年，领有"终身职"聘书，这时竟惨被裁撤。他一时想不开，可能也感到苦海无边，生趣全无，竟于一夕之间悬梁自尽，遗下弱妻幼子，惨不忍睹。

市大在这种经济绝境之下，我递去"出版补助"的申请书，原是"知其不可而为之""聊以尽心焉"而已。谁知天下事往往就出于意外。我的申请书竟获市大各阶层一连串的同情，最后竟在极艰难的情况之下，总校允于少额研究费项下，拨款支援。

市大既已解囊，哥大亦不甘示弱。一班新当权的年轻执事，遂亦自该校研究费中，酌拨若干，以为资助。市大、哥大这两项合资，原不能算小，但以今日的美金比诸今日的工资，这数目也不算大。"不足之数"，我这位"作者"就只有"归而谋诸妇"了。

我们是有两个孩子进大学的小家庭。夫妇二人日出而作、日入未息的收入，也只是从手到口，所余有限。但是这部书已经把我们拖得够惨了。我壮年执笔，历时七载，为它牺牲一切，通宵不寐的情况，记忆犹新。如今杀青在望，我二人亦已两鬓披霜……无论怎样，它是应该和读者见面的了。我二人乃决定，咬紧牙关，不顾一切地，把不足之款，和剩余工作承担下来。

去年六月，这部《李宗仁回忆录》的英文版，总算以最原始的印刷方式面世了。虽然他的孪生兄弟——那本广西人民出版社所印的"中文版"我至今还无缘一晤呢！新书既出，我回想二十多年的曲折遭遇，真不禁捧书泣下！

十五、出版后的感想

如今这部比《史记》部头还要大的《李宗仁回忆录》，互有短长的中文、英文两个版本，总算都与读者见面了。在英文版的《序言》里，我对李宗仁先生在中国历史上的地位，曾有评析。暇时当另译之，以就教于中文版的读者，此处不再赘述。但在英文版序言中，笔者对此书的撰述经过，以及古怪的版本问题，则语焉未详——因为这些都是将来"中国史学史"或"目录学史"上的琐碎而专门的问题，西文读者是不会感觉兴趣，甚至嫌其啰嗦的——可是对中文版的读者们，尤其对那些专攻中国近代史的专家们，笔者就应该有个比较详细的交代了，否则他们一定会奇怪，这中、英两版为什么"不尽相同"？更糟的便是将来严肃的考据学者，在中、英二稿中，可能都会闹出个"双包案"来。言念及此，我觉得这个问题，现在非交代清楚不可，因为在目前知道本稿撰述经过详细情形的，只有哥大已退休的教授韦慕庭和笔者个人等二三人而已。所以笔者才不惮烦地冒美东百度以上的溽暑天气，裸背为本书制四万言长序以阐明之。尚乞中、英两版的贤明读者，批阅后不吝指教！

最后，笔者更不揣冒昧，以撰写本书时亲身体验的辛酸，来略志数语，以奉劝今后中国知识界和我有同样短处的书呆子：你如有圣贤发愤之作，你就闭门著书，自作自受。能出版，就出版之；不能出版，就藏之名山、传之其人。你有自信，莫愁它没有传人。

不得已而与人合作，也要一是一、二是二，搞个干净利落。千万不可把你呕心沥血之作，婆婆妈妈地弄成个妾身未分明的状态。因为一个作者著书，正如一个艺术家创造一件艺术品，一个花匠培护一园名花，一个养马师养育一匹千里名马……你对你心血结晶品的感情，绝不是主权属谁的问题。问题是你能看她有个美满的结果和如意的归宿。美女嫁情郎，宝剑赠英雄——主权岂必在我？但是你如眼睁睁地看着美人入匈奴，宝剑当菜刀，名驹入肉铺，而你在一旁无能为力，其心境之痛苦，实非笔墨所能泄于万一。

笔者为这两本拙作，披肝沥胆，前后凡二十有二年。回顾它在过去二十二年中所经历的沧桑，而我这位原作者，却始终在"隔岸观火"，心情之沉重，怎敢讳言？！

古人说："知我者，谓我心忧；不知我者，谓我何求！"

在本书今后千千万万的读者之中，笔者自信，知我者当不乏其人也。

一九八〇年七月二十八日于北美洲北林寓庐

原载《传记文学》第四十七卷第五期

桃园县的"下中农"

访台所见之一

在美国与中国学术交流的整个计划推动之下，我由纽约市立大学派往中国大陆做"交换教授"，授美国史六个月。离乡撇井三十余年，一旦身返故里，晤儿时伙伴，触景生情，其中酸甜苦辣的情绪，实非亲历其境者所可想象于万一。同时透过深入的观察，我觉得今日大陆上最苦的还是农民。什么水利、电力等建设，不是没有，但是由于人口的失去控制，和工业发展的缓慢，农民的衣食住行、教育、卫生等最基本的生活条件，却改善得极其有限！

笔者幼年是在大陆农村的泥土里长大的。对那时农民的疾苦知道得太深刻了。良心驱使我诚心诚意地希望他们在过去三十年内，能有个彻底的翻身。

三十年不是个短日子！他们今日仍然很苦，胡为乎而然呢？迷惘之余，这才使我想到对台湾农民的生活也做点粗浅的了解和观察。这就是我撰写本文的原始动机。

不敢麻烦公家

承在台北举行的"中华民国建国史讨论会"中几位老朋友的邀请，我在纽约取得了可以进入台湾十天的过境签证，飞到台北。我想在这极短的停留期间，利用会外余暇，到台湾农村里去看看。但我不敢也不愿麻烦官方。我只是私下向我在台湾省公路局任职的表弟表示，希望他能替我借一部小汽车，并利用他本省籍夫人的亲友关系，替我在台湾乡间，找一个"最具代表性的'中等农民'的家庭"，让我不拘形迹地去访问一下。

在三十多年前的大陆上，表弟便一直是听我使唤的"小鬼"，我是他的"大王"。我们之间的感情，真比亲兄弟还要亲。后来我去美国，他在一偶然机缘下，进入台湾。在台湾娶妻生子，家庭十分幸福，工作也相当顺利。他生性厚重，人缘又好，三十年的定居，也可说是台湾的老乡里了。但是当我们又碰到一起时，在心理上，他还是我的"小表弟"——虽然最近他已有了一个孙子——我这个"大王"，还可把他这"小鬼"使得团团转；甚至他的几个可爱的孩子，也被我这位远道而来的"表伯"动员了起来。男公子替我做照相师，小女孩则替我做闽南语的翻译。

组织了这样一个有效率的"考察队"，我就真的深入台湾农村了。

八月二十一日的台北，晴朗而炽热。一大早表弟便带了一部有空调的小汽车来接我下乡。我们从高速公路直奔台中，再转入支线，在乡野中随意遨游——看看农村的外貌。表弟说，台湾真是个宝岛，物产丰盛；而我在土地膏腴之外，也显然看出了人民勤奋和当局复兴农村的成绩。

在台湾农村中，我们很难看到破烂失修的房屋——这一点，今日美国的农村都没有做到。在美国农村中，我们可以随时随地看到一些破烂、失修或废弃的农房，斑斑山野颇不雅观。台湾农庄虽小，然大体都收拾得干干净净的，一眼看去，甚是赏心悦目，显出朝气。

我们在农村中尽情巡回。中午则开到南投午餐，下午继续游览，直到深夜才开到埔里的一家小食铺去吃"一鱼三味"。一日之游，到处都使我体察到人民安居乐业的升平气氛。这些乡里小饭馆，差不多都有冷气设备。服务人员笑脸迎人，繁忙而温和有礼。他（她）们也都能说一口清晰的"国语"，不像香港、广州，乃至上海，居民仍以说方言为当然。笔者在上海见到我几位"安徽佬"的堂弟妹，他们私下彼此交谈，有时且用"沪语"，真把我这位"二哥"气得胡子直竖。但是今日在台湾反而处处说"国语"，也真是难能可贵。

后来我们又访问了我们的司机老王的家。

老王自称是"毛泽东的小同乡"。他那口"湘潭国语"便远没有他那时髦而美丽大方的本省籍夫人说得流利。她告诉我，她小的时候是被"卖"到台北的，所以是"地地道道的'本省人'"。但是她今天"本省话已不大会说了"。

老王住的是一所两房一厅，外加浴室、厨房和前后两面阳台的现代公寓。窗明几净，壁纸花色鲜明。室内十九时彩色电视机、电冰箱、音响、洗衣机、收录两用机、高脚电风扇……一应俱全。沙发、桌椅也样样入时。美中不足的是他们的长子，去年在考大学期间，不幸游水被溺死。他夫人以漂亮的"国语"为我说东说西，足使我忘记做客台湾。我想我故乡合肥人民的生活水平，也能达此程度，那该多好！

桃园张家

"建国史讨论会"开得相当忙乱。一礼拜会期之后，我的过境签证已到期，本该立刻出境，然终承大会"接待组"诸执事先生的帮忙，把限期延长了几天，直至九月四日。就在限期届满的前一日，表弟果然替我在桃园县乡下，找到了一家"颇具代表性的'中等农家'"，让我去拜访一番。

九月三日的早晨，也正是台风过境之后、签证将限满之时，天气不算太热。我们一行再度自台北动身，循高速公路南下桃园。车行约五十公里右转入支线，再转便转入一条乡村小径。就在这条小径的开端，有一位中年人坐在一辆发光的摩托车上，正在等着我们。表弟和他招呼一下，他便掉转车头为我们做向导。

这条小径虽也是柏油碎石路面，但却"小"得出奇。在车内向外看，我觉得路面比车身还要窄。幸好我们的老王技术好，一路有惊无险。他开了约一两公里，再穿过一条窄得怕人的石桥，车子便在一座村庄前的洋灰广场停下了。

下车后，表弟替我介绍，这位领导我们的中年人叫张学意，他便是这座房子的主人——一位最具代表性的台湾农民。今天我们就来拜访他。

张君极其谦恭地领导我们进入他的住宅。那是一座低矮的平瓦房。一进门便是张家的客室，约十四五英尺见方。下面是一面平整光滑、现方块赭黑色花纹的水磨洋灰地面。这水磨地面如果打上蜡，是会光彩鉴人的，不打蜡也一样的光滑可爱。头顶上面的天篷，则是经过化学处理的栗壳色长条木板镶成，整齐而美观。四壁是白色石灰粉墙，加点黑色线条图案。靠下方则是晶洁的玻璃门窗，我们就是从这个门进来的。

客室上方，放有一座台制十九吋、装有防尘门扇的三洋牌彩色电视机，机上横卧着一架大型立体音响，喇叭箱则放在地下两侧。左侧墙边便是一张三人藤座木框沙发，下端横放着一张同型单人沙发。再下边靠墙边有一张藤面摇椅。沙发前则是一张精致的咖啡台。

张学意君很热情地招待我们坐在这木制沙发上，敬烟奉茶，我们就这样子"聊"了起来。

阿增的大家庭

张先生是客家人，祖籍广东陆丰。他曾祖是位苦力，于清末受雇来台开垦。后来娶妻生子，便在台湾落户了。定居后他又搬了几次家，直到学意的父亲张阿增中年时才迁来此地。他们现在的门牌地址是："桃园县杨梅镇瑞塘里七邻，草澜坡十七号"。

阿增不识字。在"日据时代"，他向当地地主租了两甲地（亦即两公顷，或三十市亩，合四点九四二英亩），当了佃农。阿增（现已七十六岁）有两个儿子。长子便是张学意君，现年五十二岁。次子学国，比哥哥小九岁，现在也已四十三岁了。学意在"日据时代"进过小学和初一，学国则于"光复"后在高级农业职业学校毕业。他弟兄二人又各生子女五人。学意的长女秀珍，今年二十六岁，已于去年结婚，嫁了位外省籍的军人，已随夫迁居，所以现在的张家还有九个孩子。他们和学意、学国两对中年夫妇，以及阿增老夫妇同吃同住，一家十五口，三代同堂。

但是按照当局"户籍法"的规定，他们十五人却被分成两户。今日台湾农村习俗仍是以男为主的，户长都是男人。张家两户中的长房是以学意为户长。他一对夫妇、四个孩子作为一户，另加祖母（阿增的妻子），共有七口。二房学国一家则以祖父阿增为户长，一户八口。虽然在户籍上他们一家分成两户，他们自己在生活上和财产上则并未分家。一家人的收入都合在一起，各尽所能，各取所需，大家公吃公住。由于阿增不识字，学意很自然地就变成一家的实际"首长"了。

佃农翻身的经过

据学意告诉我，在"日据时代"，他们当佃农的生活是十分贫困的（原因很多）——"合家每月只能吃到一次肉！"学意那时也"从未穿过长裤子！"

"光复"后稍好，但也好得有限，家中有时吃的还是番薯饭。

但是在一九五三至一九五四年间，生活便渐渐开始好转了。原因是那时当局推行了"耕者有其田"的土地改革的政策。当局用日本遗留下来的工商业作抵偿，收购了所有地主的土地，然后再以这土地低偿分给无地农民。一般农民可以分期付款的方式，先耕后付，于十年之内，向当局购得全部土地所有权，但是每户分地最高额则以三甲（四十五市亩）为限。

这样一来，他们张家乃于旦夕之间，由无地的佃农一跃而为拥有两甲地的自耕农了。至于他们其后在十年之内，一共向当局付还了多少"低偿"的地价，学意已记不清。我想这数目字不难查到，也就未向他追问了。

吃肉的次数随着土地改革而多起来，张家田庄上生产量也增加了——最后竟然增加到一倍以上。主要的原因是当局成立了"农村复兴联合委员会"（简称"农复会"），供应化学肥料，并改良农作物的品种。这样，连他们村前池塘内所养的淡水鱼的品种也一道地"改良"了。

生产量大增之后，农民的生活自然也就一天天地好起来。

但是人民生活的改善，天助之外，还要靠自助。他们桃园农民在土地改革之后，生产的积极性提高了。在"日据时代"，他们原已有农会的组织，但那老农会不发生太大的作用。现在这个新农会组织扩大了，工作也积极起来。农会之下，他们又组织了农田水利委员会，扩大了水源，也掌握了最经济有效的灌溉技术。农会同时对会员农场里的产品也做出了最有组织和最有效的推广。在当局有计划的辅导之下，"谷贱伤农"这一传统现象是基本上消除了——谷价由当局做有计划的调整和控制。

据张君告诉我，他们拥有两公顷土地，一年两熟的农场上，每年可实收谷子两万六千台斤，约值新台币二十万元（约合美金五千三百元）。除去成本和一切开支，他们可净得新台币八万元（美金两千一百元）上下。

农会的职权既然一天天地大起来，通过这个组织，农民也就真正地变成他们根生土长的土地上的主人翁了。学意的弟弟学国现在便是杨梅镇农会的产品推广员。因为成绩卓著，农会也发给他每月一万五千元的报酬。

随着台湾工商业急剧的发展，农村人口一天天地流向都市，农忙时人手不足，散工和雇农的工资乃随之直线上升，据说最高的近来已达到八百元新台币（美金廿一元强）一天。人工太贵，只好改用机器，所以张家也以八万新台币的代价购了一部拖拉机，其后又买了插秧机和收割机。但是他们一共只有两顷地，还不足五英亩，这些大机器显然是缺少足够的用武之地。两公顷的地一下子犁掉了，人反而嫌无事可做。有勤劳习惯的人，一旦闲起来，他们就要找兼差，学意便是这样在农忙之暇，在台湾客运公司找了个兼差。农场上的事愈来愈少，他这个兼差反而逐渐地变成他的主要职业了。

在台湾客运公司里，张学意的工资是新台币一万三千元（约合美金三百六十余元）一月。

我把他兄弟二人每年的年薪（另加奖金两万元）所得加一加，竟多至三十五万元（合美金八千元上下）。另外学意、学国的太太也都在做些成衣加工；十几岁的孩子们，不时地也都能三万五万地赚回来。这样一个农民的家庭，也实在太富足了。张君微笑着说："真正的好转也只是最近十年的事。"最近十年为什么有这样大的变化呢？这也是我想知道而还没有知道的事。

"张先生，"我说，"这样一来，你兄弟二人的工资，不是比你农场里的收入还要高得多吗？"

"是的嘛，"他说，"薪金现在是我们的主要收入，农业反而是我们的副业……没有薪金收入，专靠农业，生活是改善不了太多的。"

"你兄弟二人都在外边做事，那么田留给谁来种呢？"我不禁茫然。

"五点钟下班回来再做嘛,"他回答得甚为轻松,"我们有机器,花不了多少时间。"

"你们一切都用化肥,那么人畜的粪便都不用了?"我再追问他一句,因为他家中除了十五个人之外,还有两头猪、三条狗和若干只猫。

"粪便用在菜园上。"他说。

中农家庭的收支

张学意君是一位谦谦君子,有着中国淳朴农民最可敬可爱的乡村气味。他不太爱说话,但是他回答我的问题却是有条不紊。我的问题,或许在他听来都是一些不必要问的问题,他所回答的也只是台湾农村里尽人皆知的一些常识,所以他说起来显得极其平淡而轻松。而我这从重洋之外飞回来的外行,则对他每一句回答都感到新奇和惊异,因为我每问一个问题,都使我想到我自己故乡中,农民现在的和过去的生活状况。所以我尤其喜欢替他们张家算账。

照我算来,他家庭每年都有很多的结余。"剩下的钱都存到银行去吗?"我不免要问。张君说,他家内现款不多,有钱也不存入银行。因为他们农村里一直流行"入会"的办法——以前大陆上也有——那就是"会员"大家分别集资,每年按时抽签,谁得签,谁就取得当年大家所集的全部"会钱"。

张家或许在前些年也得过签——总之,他们两年前曾以现款二百五十万元投资房地产,在附近镇上买了一所有二十五坪面积的铺面房屋。房价似乎是十万元一坪。张君没有告诉我这座房产出租后的房租所得——可能也因为他尚未详细核算。但是我以市面最低利率百分之五来替他算一算,则他家所得房租至少也在十二万五千元左右。

这样一来,我倒可替他张家一年的收入排个大致不差的流水账,项目大致如下：

一、两兄弟工资总收入——三十五万元。

二、房租或利息收入——十二万五千元。

三、妻子儿女零工工资——十万元。

四、农产品纯收入——八万元。

五、农业副产品（猪和鱼）——三万元。

上五项合计总收入——六十八万五千元（约合美金一万八千元强）。

关于张家一年支出的情形，我也大致替他算了一算。

在过去的中国农村里，通常一家最大的支出便是食粮。在张学意和我谈到他家中开支的情况之时，他说他二十万元的农业收入要扣除十二万元的成本。这十二万元中，除掉种子、肥料和机器折旧之外，显然也包括他全家食粮的总消耗，因为他说他们食粮自给，副食品蔬菜、鸡、鸭、鹅、鱼，也都自给。平时主妇们上镇市去买菜，少许油、盐之外，所买的只有猪肉一项。每年这项猪肉的消费，可能也略相当于他们售出两头猪的价格。

所以他们张家基本上还保留了我国传统农村自给自足的若干遗风。他们平时赚的钱，是赚一个留一个的。

因此除掉十二万元的农业成本和日常的猪肉消费之外，他家最大的开支便是田赋、灌溉水费、日用电费和日用瓦斯费了。他们每月支出电费五百，每年六千；瓦斯费每月三百，一年三千六；田赋每年七千；水费七千。

所以张家每年要用现款支付的租税和生活费，约在四万五千元上下。另外再花钱，那就属于教育和奢侈品之列了。例如张君的小侄女现在校中学古筝，一部古筝的价格便是七千元。至于张家妯娌的金首饰的消费，那自然又当别论了。

总之，经过我和张君计算之后，我答出个大致不差的结论，那便是他们张家在一切必需的消费之外,每年要结余三四千美金作存款来储蓄,那实在是举手之劳的事。张君微笑,认为我这一估计不太离谱。

富翁的远景

我们畅谈之后,张君又率领我们一行去参观他住宅的各部分。

这是一幢有五十坪面积的老农庄。有一半翻成西式住宅——客厅和卧房——一半依旧。厨房中灶头亦有老灶和瓦斯灶两种。全屋虽无自来水,但屋后那口由巨石紧盖的水井,却由马达抽水,用水管通向厨房。厨房内外且有各种家用的大小机器,如揉面机、抽水机、脱水机等等。我问张太太为什么不买一部洗衣机。

"啊,农人的衣服泥土太多,不能用洗衣机,"她说,"池塘内洗很方便,我们用个脱水机就足够了。"

按财力,他张家也可装空调和电话的。但是他们全家一致都说空调无必要。乡村清风习习,并不热。笔者本人也住在纽约郊区(乡下),的确知道空调无必要,尤其是经常在户外工作的农人,室内室外温度悬殊太大,对健康也不好。

至于那架美国佬不可或缺的电话,中国农民或者尚无使用它的习惯,平时无此必要,正如张君所说的:"要用电话,到镇上去打好了。"

他们张家现在也有足够的财力,把老屋全部翻修或重建。但是他们不能做,也不愿做。原因是由于台湾工业的迅速成长,他们瑞塘里这一地带已被划成工业扩展区,有关部门不许再兴建普通民房住宅。

这一规定,在生活上对张家虽有不便,但在经济远景上,他们是竭诚拥护的,因为农村土地一旦划为工业区,地价势必随之上涨。

张家现有农场地两甲,合六千坪。划为工业区之后,地价已涨至五千元一坪。全场地价总值如今已超过三千万新台币,以目前台币、美币兑换率来折换,则张家之地现在已值美金七十八万元有奇。再加上他们既有的生财,则张家今日已是一个拥有一百万美金财产的大富户!

由一个"未穿过长裤子"的佃农,转化成一位百万富翁,是个奇迹吗?不是!我们读西洋史的人,知道这类事迹太多了。没啥稀奇。在西欧、北美工业革命的历史中,这例子是千千万万的。张君的好运道,只是工业化过程中的通例之一,不是什么例外。

但是久处通都大邑之后,今日突然面对张君那样淳朴的乡村气味,倾听他那诚实无华的农人的语言,再看看他家中那位耳聋、蹒跚的祖母,和赤足而害羞的儿童,我是感慨万千的。我国传统的农民气质和农村生活,太健康,也太可敬可爱了。若说我们五千年文明是真有什么伟大的话,它便是建筑在这些基础之上啊!但眼看着它就要被狡猾而污浊的"都市"所淹没了。

现代化!现代化!你是人类生活史上的"魔鬼"和"强奸犯"!还真是什么进步啊,发展啊!但是我看看张家的情况,我也不断地想起我的故乡来。两地农民本质上是完全一样的,但是二者之间的物质条件和教育水平就有天壤之别了。

张家的衣食住行

我叫我的青年"照相师"给学意的夫人——张谢李妹女士照几张相作纪念。张太太是一位温和而端庄大方的中年妇女,虽然已是望五之年,看来却比她实际年龄年轻得多。她的发型是台北市上通行的一种,相当美观。身穿的是一套涤绵纶的西式服装,十分整洁,颜色也很调和,长裤上的裤缝熨得笔直。足下一双"半高跟",也很入时。我想这就是一位所谓"农村妇女"吗?至少,她的婆婆却是一位百分之百的"刘姥姥"啊!

她的丈夫,在我的好奇的讯问之下,也含笑地承认他有西服四套。弟弟学国也有三套。我未见过穿西服的张学意，但是看到他夫人的衣着，我却不难想象出，张学意穿西装革履是个什么样子。

据学意告诉我，他们的男孩子最常穿、也最喜欢穿的是牛仔裤。女孩子穿西式衫裙，有时也喜欢打扮打扮。我在他女儿精巧的绣房之内，也看到整架的化妆品。关于这一点，我倒不需要这位贫寒出身的爸爸，来向我解释呢。

我们要和学意的那位赤脚的小侄女一起照相。她脸一红，躲起来了。问她名字也不答。可是当她在小瓦斯灶上烧鱼的时候，却被我们包围了。她在帮忙烧中饭，正在煎着一条圆圆胖胖的鱼——颇像我们长江里的鲫鱼。表弟告诉我，这是一条"改良品种"的"吴郭鱼"。我想或许是一位姓吴的和姓郭的水产学家"改良"出来的吧。不得其解，只好望文生义了。

这种鱼，据说是他们老祖父张阿增的偏好。他老人家苦了一辈子，幸好老运弥佳，儿孙满堂。如今七十六的高龄，家中大小事务他是不管了；但是每日清晨，老人家却喜欢牵着孙子，送他们上学。孩子们上学了，他便拿着鱼竿到池塘边、树荫下，去钓他有偏好的"吴郭鱼"，一直等到家人叫他午餐才回来。下午午睡睡醒，到门前去等待散学归来的孙子们，也是他的乐趣。

唐诗上说："野老念牧童，倚杖候柴扉。"这种淳厚的田家风味，在近代中国恐怕只能向书上去找了。想不到在桃园杨梅镇的张家，还保留些许往古的遗风！

我在张家东张西望，总觉得有什么美中不足似的。啊，有了！原来他们家里有九个孩子，却没有一部脚踏车。在大陆，几乎遍地皆是脚踏车。在美国，凡是有孩子的家庭也都有，而张家独缺。这是什么原因呢？学意说："我们已有三部机车……孩子们不喜欢脚踏车。"

一个农家居然有三部摩托车，这在以前中国的农村，是不可想象的。

但是张君却说，他好多邻家都已不要机车了，他们改用载货载人两用的无篷小卡车。他一提起这"小卡"，我立刻也就想到了。因为我在美国农庄做过工。美国农人最欢喜用这种"小卡"。他们有时且在车身之上配制一套可以作睡眠用的小活动车箱。暑期装上这车箱，他们就可以驾车出去做露营旅行了。我本人也在这种旅行车箱中睡过。它甚为经济、舒适而方便。看样子，台湾农民之利用这种"小卡"来度假，为期也不远了。

教育和娱乐

正当我仍和张君絮絮不休之时，他那位正在服兵役、穿着军服的儿子张颂彩回来了。他是一位眉目清秀、二十二岁、"高职"毕业的青年，习汽车修护，现在则是一位"现役宪兵"。学意的二子颂宏，廿一岁，成功中学毕业，今年参加大专联考未取，现注册入台大补习班"丁组社会科"用功补习，预备明年再试。三子颂安则正在农工高职读二年级，习农工电机科。

张君那位已出嫁的女儿秀珍也是实践家专毕业。实践家专是所谓"三专"，亦即是学生在高中毕业后，再入校读三年毕业的专科学校。二女秀玉二十三岁，则是万能工专毕业。万能是"二专"，她学的是会计，现在一建筑公司服务，待遇也很好。

张家二房的孩子都还小。最大的张颂光是个男孩，十八岁，现读高职三年级，习电工，专业是室内配件。这时他正暑假在家，抱着个自用的大篮球，来和我们握手拍照。颂光矮而黑壮，一望而知是一个十分诚实的农村青年，浑身上下没有台北青年所习见的都市气味——虽然他家离台北不过五十公里。

颂光下面是四个妹妹，尚分别在高、初中和小学就读。她们的志愿，自然也都是高职和大学了。

他们张家这十个孩子的教育程度着实使我震惊。我想起我自己家中——传统所谓"书香之家"——叔伯兄弟姐妹的教育程度，和我的一位三十来岁的外甥女至今还是个文盲的情形，不禁为之黯然。

我问张学意君平时有什么娱乐，他说电视、电影之外，他喜欢听柔和的音乐。其外则是读书、阅报。他家中也订了些报刊。其中包括一份台北的报纸和一份孩子们欢喜看的《青年战士报》。

学意的夫人和弟媳则参加当地的"妇女会"，学习烹调和缝纫。孩子们的学校一般都有"家长会"——美国同类组织叫作"家长教师联合会"（P.T.A.）——家长们可以通过这个组织而从事各种社交活动。

政治和选举

"你们乡村的政治组织采取何种形式呢？"我换了个题目向张君发问。

他说他们最小的政治单位叫"里"。里有里长，由里民选出，三年一任。他们现任瑞塘里里长庄水贵君便是一位民选里长。里之上有"镇"，镇有镇长，也是民选，四年一任。现任杨梅镇镇长谢新鉴君则是"国民党党员"。镇以上是"县"，设"县长"，也是民选，四年一任。桃园县的县长便是那大名鼎鼎的许信良。许信良因久假不归，现已被省政府停职，暂派人代理。

见微知著？

笔者与张君一晨之谈，所得的启发实在太大了。我的访问虽短，但也可说是对当前台湾农村的"个案研究"（Case study）或"例案探讨"（Sample investigation）。这在今日流行的社会学的法则上说，也可叫作"见微知著的法则"（micro-level approach）吧。张家这"例案"（sample）虽小，但是这个"平凡的他"，则是目前整个社会中的一个细胞，它发展的正常与否或健康与否，每可看出一个社会整体发展的取向。

张君告诉我，他一家生活的情形，只代表台湾农村中的中下层，本质上还算不得富农，因为他还不够资格报一般人所报的"所得税"呢！他一家两户，上有老、下有小，食者众、生者寡，所以按规定，他每月工资中的"所得税"就免扣了。

学意又举例说，大多数的邻家都比他好。例如紧隔壁的申家，因为孩子少，他们夫妇一日所得便是一千元以上（约合美金廿六元强）。如此则每月收入在美金八百元左右。八百元在美国不算高。但是美国人生活费用大，一般人从手到口，收入大部住掉、吃掉，今月有钱今月了；而这些台湾的自耕农，则赚一个、留一个。老同学、专治台湾经济的侯继明、王作荣两教授也告诉我，今日台湾人民的储蓄率增高到百分之三十。这是个可惊的数字。但是我近看申家，则可知这一数字形成的"所以然"了。

所以如果申家算是台湾的"中等农民"（这名词是张君说的），那我望文生义，只好把张学意和他的家庭列为台湾的"下中农"了。

这里我得千万声明：至于申、张二家在台湾农村中究有多大的代表性，我是望文生义、人云亦云的。我个人在这个名词上，到目前为止，并未找到确切的"学术性的根据"。

不过我个人是搞过长期的口述历史的。我认为耳闻目睹之言，虽不可轻信，也不可完全不信。因为它有时反比长篇大论的"学术报告"，更中肯、更可靠。至于如何对待这些口述材料，对一位学历史的来说，那就存乎一心了。

在访问张家之后，斗室沉思。我想：应该不应该把它写下来呢？经过反复的考虑，我对我自己的答复是正面的。因为我认为，这至少是当代中国社会经济史中一点点诚实无欺的"口述史料"。

记得以前有一位史学老教授告诉我：为保存史料而保存史料，便是一种贡献。所以我就决定把它保存下来了。至于这份"口述史料"究竟有没有丝毫史料价值，那还是让读者们去裁判吧。

原载《传记文学》第三十九卷第五期

《通鉴》与我
——从柏杨的白话《资治通鉴》说起

我近来最羡慕柏杨。

羡慕他，不是因为他名满天下、稿费如潮、美眷如花。

我羡慕他已经有这把年纪，还有此"勇气""决心"和"机运"，来"啃"一部有二百九十四卷之多的世界第一流古典名著《资治通鉴》！

在海外待久了，才真正体会出所谓"学术的世界性"。我们这部《资治通鉴》，不管从任何文化的任何角度来看，它都是世界史上第一流的古典名著和巨著！在人类总文明的累积中，找不到几部。

"啃"是乐趣、是福气、是运气

我为什么说柏杨在"啃"呢？这也根据我自己的读书经验。痴生数十年，啥事未干过，只读了一辈子的书。如今谋生吃饭的"正常工作"便是读"正书"。工作之暇，去寻点消遣、找点"娱乐"，则去读点"歪书"（借用一句我乡前辈苏阿姨的名言）。结果呢，工作、娱乐，正书、歪书，弄得一天到晚"手不释卷"。

据说夏曾佑、陈寅恪诸大学者，胸藏万卷，读到无书可读——他们嫌天下书太少了。我是个苏阿蛮，越读觉得书越多，好书太多，读不胜读，我嫌天下书太多了，有时真有点同情秦始皇帝。

书多了，读不了，真恨不得有千手千眼，来他个"一目十行、千目万行"。针对着这个"需要"，聪明的美国文化商人便提出了"供应"——他们搞出个赚钱的行业叫"快读"（rapid reading），这也是今日美国商场很时髦的生意。

但是根据我自己的笨经验，有些书——尤其是大部头的古典名著——就不能"快读"。相反的，对这种著作要去"啃"，像狗啃骨头一样地去"啃"。我个人的体会便是，在午夜、清晨，孤灯一盏，清茶一杯，独"啃"古人书，真是阿Q的最大乐事。可是在当今这个"动手动脚找材料"的商业社会里，你哪有这种福气和运气，去"啃"其爱"啃"之书呢？

先师胡适之博士曾经告诉我说，读名著要写札记，然后消化、改组，再自己写出来，这样才能"据知识为己有"。这条教训，对我这个笨学生、懒学生来说，还嫌不够呢！因为有些"知识"我"消化"不了，"改组"不了，"写"不出来，我就把它肢解一番，放在冰箱里去了。

所以要把一部古典名著真正搞"透"了，最彻底的办法还是翻译——汉译西、西译汉、古译今。

翻译工作，一定要对原著一字一句、翻来覆去地"啃"，是一点含糊不得的。

荀子说："古之学者为己，今之学者为人。"

所以专就"为己"之"学"而言，翻译一部巨著，真要有不世的"机运"和"福气"。进而能"人己两利"，兼以"为人"，岂不更好？

咱也"读"过《通鉴》

羡慕柏杨译"通鉴",我还有点私情,因为咱也读过《通鉴》。《通鉴》"姑娘"也是我的"少年情人"(childhood sweetheart),一度卿卿我我,恩爱弥笃;为着她,我也曾闯过点"言祸",而为士林泰斗所不谅。

说句更丢人的话,在下做了一辈子"学人",如今将到"已无朝士称前辈"的昏庸阶层,我一辈子也只读过这么一部大部头的古典名著。她和我白头偕老,我也仗着她招摇撞骗一辈子,终老不能改。

更惭愧的则是,我对《通鉴》只是"读"过,而没有"啃"过。

"读"书——如果没有个人拿着戒尺或皮鞭站在后面的话——是会偷懒的。读到难懂之处、不明不白之处、半明半白之处、索然无味之处,你会学杨传广跳高栏的——一跃而过、永不回头。所以从治学方面来说,"跳高栏"和"啃骨头"就是两个截然不同的境界了。

对于这部巨著,我也曾"跳高栏"地跳过一遍,从头跳到尾。我对《通鉴》有偏爱,数十年来,时时刻刻想再"啃"她一遍;但是数十年来,就从无此"机运""勇气"和"决心"来干这傻事。今见柏杨为之,于我心有戚戚焉。

宣传"新生活运动"的副业

我什么时候也"读"过一部《通鉴》呢?

说来好笑。那是当年蒋委员长在南昌推行"新生活运动"推出来的。

记得那年我正在家乡一所县立中学读初二。我们那所学堂虽小,口气倒大——以南开自比。平时功课不轻,暑期作业尤重。但是这年——"新生活运动"开始之年——我们的暑期作业忽然全部豁免。原来蒋委员长要我们全部中学生,在暑期中"宣传新生活运动"。

为此，我校在学期结束之前，还办了一个短期宣传训练班，并学唱《新生活运动歌》。这个歌，我到现在还会唱。前年还在家乡对那些搞"五讲四美"的小朋友们唱过一遍。那歌的开头是：

礼义廉耻，表现在衣食住行。
这便是，新生活，运动的精神。
……

另外还有一首《宣传使用阳历歌》。什么：

使用阳历真方便，二十四节真好算。
上半年来六廿一，下半年来八廿三。

原来阴历里的什么立春、小满……所谓"二十四节"是不定期的。使用阳历了，则每月两个节日，排得整整齐齐的，好不"方便"也！

唱歌之外，我们又练习了一些当时山东韩青天所不能理解的"走路靠左边""扣好风纪扣""刷牙上下刷，不应左右拉"等新生活的规律。

准备停当，暑假返家，我就当起"新生活运动的宣传员"了。在下原是个好学生、佳子弟，老师怎说，咱怎做。

我家是在农村里，住的是土围子。我的家叫"唐家圩（土音围）"。我是那大土圩子里的小"土少爷"。附近农民中，看我长大的人，都尊称我为"二哥儿"。可是这次返乡，我这个"二哥儿"要向他们做宣传可就难了。

那正是个农忙季节，农民们三三两两地在水田内工作，我如何向他们宣传呢？最后总算苍天不负宣传员，我终于找到了一群最理想的宣传对象。

原来那年雨水不多，我乡农民乃结伙自大河内车水灌田，俗名"打河车"。那便是把深在河床底下的水，通过一条"之"字形的渠道，用三部足踏大水车，连环把河水车向地面。那大水车每部要用六个人去蹬，三部车便有十八条蹬车好汉——这岂不是我最理想的宣传对象？

我拿了铅笔和拍纸簿，静立一旁，等他们停工，好向他们宣传"新生活"。

果然不久，那第一部车上一位名叫郭七的大汉忽然大叫一声"哦……哦……"接着那十七条大汉也跟着大叫"哦……哦……"水车停下了。郭七卡好了水车，便坐下来抽他的旱烟。另外的人则在水桶内用瓢取茶喝，还有几个小汉则溜到河下，泡在水里。

我想把他们集合起来，来听我讲"走路靠左边"，显然不易做到了。"扣好风纪扣"就更难了。他们之中有几位连裤子也没穿，只在屁股周围围了一条又脏又大的白布——他们叫"大手巾"——哪有"风纪扣"好"扣"呢？

我认识郭七。他是我的老朋友，所以我还是想试试，要郭七把他的队伍集合一下。谁知郭七却用他的旱烟杆敲敲我的臂膀，嬉皮笑脸地说："哥儿，去偷一包'大前门'来抽抽嘛！"

郭七这话并没有冒犯我。事实上我以前也替他不知"偷"了多少包"大前门"呢！但是这次我是来"宣传新生活"的。"宣传新生活"，怎能继续做小偷呢？所以我二人，谈判决裂。

"哦……哦……"郭七吹了个大口哨。十八条好汉，又去骑他们的水单车去了。

我只有失望而归。

认识了司马光

"宣传员"做不成了,但是昼长无事,我却学会了用马尾丝扣知了(蝉)的新玩意,乐趣无穷。

一次,我正拿了根竹竿,全神贯注地向树上扣知了,忽然发现背后站着个老头子。回头一看,原来是我那位足足有三十多岁的老爸爸!父亲问我为什么不做暑期作业,而在此捉知了。我据实以对——我这期的暑期作业非不为也,是不能也。

"好吧!"老头子说,"那你就替'我'做点'暑期作业'吧。"

说着,他把我捕捉的知了全给放生了。

"替'我'做!"他又老气横秋地重复一遍。

跟父亲回到家里的书房。这个三开间、全面落地玻璃窗、面向一座大花园的"书房",有个现代化的名字叫"唐树德堂家庭图书馆"。这个洋名字是当年清华学校足球队中锋唐伦起的。唐伦是我的三叔,他那足球队的队长名字叫孙立人。

在书房内,父亲搬下了一个小木箱,这个精致的黄木书箱上,刻了几个碗口大的红字"资治通鉴"。

父亲抽开木箱盖,取出一本线装书给我说:"这书,你的程度,可以读。"

这是我第一次看到有那样漂亮的线装书。那时我最恨线装书,但对这部书却一见钟情。那米黄色的纸那么赏心悦目,字体又那么端正、整齐、清晰,书又是崭新的,真是美观极了。

我接过书来,立刻便被她美丽的装潢迷住了——真可说是"爱不忍释"。再翻翻内容,觉得并不难读——因为我有读《史记》的底子——故事也颇合我胃口。

知了早已忘记了,老头子何时离去,我也未注意。拖了一张圆藤椅,我便在那花香阵阵的紫藤架下读起《通鉴》来了。

这对我是个难忘的时刻。事隔数十年了，书被烧了，房子被拆了，人也被整死了……但是此情此景，却随时在梦中和冥想中不断地出现。

替老子读书

记得自那天起，我替父亲做"暑期作业"，便一刻未停过，终日一卷在手，除掉睡眠和洗澡之外。有时我自黎明开始，一读便读到日落西山，蚊雷阵阵，我还不肯放书。我读得那样入迷——直使母亲抱怨父亲，父亲自己也懊悔不迭。原因是我有读书生病的前科——一场伤寒，几乎把小命送掉。

其实我那场病与读书并无关系。"书"只是替"病"背黑锅而已。但是那时无现代医药常识的乡巴佬哪里知道呢？

我把《通鉴》读得太沉迷了，有些不明真相的老长辈们还夸奖我"用功"呢。可是我如把《通鉴》换成《七剑十三侠》，他们便不会那样想了，而事实上我看《通鉴》，却和看《七剑十三侠》的心情并无两样。讲一句八十年代的漂亮话，我只是觉得"历史比小说更有趣"而已，"用功"云乎哉？！

不过读历史和读小说也多少有点不同。因为读历史有个逐渐向前发展的"境界"，一个接着一个迫人而来，读小说则是一泓秋水，就没有这种感觉了。

那时我读《通鉴》的境界，似乎每日都在迅速改变之中。最原始的便是我对在我家中出出进进的、满口之乎者也的老食客、老前辈的印象逐渐改变了。他们都是些能说会道之士，讲起话来都是出口成章的。

渐渐地，我觉得他们所讲的故事——都在我书中出现了，而书中的故事和他们所讲的则颇有出入。

他们都欢喜掉文。渐渐我也觉得他们所"掉"之"文"大有问题（与"书"上不对嘛！），有时竟漏洞百出，有时甚至驴头不对马嘴。

这些老长辈们一向都是我的"法力无边"的老师，他们对我们这批孩子们的"训诲"，也是居之不疑的。谁又想到在一两个月之内，在我的"老师"司马光比照之下，一个个都面目全非了呢？

秋季返学，更不得了，班上同学似乎也比以前显得粗野无知。那位一向向我夸口，说什么"你数理比我好，我文史比你好"的潘驼子的"文史"，似乎也法宝全失。

不用说，那教我们历史的女老师，在课堂上时时出岔子——我当然不敢更正她。就是我们一向顶礼崇拜、教国文的蔡老师，他的学问，似乎也跑掉了一半。

天乎，读了一部《通鉴》，境界上竟然有这样大的转变！是我自己长大了？还是被司马温公改造了呢？

做《通鉴》的文抄公

升入高中之后，我的第一位国文老师竟是个不折不扣的"江南乡试"试出来的"举人"。他自己也和范进一样，颇为自命不凡。一次作文时，他出了个题目叫"三国人物选论"。我一下就"选"中了"五虎上将"中的关、张二将，另加军师孔明。在两小时的时限中，我缴了一篇作文，大意我还有点记得，在文章的结论上，我说：

> 关羽、张飞皆有国士之风也。然羽有恩于士卒而无礼于士大夫。飞则有礼于士大夫而无恩于士卒。各以短取败，可悲也夫！

至于军师孔明呢？我也一反传统的"诸葛用兵如神"的老调，说武侯

"用兵非其所长也"。

文章缴上之后，举人老师显然大为欣赏。他把我叫到他桌子旁边，问长问短，着实嘉奖一番，并用朱笔划给我九十九分。他扣了一分，原因是"小楷欠工整"。

最初，当老师叫我进去时，我很有点紧张，怕他给我不及格。因为我这篇大文，大半是从记忆中，抄我老师司马光的。做了文抄公，按理是该拿鸭蛋的。我拿了九十九分出来时，虽然受宠若惊，但是我也觉得奇怪，为什么举人老师连部《通鉴》也未读过呢？

其实他老人家读是读过的，只是年老昏庸，忘记了；不像孩子们，一读就记住，一下当起文抄公来，连堂堂举人公也给我唬住了。

在中国科举时代，是"一举成名天下知"的。一个"举人"还了得！在民国时代"举人"绝种了，剩下几个老头子，简直是"珍禽异兽"。想不到这些"凤凰""麒麟"都被我一部《通鉴》唬住了，余下的飞禽走兽，对一位《通鉴》读者，就只有莫测高深之叹了。

学会"鬼拉钻"

记得幼年时代，曾学过少林拳。有位师父教我们一套拳法，叫"鬼拉钻"。它的口诀是：学会"鬼拉钻"，天下把式打一半！

"鬼拉钻"是如何打法的呢？其实最简单。

一、蹬下"马裆"；二、左右两拳轮流快速出击，一秒钟打它十几拳——如土木匠"拉钻"一样。据他说学会这一套简单拳法，当之者，无不被打得鼻青眼肿，三江五湖，鲜有敌手！

我发现，自从"宣传新生活运动"铩羽归来、替老头子读了两个月的《资治通鉴》，居然也学会了一套"鬼拉钻"。其后所到之处，只要之乎也者一番，自然就有人说你"汉学底子好"。反对你"汉学底子好"的，你使出"鬼拉钻"来，一秒钟你就可把反对者打得鼻青眼肿，"三江五湖，鲜有敌手！"

江湖上有名了，以后不论你加入什么同乡会、同学会、校友会、研究会、歌咏团、伙食团、麻将社、桥牌社、登山队、旅游队……你都不会失业。他们会选你做秘书、文案、书记、通讯员等要职，使你不负所学。

笔者的"现职"便是"国立中央大学旅美校友会第二书记"，专司向各地校友写八行书。

论"年高德劭"，我本应荣任校友会会长的。恨只恨我那些"沙坪旧侣"不知敬老尊贤，连个"第一书记"也不让我干，因为那一崇高职位还要"兼管其他会务"，量材器使，我只能"专搞笔墨"！

我为什么被"下放"去"专管笔墨"呢？据说是因为我"汉学底子好"，满口之乎也者。之乎也者哪里来的呢？全部出于《资治通鉴》！为什么专读《通鉴》呢？那是"替老子读的"！"老子为什要强迫你读《通鉴》呢？"无他，在下是"我的老师"蒋中正（我在中大时，蒋先生兼校长，称"我的老师"并非招摇）的坏学生——把"新生活运动"宣传糟了的结果。一着之错便干了一辈子幕僚、师爷、教书匠！

诸史之根，百家之门

我个人在中学时代，"读"了一部《通鉴》，那虽然是一个偶然又偶然事件的结果，但我却深深感到这偶然中充满着幸运——我"偶然"地摸上了治学的正途。积数十年的观察和经验，我觉得中国史学家治史——不管治啥史：世界史、欧美史、通史、断代史、秦汉史、明史、清史、政治史、学术史……第一部应熟读之书，就是《通鉴》。

《通鉴》是有其酸溜溜的"臣光曰"的哲学的。我们的"臣光"先生是要上接春秋、下开百世的。但那一套是写给皇帝看的。看官们既不想做皇帝，则大可一笑置之。

但是我们的温公却有治学的雅量。他遍存诸史之真，广纳百家之言。他没有改写历史，没有"以论带史"，更没有"以论代史"。简言之，我们的司马温公没有糟蹋历史，而糟蹋历史，则正是今日史家之通病！

还有，我们读历史的，怎能不读点"原著"呢？

朋友，你要知道，"读原著"实在是我们中国人特有的福气呢。读西洋史，有几本"原著"好读？上帝垂示的《圣经》，就不知"翻"了多少筋斗，最后才来污辱我们汉文汉语，印出那种丑恶不堪的东西。

笔者也曾一度"啃"过吉本的《罗马衰亡史》。老实说，我就嫌这位盎格鲁·撒克逊的作家，用他生花的英文彩笔，隔靴而搔那讲拉丁语罗马皇帝之痒。我的同事之中，今日尚有以拉丁文作文的。但是他们隔靴而搔的丑态，恐怕连长眠地下的吉本也要笑掉大牙了。

俗语说，"隔重肚皮隔重山"，冒认异族作祖宗，你再有生花妙笔，也无法传神的。君如不信愚言，你去读读英译《红楼》、英译《史记》，便知鄙言不虚也。

我们是有福读我们自己的"原著"了。但是古典浩如烟海，真伪杂糅。远在宋朝便已有"一部十七史，从何说起"之叹。今日再来摩挲古籍，那就更无从摸起了。所以温公的长处，便是把十七史精华，并旁采百家，纳于一炉，从而融会贯通之。精读此二百九十四卷，则赵宋以前，诸史精华，尽在其中矣。采精去芜，君实（温公）独任之，毋待足下烦心也。

司马光是个小心谨慎的迂夫子，他不像他的远房远祖司马迁那样天马行空、大而化之。正因为他"迂"、他小心翼翼，所以他才能用了十九年的工夫，编出这部千古奇书、诸史之根的《资治通鉴》来。

章实斋说得好："六经皆史也。"

历史实在是一切人文学科的总根。离开历史，则一切人文学科皆是无根之花。《通鉴》既是诸史精华之荟萃，则《通鉴》也是通向一切诸家经史子集的总枢纽；掌握此一家，则其他诸子百家之杂学，自能络脉畅通，无往不利。

本乎此，我敢大胆地说，《通鉴》一书，实在是诸史之根、百家之门。

以前为着指导青年人研究国学，梁启超、胡适之两先生曾为诸后生拟订一份洋洋数十部的国学基本书目。

在下如也练出上述两前辈之功力，有人也要我拟一"国学基本书目"，那我就老实不客气，一书定天下——《资治通鉴》。

若有人焉，真把那部二百九十四卷的大书"啃"得烂熟，他还要请求国学大师们来替他开一纸"基本书目"吗？我看不必了吧！

到了那样的火候，山人就自作主张了！

"缪大书箱"的真功夫

前已言之，我在中学时代，学了一套"鬼拉钻"，完全是个"偶然事件"。我老子要不是讨厌我捉知了，他是不会要我学的。斯时我祖父已去世，否则他也不许他儿子强迫他儿子的儿子去读什么《通鉴》的。胡适之先生生前便夸奖先祖是位"新人物"。"新人物"怎能叫儿子的儿子读《资治通鉴》呢？

废话少说。

且说我这套"鬼拉钻"拉到重庆沙坪坝就失灵了。我发现在那儿，我那些师兄师姐们也各有一套。旁观之下，便再也不敢学香港街头的李小龙，去"找人打架"了。

我们沙坪坝那座大庙里，当时还有几位老和尚，他们的功夫，可就不是"鬼拉钻"了。

在一次野餐会中，我和那位绰号"大书箱"的缪凤林老师在一起吃烧饼。缪老师当时在沙磁区师生之间并不太popular。他食量大如牛，教师食堂内的老师们拒绝和他"同桌"，所以他只好一人一桌"单吃"。

"进步"的同学们，也因为他"圈点二十四史"，嫌他"封建反动"。我对他也不大"佩服"，因为我比他"左倾"。

可是这次吃烧饼，我倒和他聊了半天。我谈的当然是我的看家本领《通鉴》。谁知我提一句（当然是我最熟的），他就接着背一段；我背三句，他就接着背一页——并把这一页中每字每句的精华，讲个清清楚楚。

乖乖！这一下我简直觉得我是阎罗殿内的一个小鬼，那个大牛头马面，会一下把我抓起来，丢到油锅里去。

缪老师那套功夫，乖乖！了得！

后来郭廷以老师在纽约告诉我，说缪老师曾一度来台。但是在台湾却找不到适当工作，结果又返回大陆。

其实今日台湾——甚至整个海内外——哪里能找到另外一只和他容量相同的"大书箱"？

缪公之外，我也发现那群教我中国文史的老教授，如胡小石、金静庵、顾颉刚、贺昌群、郭廷以，乃至授西洋史的沈刚伯诸先生，无一而非《通鉴》起家的。他们大半都"啃"过《通鉴》，不像余后生小子之只会"跳高栏"也。自此以后，我也咬牙切齿，恨我自己不学无术。那点花拳绣腿，遇到真教师，人家一巴掌，就可把你打入大相国寺的粪坑里去。自此以后，我一辈子的志向，也就是想下点"啃"的功夫。可是就一辈子没有真正"啃"过。一大把年纪了，碰到有人把我也列入"学人"之列，实在自觉脸红。

胡适和《通鉴》

离开沙坪坝不久，我在美国就遇到另一位老师，那位反对古文的老祖宗胡适之了。那时最使我瞠目结舌的便是发现胡老师居然也是读《通鉴》起家的。"历史"原是他的"训练"，而他受"训"期间的看家本领，便是《通鉴》！

胡适也是"我背一句，他背一段"的"大书箱"——他读《通鉴》是从十一岁开始的，他"啃"过《通鉴》。

胡博士（今后我当拼命叫我老师"博士"，以免人家误会）觉得奇怪的是我这个"小门生"也读过《通鉴》，而且也是幼年期读的。我告诉他我未读过《续通鉴》，因为我那位老爸爸把《续通鉴》藏起来了，不让我读。

胡老师闻言，连说"可惜，可惜"，但是却又说"不晚，不晚"。后来我这位恩师大人（我现在是叫他"恩师"呀！）终于把他书架上整套《通鉴》《续通鉴》和《明纪》都送给我了。书内还有恩师亲批的手迹，还有恩师亲书的读通鉴札记呢！

可是那时令我奇怪的便是，我的恩师十一二岁时，便"啃"过《通鉴》（显然获益匪浅），为什么他"啃"过的"骨头"，却偏不让那些可以"啃"、也情愿"啃"的青少年后生去"啃"呢？我自己如果不是贪着捉知了，不就连"读"的机会也没有了吗？

所以我以后和我的恩师抬了好几年的杠。我认为"中学国文教科书"里，白话和文言是可以"和平共存"的，白话文不应该搞"专政"！

我为什么要重违"师训"呢？理由很简单：吾爱吾师，吾更爱真理！

谈谈《白话通鉴》

我个人读"通鉴"，是爱读其原文的。

可是近些年来教读海内外，我也觉得倒霉的"古汉语"太难了。要青少年们再去享受点古典文艺训练，简直是不可能。那种佶屈聱牙的怪东西，连他们的老师——乃至好多名震一时的海外名学人——已经很难应付了，何况他们。

未碰而先怕，这种"先怯症"一般青年是很难克服的。"古典文艺"岂真如此难哉？胡适之辈十一二岁就可通晓，岂真"神童"哉？非也！免再惹是非，且说句洋文遮盖遮盖，那只是 damage already done 而已耳。

搞"古汉语"既然连老师、学人都要傻眼，那就至少要读点"名著今译"。真读了"今译"，再回头去翻翻"古本"，"古汉语"往往会豁然而悟的——咱们方块字、文言文，就有这点玄妙，它可无师自通。

读"名著今译"——我承认这是个人成见——第一部巨著应该就是《白话通鉴》。各界职业仕女、知识分子，周末少打八圈麻将，看看《通鉴》，是会变化气质的。

麻将不必戒嘛。少打一点！抽空看看有趣味而又有用的书。稍稍变换变换山外青山的社会风气，这才叫作"有文化的国家、有文化的社会"嘛。同时也可为儿女做做榜样。

在学的青少年大中学生，课余之暇、情书情话之暇，搞一点学术性的"鬼拉钻"，也不是坏事嘛。年纪大了，你会发现它的好处的。

至于学在下这行，靠历史吃饭的——尤其是终日"动手动脚找材料"的大学者和旅美名学人——倒真要把《通鉴》这种大部头"温习温习"呢。

胸无丘壑、腹无名著，只是终日捡垃圾，到头来，还是难免不通的。笔者浅薄一生，午夜梦回，每每悚汗不已。谨以个人感受，质诸同文，不知以为然否？

不过话说回头，读古典名著今译，亦非易事。古文亦有古文的局限性。如果把它毫无技巧地直译为白话，则其佶屈聱牙的程度，或有甚于原文。

所以搞《通鉴》今译，为着让大众读起来有兴趣，则译者表演点"文字秀",也是绝对必要的。

吾友柏杨,饱学之外,搞"文字秀"也是天下少有的。以他的博学,以他的彩笔,司马光之力作将重光于海内外,是屈指可待的。

我羡慕柏杨,这大把年纪,还能搞"为己之学",来"啃"这块"大骨头"!

我更敬重柏杨,在"为人之学"方面,能把《通鉴》这部世界第一流巨著译成白话,以飨大众,真是为中华民族子孙造福。

笔者啰啰嗦嗦搞了这半天,问良心实在不是为好友柏杨伉俪拉生意,做推销员。天日可表,我讲的实在是肺腑之言。

一九八四年三月九日写于美东春雪封校之日

原载《传记文学》第四十四卷第五期

"臣光曰""柏杨曰"各有千秋
——贺柏杨版《资治通鉴》白话译本大功告成

一部史学名著能传之久远,其作者必有其中心思想。坚守着这个中心思想,翻来覆去、颠扑不破,这一著作便显出其强烈的个性。名著之有个性,亦如其作者。有的是浩浩荡荡,有的是谨小慎微。有的是笔灿莲花,人见人爱。读其文、想其人,个个都觉得作者是满面春风、恍如坐对。生不愿封万户侯,但愿一识韩荆州。他是大众情人,"我的朋友"!但是也有作者是刁钻古怪。他专言人所不敢言;专写人所不愿写。揭伪君子之老底、拆在位者之蹩脚。弄得恶之者嗤之为粪土,恨不得坑其人而火其书。但是爱之者则视为绝响。藏如瑰宝,珍如拱璧,真是文章经国之大业,不朽之盛事——各有千秋。

圣贤发愤之所译也

以上所说的只是名著的作者。其实名著的译者,也是一样的。我国近代最大翻译家严复曾把翻译的要点归纳成"信、雅、达"三字。其实严氏自己所翻译的名著如《穆勒名学》《社会通诠》《天演论》《法意》《原富》等书，同称不朽，就不是上述三字所能概括得了的。因为一本不朽的名著（当然指的文史哲等方面），它的流传后世，都是著者呕心沥血的成果，司马迁所谓"圣贤发愤之所作也"。

"圣贤发愤之作"是有其强烈的个性的。译者要把这份强烈的个性译出来，传达给读者，那么"信雅达"就不够了。信雅达是平面的、死的、科学的和高度技术性的。可是作者的个性则是立体的、活的、艺术的和高度宗教性的。

长话短说，一个译者要把作者的个性传达给读者，则三者之间，都要有宗教性的"他心通"，一以贯之。传神之处，一笔下来，三者之间，都可作会心的微笑。

所以译者的处境有时比作者还要难。因为他不特要了解自己，了解读者；他还要了解那位站在他背后，伸头看他一笔一笔地如何写下去的作者。朋友，您如果是个译者，每动一笔，你都觉得那位作者站在你肩膀后面摇头，你难过不难过？再向前看，你发现那些对你皱着眉头翻你大著的读者，您心头也不会太轻松。因此夹在这两造之间的译者，其呕心沥血之情，实非一般读者所可想象。

以上所说的只是技术性的翻译家。这种技术性的翻译，在最近的将来就可以不用真人了。一个机器人，一部计算机，就可胜任愉快。最近媒体不是盛传将来打电话、开电视，都不用拨号码了吗？你不需用遥控器，你只要头脑一想，你的电话就自动拨号，你的电视就自动找出你所需要的节目来。翻译自更不必谈了。

但是更高一层的翻译就不是纯技术所能概括得了的了。一部名著既是"圣贤发愤之所作也"，但是一部名译，往往也是"圣贤发愤之所译也"呢！这就不是机器所能代替的了。

严复的故事

读者贤达，您以为这是笔者故作惊人之论吗？非也。不信你就看看严复（一八五四——一九二一）发愤译书的故事吧。严公真正是学贯中西，大才盘盘。在他那个时代的中国、远东甚至亚洲，没几个严复呢！所以，二十五岁的严复自英国学成归国之时，自觉有澄清天下之志，也有匡时济世之才。真是"吾其瓠瓜也哉，焉可系而不食"？可是他回国之后，很快就失望了。在那个颠顶腐朽的大官僚体制里，他的才志一无所用。但是他没有绝望。他要另辟蹊径，"入党做官"，在体制内，出头上进。

一八八五年，年已三十一岁的严复，立志从头来过。他首先决定"入党"（儒党）——捐了个监生（秀才），在福州参加"乡试"、考举人。一试不售；再试又落第；三试还是名落孙山。

三考三败，怎么办？他如是洪秀全，那就造反。如果是康有为，那就再考他三次。可是严复造反不敢，再考不愿。幸好他不特有满腹孔孟，还有满脑子亚当·斯密、赫胥黎、达尔文、大小穆勒……有才华若是，竟无安身立命之所？

一八九五年严复四十一岁，眼见腐烂的中国又被日本小鬼打垮，而打败中国的日本海军将领们，却正是他在英国海校的同学。严复愤愤不平之余，他就想利用他学贯中西之才，写部"资治通鉴"来教训皇帝，写部"劝世良言"来教育愚昧臣民。最后他决定以译代写，一下便翻译了六七部当时风行世界的名著。洛阳纸贵，读者如云，严复就变成帝王之师之师了——后来翁同龢、张之洞、康有为、胡适之都是他的读者，都受他的影响。

余读严子书，余亦读严译原作者之书。夜阑人静，真为老严不断击节——严子之书也是"圣贤发愤之所译也"。君如试读《特都》《天匿》，优胜劣败、物竞天择、适者生存诸隽语，便知穆勒、赫胥黎、达尔文辈，哪有幾道的文才？严子之书，不特发挥了作者的个性，书中亦充满译者的个性——岂信雅达三字所能概括？

所以，一部名著不特作者有其强烈的个性，高明的译者亦有其强烈的个性。

再举例以明之：今日在大陆上挂头牌的大明星刘晓庆，她的成就，就是把一个性格复杂、手段毒辣、生活奢靡的慈禧太后演活了。演得既"信"且"雅"又"达"，更能"传神"。前三者是史书作者所写的"慈禧"，第四项便是刘晓庆的"慈禧"了；她代表刘晓庆的艺术"风格"与"个性"。表演者如换成林青霞或胡茵梦，则青霞茵梦的慈禧也就不是刘晓庆的慈禧了。

再谈谈我们当年在大陆所看过的"四大名旦"的京戏吧。同一个"铁镜公主"，我们却可看到梅、程、尚、荀四派各有一公主，而各公主亦各有千秋。

《圣经》译本也有神味

艺术如此，译事亦然。

同一部文史哲的名著，由不同的译者译来，在共有的"信雅达"之外，译者也就各有其个性了。前三者属于"作者"，后一项则属于"译者"自己。

天下奇书被翻译得最多的要算是基督教的"新旧约全书"了。——总数至少有数千种吧！

上帝究竟讲的哪一国语言，上帝也不知道，英语所谓God knows是也。我们只知道洪秀全的上帝爸爸讲的是客家话。摩西的耶和华讲的是古希伯莱语。其后的弥赛亚尤其是耶稣讲的应该是希伯莱的"语体文"或"白话文",或是从希伯莱"古文"翻译出来的"今文"吧。

至于圣彼得,尤其是圣保罗传教所用的语言和圣书(Book,我国古代经书的"经"字原义也是Book)所用的文字,那就显然夹杂着各种中东文字和希腊文、拉丁文了。所以基督教《圣经》,尤其是《新约》的形成与发展,就很难断定它始于何种文字,而其一译再译、重译三译,终至于千万种译文,那就说不尽了。

就以英译《圣经》来说吧,记得在大中学时代加入洋师母所传授的"圣经班",学英文、读《圣经》。读的是英王詹姆士一世的标准本。读来古意盎然,颇有"神"味。

前不久,笔者在纽约甘乃迪机场,为台风所阻,飞机在跑道上排队五小时,进退不得。机上无读物,幸好口袋中有《新约圣经》一本,这本《圣经》是在登机前一位传教士阻街发散的。是一本五十年代新译的白话《圣经》。机中没事干乃埋头大读此《圣经》。此时机外雷电交加,台风怒扫,而我目未窥窗,一下便读了四五个小时的《圣经》,竟使邻座的洋老太大为感动。

可是我这本新译《圣经》,读来有一种异样感觉的不过瘾。因为它太容易读了。读经如说话,因而"神"味全消!本能地觉得,耶稣哪有这样说话的呢?它不像詹姆士王本那样佶屈聱牙,神秘兮兮,神味盎然。

据华裔基督徒朋友们告诉我,汉译《圣经》的读者也发生有类似的心理现象。

汉译方言《圣经》之可考者(如国语、粤语、客语、海南语、闽南语、潮州语、沪语等等),据说有二十多种。胡适之先生就收藏了十多种。据说欧美传教士曾一度敦请严复翻译,严氏索偿十万两而教会不愿出此巨资,此议遂寝。

严氏不愿,在中国的西方传教士乃伙同他们的汉语老师,动手自译。谁知他们的汉语未学好,他们老师的文字也欠通。上述那些国语和方言

《圣经》，就是这样的师徒搭配逐渐翻出来的——它变成在汉语典籍中最古怪的一种文字。精通汉语者读之，往往被弄得肉麻兮兮，毛骨悚然。因此二次大战后，中西教会乃决议重译。吾友许牧世教授即为一主要参与者。积十余年之功，果然一部新译汉语《圣经》便顺利出版了。它较之老本汉译《圣经》，在信雅达三方面，当然不知要高明多少倍了。

可是事有蹊跷，据说这新译汉语《圣经》，却不为汉语基督徒所喜。他们读经、查经，还是欢喜用那肉麻兮兮的汉译老《圣经》——这大概就是笔者也有相同感觉的"不够神味"吧。这种神味也是当年某些虔诚的老传教士，穷毕生之力，呕心沥血，搞出来的。

由此现象看来，译书中不但有"个性"存在，而这存在的个性，比技术上的信雅达更为重要！

"臣光曰"的历史哲学

以上所说的是有关名著的翻译——不论是同一文字的古今互译，或不同文字的平行翻译的一般情况。现在言归正传，再看看柏杨译的《资治通鉴》。

《资治通鉴》这部书从《目录学》观点来看，应该不能叫作"司马光著"，而应该叫作"司马光编"。盖司马光写这部包括十六朝，时历一千三百六十二年的大通史，并未用过多少第一手史料。他的故事是从十七部"正史"和三百二十二种"杂史"中肢解出来，再加以拼凑的。做这项肢解拼凑工作的，司马光这个主编之外，还有刘攽、刘恕和范祖禹三位编辑。他们三人各自负责全书某些章节史料的搜集和整编，然后再由司马光来加以删节，以总其成。这是一项百分之百的编辑工作。

但是这部大书的确又是百分之百的"司马光著"。这就因为这部包含二百九十四卷的大书有其贯穿一气的文体，也有其"一以贯之"的"臣光曰"的历史哲学。全书数百万言的故事，便是这一以贯之的历史哲学的注脚。

司马光的三位助手的工作只是替他收集大量史料，按年编纂之。司马光则根据这些史料，按照他的历史哲学，细删之、改写之；化客观史料为贯穿一气的主观著述。例如范祖禹替他编纂了六百卷（每卷纸长四丈）的唐代史料，司马光自订三日删一卷，历时五年，最后缩短为"唐纪"八十卷。所以他的助手为他所整理的史料，他十弃其九。作者不只是十"删"其九，他是根据这些史料，考订之再以己意改写之。《通鉴》书成，据说在洛阳原址有草稿盈两屋，"讫无一字草书"。于此可见前贤治学的细致和深功，真令后学惶汗。

至于"臣光曰"的历史哲学又是个什么呢？简言之，那就是捍卫孔孟道统。他这部"通志"（他自取的"通鉴"原名）是直接承继孔夫子的《春秋》。孔子作《春秋》而乱臣贼子惧。司马公作《通鉴》，也是对他的政敌王安石一伙变法派的一个警告吧。

"臣光曰"的历史哲学在我们将来的"超西方时代"，会不会有些反挑战的作用呢？问题太大了。这儿就暂不回答吧。

柏杨的史学功力

再看老友柏杨的十载之功。

上节啰嗦一大阵，就是向读者报告，柏杨以白话译古文，在中西文化传统里都是有老例可循的。希伯莱文《圣经》和英文《圣经》，都是以今文译了多少次的。因为上帝不变而信徒、语言、时代都变个不停。古文经典今人读之，是读不懂的，读懂了也会有误解的。

我国文化传统里，以今文译古文也是从汉朝就开始的。司马光的古文今人看不懂了，柏杨把它译成今文（白话、语体），是功德无量的。再过五百年，柏杨那套生动的今文也会变成古文的，自然有人再接着翻下去的。我曾听见柏老亲口骂温公晦涩。骂人骂报，再过一千年，人家不骂柏杨晦涩才怪。

以上是谈技术性的翻译。将来自有机器人来代劳。这儿值得一提的是机器永远代替不了的"柏杨版《资治通鉴》"的个性问题。

第一，柏杨这部书也是"圣贤发愤之所译也"的标准作品。他以译者强烈的个性向读者传达了作者的个性。像严复传达赫胥黎一样，使原作者在译作里比在原著里，显得更为突出，更具形象。同时在译作里，译者与作者也携手而出，各有其独立不群的面貌。相互反映，各显其长。

更其难能可贵的，则是他二人的历史哲学却是针锋相对的——"臣光曰的历史哲学"是个绝对的卫道，绝对笃守传统的传统主义；而"柏杨曰的哲学"则是绝对反道统的反传统主义。两者都是走极端的。但是二者却能水乳交融，各有千秋，没有丝毫芥蒂存于其间。本书的故事，都是两家哲学的共同注脚；却没有显出任何不调和的迹象。著述家之难能，未有难于此者。这也是任何"集体"创作家或翻译家所难望其项背的。集体撰述的作品人都是没有个性的。其中间有山头或强梁，迫人从己；或细民望风归顺，就更不堪入目了。海外最大部头的集体撰述，如《剑桥中国史》，其弱点即在此。

本书第二大优点是柏杨在传统史学训练上有其基本功。这可能是他坐了九年政治黑牢的意外收获。人生没有几个九年，尤其是一位学者在治学期最旺盛阶段中的九年。一般意志薄弱点的知识分子，九年黑牢可能就被断送了一辈子。但是柏杨究竟不是一个平凡的人。他这九年竟被他以高僧"坐关"的心情挺了过来。他九年之牢没有白坐——他在牢内以愤懑的死囚心情作诗，以视死如归的精神治学。九年坐关终使他在这两方面都有突出的成就！《通鉴》不是那么容易翻译的啊。在本书内，译者时常流露出历史学者的面貌来，史学基本功跃然纸上。我们史学同文有时嗅不出我们自己的头巾气，而反认为柏杨的史学是野狐禅。花了这么大气力的史学家如果还是野狐，则缺此功力的我们执简作史者，岂不变成野鸡哉？！思之汗涔涔下。（编者按：柏杨译此书，就时间来说，整整花费十年工夫。全书共七十二册，约一千四百万字。十年中平均每一个半月要译完一册）

一九九三年二月二十五日于北美洲

原载《传记文学》第六十二卷第三期

从《人间副刊》谈到台湾文艺

对台湾的文艺界,我个人原是非常陌生的。五十年代后期虽也在《自由中国》投过稿,但在该刊关门之后,我便未在台湾报刊上写过一个字,一直到一九七七年刘绍唐先生来美国拉夫,要我替自己的英文作品做点翻译工作,这样我才替"刘传记"写了些"打差文章"。本拟译完就搁笔——对台湾的文坛实况和写作阵容,并未深入观察,也无心及此。

我之开始阅读台湾的文艺作品和群众性的学术著作,老实说,实在是从翻阅《人间副刊》开始的。那时承《中国时报》大批按时航寄赠阅,我原是中国农村出来的,不习惯于浪费,眼看这样万里外航空寄来一束束印刷精良的报纸,不加翻阅便胡乱丢掉,未免太浪费了。由于"免罪过"心情的驱使,我才一篇篇地翻看一下,这样才使我逐渐深入,不能自拔。

三十年代,读中小学时代,我曾经是个"副刊迷"。对那时的副刊作家,什么鲁迅、老舍、茅盾、巴金等人的作品,都可倒背如流。彼时政府的"文网"还算不上太密,这批人又托庇于租界,所以能畅所欲言,而读报的青年,又正是崇拜英雄最忠实的年龄,一卷在手,废寝忘餐……在我个人褊狭的记忆里,三十年代真是我祖国当代文艺和学术的黄金时代。

后来抗战开始了，报刊少起来，而左右各派大作家的框框反而愈来愈重。青年大学生的脑袋又一天天地独立起来，不愿意"让人家牵着鼻子走"，因此对"框框文学"兴趣也日渐减退。甚至觉得时下少可看之书，坊间多欠通之作呢。

在许多知识分子的经验里，大学时代往往都是他一生"学问"的巅峰时期，他瞧不起这、瞧不起那。可是在我的记忆里，"三十年代"仍是个迷人的时代，她一去不复返，多惹人怀念啊！这大概也和"初恋是最甜蜜的"一种心理在作祟吧。

那时大中学里的文艺青年对鲁迅的迷恋，和今天的张纯华姑娘，对他孙子的一往情深，也颇有些相同之处吧！

可是当我在五年前接触《人间副刊》，我就觉得我自己的孤陋寡闻，和浅薄落伍了。不但当大学生时代的轻狂心理久已消失，甚至我对"三十年代"的怀念，也连根动摇了。有时我细嚼《人间》上的诸家作品，觉得他们都写得很好，甚至可以说是篇篇珠玉，非小可所能及，而编者的编排技巧、选稿、插图，皆深具匠心——弹一句老调，真叫作"超过国际水平"——令我看得眼花缭乱，爱不忍释！

"三十年代"里，哪有这个水平？！

由于《人间》的勾引，我阅读中文报刊的范围也扩大了，越看越觉得，今日的台湾文艺界，是把三十年代的上海、北平，抛入古物陈列所了。

现代中国文艺，在这个宝岛之上，迈进了一大步，我们在海外喜欢翻阅"中国现代文艺发展史"的读者们，对台湾写作界的千百个文艺耕耘者，真要脱帽致敬。

今昔对比之下，我对当前台湾女作家的表现，尤其感到惊异。

记得大约两三年前，我读到张晓风女士所写的悼念我的老友顾献梁先生的文章——那时我还不知道张晓风是位"女作家"——她说献梁守不住钱、守不住朋友，也守不住太太，虽然他的两位夫人都是最善良的妇女，但是他死后却落得无数青年学生在为他垂泪、治丧。我读后为之凄然者竟日。

献梁是我的老友，是一位颇有才华的文人，对文学和艺术都有火热的爱心。他年龄比我大，学问比我好，阅历也比我多。我可说一向都是"以兄事之"的。后来他应聘返台，我们的往还就少了。一直到一九七〇年冬，我回台湾，他于午夜时分，到我旅邸相访，恳谈数小时。那是我们最后一次的倾谈。这时他给我的印象，便是一位十分潦倒的文人——真是冠盖满京华，斯人独憔悴。以献梁的才华和经历，他本不该惆怅若是。分手之后，我心中颇为恻恻，而不得其解。一直等到我读完张晓风女士的悼文，我才若有所悟。

因为我对亡友顾献梁先生了解得太深刻，读到张文才有扣我心弦的感应，而久久不能忘。也由于我读到这一类"女作家"的作品，才又使我想起我在三十年代所读的什么"小雨点""小读者""小札"……一类，大名鼎鼎的"小"字号女作家的作品来。两两相比，七十年代的作品，毕竟比三十年代的要成熟得多了。

去年我有幸在纽约听到丁玲女士的讲演。看那位老太太在台前走来走去的神情，和听她那一篇惹起很多青年作家和她抬杠的讲辞，我坐在后排暗想：这就是我读初中时代所朝夕倾慕的"丁玲女士"吗？

后来我们又一起吃晚饭，交谈之间，我狠狠地注视着她，想从她那萧疏的白发之间，找出些罗曼蒂克"三十年代"的痕迹。可是我一丝也找不到了。

"三十年代"毕竟是一去不复返了。

代之而起的，是台湾这个小岛上"七十年代"的过去，和"八十年代"的将来！

"文艺"毕竟不是生姜，老的不一定最辣；"文坛"也不是市场，在那儿劣币不一定可以驱逐良币；而"历史"却是一面筛子，优良的作品，一定要经得起历史的考验！古往今来的佳作、巨著，无一而非是历史的筛子筛出来的。

言念及此，我个人亦深觉内疚。因为我自己不是搞文学的，而我在前些年，却听信海外文艺界的友人，说台湾的文艺是"蓝色窗帘的文艺"。朋友们是低估了这片一度有"文化沙漠"之称的宝岛了。

台湾文艺之有今日的成果，当然是它所拥有的千百个作家，共同努力的结晶。但是这批作家们，话说回头，原只是一批有战斗潜力的"散兵游勇"，如不经过一些"总司令"型的编辑，加以"收编""整训"，日久他们也就涣散、消失，而他们今日之有如此的集体成就，论功行赏，信疆和其他各报刊的主编先生，都是应该居首功拿头奖的。

愿将满苑繁花叶，献与殷勤种树人！

将来的"中国文学史"，是不会辜负你们的。

近年在纽约、前年在大陆，我便向那些新从"牛棚"里"解放"出来的文艺界好友们，直言无隐地道出我对台湾近年文艺发展的观感。希望大陆上也能及早恢复三十年代的水平，从而超越之。

我个人也是不太赞成美国式或日本式绝对"自由化"的道路。人类的社会生活，是应该有若干道德的和法律约束的。但是搞文艺和学术，不坐"牛棚"，就戴"纱帽"，总归也是不太正常的。我们总应把"牛棚"和"纱帽"之间的距离拉长，使文艺工作者和学术工作者，在两者之间有适当的生存余地。（下略）（本文系节录旅美史学家唐德刚先生致《中国时报·人间副刊》主编高信疆先生函）

原载《传记文学》第四十二卷第四期

杀一个文明容易　建一个文明很难

唐德刚讲述　汤晏整理

唐德刚教授对汉字拉丁化的意见

一九八一年圣诞节后一个星期日（二十七日）下午二时至六时，纽约唐人街华人联合会二楼，有一个文字改革讨论会，出席这个会议者均是专家学者，如纽约市立大学教授唐德刚、沈善铉，哥伦比亚大学张之丙，西东大学杨力宇，纽约州立大学邝治中，专家李鑫矩、袁晓园等十余人。

与会者都曾发言，有人认为，中国文字太难，不易学，必须要加以改革，也有人认为中文不科学，不能进入电脑，所以要改革，而改进之道，过激派则主张用拼音。也有温和的主张，就现有的文字基础上求改进。有一些人，对自己提出的意见很像陈独秀，悍气十足地"不容他人之匡正也"。讨论会上意见分歧，但高见还是不少。其中，唐德刚教授的发言最多，对汉字拉丁化的意见也最为中肯。

唐德刚说汉字拉丁化最早的倡议者是明末清初的基督教传教士，洋人习中文，以罗马字拼音来帮助记忆。清末劳乃宣也曾略加尝试。后来赵元任也用罗马字来拼音，也都只是帮助发音，并不是要代替汉字。而真正要废除汉字、代之以"拉丁化"的文字，则是吴玉章等一批左翼文人在一九三二年以后才推动的，其中且有国际背景（第三国际）。

他们何以要搞汉字拉丁化？

唐德刚认为这是半个胡适的结果——只搞"大胆假设"，不搞"小心求证"。有些人认为方块字难，拼音字容易。最早创此说者为逊清末叶《马氏文通》的作者马建忠。后来从此说者为蒋廷黻及郭沫若。一九三八年，蒋廷黻说："我国的文字原来比欧美各国的字母的文字难，而社会又把文字知识的标准定得很高。青年的文字负担之重实在可怜极了。我国小学和中学的课程在国文一门上所费的时间比欧美各国要多一倍。"

一九五三年郭沫若也说过类似的话，郭说，使用汉字，在一个受教育的过程上，自小学至大学较拼音文字国家的学生起码要延长两年。

马建忠认为中国文字本不难，因为无文法所以难学，故作《马氏文通》。蒋氏本人很早出洋，文字粗通。至于郭沫若，一不懂拼音文字，二没有搞过双语教育，也是外行。唐德刚认为大陆上主张文字改革者均是"五四"遗老——新文化遗老。新文化已变成老文化，新文化已不再新了。新文化运动后继无人，剩下一些半吊子的"五四"遗老，老朽昏庸。

在这次座谈会上，一位电脑专家发言时，就是从郭说，并予夸大。他说中国人学汉字要比拼音文字的国家多花费十五年，即损失十五年光阴，唐德刚听了这位专家的话，首先起来反对这种说法。他说："这是大胆假设，但没有小心求证，太夸大了，太渲染了。这种说法，我以前相信，但自从哥伦比亚大学转来纽约市立大学教书后，就不再相信了。"他说中国一个高中毕业的学生，能够看报是没有问题的，但是他所执教的纽约市立大学，全部学生总数有十余万人，每年新生，都是纽约市高中毕业招来的，而其中有半数看不懂《纽约时报》。大学生看不懂本地的报纸，岂不是笑话，但这是铁的事实。所以唐德刚认为中国文字比拼音文字难学的理论不能成立。

然后，唐德刚以他自己的经验来现身说法，他说："我读中学时，我花在英文、数理上的时间最多，而在中文上所花的时间最少，大约只有百分之五。而我现在用的中文，也就是凭以前花百分之五的上学时间学来的中文。"然后唐德刚笑着说："我的中文并不太坏呀！"

接着唐德刚特别强调拼音文字亦并非想象中那样容易。他说："拿纽约地区为例：中国侨胞约有十余万人，其中的百分之九十不能说英语，不能看英文报。也许有人说这与教育程度有关。那么拿我们留学生来说，今日旅美华裔受过高等教育的专家、学者、博士、硕士何止千万，但能写得出一封清顺无讹的英文信者，我相信不到百分之二十。所以有人说拼音文字比方块字容易，我不同意这种大胆假设。"

他进一步说，中国的汉字有多少呢？如以《康熙字典》为准，加上附录则全数约五万字。"我的国文不算太坏，有一次我拿《康熙字典》来测验我自己，到底能认多少字，结果只有十分之一的认字率。所以中国文法科大学毕业生认字总数不出五千字，平时使用已经足够了，而我有了这五千字的基础，曾去做过大学国文教师。"

反观英文，全部字数约十六万字，我们看《纽约时报》第一版为例，没有一天不发现生字，如果一个人想要把五磅重的星期日的《纽约时报》全部读通，则非识五万字不可，五万字则比《康熙字典》所有的字还要多，我们非识全部《康熙字典》所有的字始能看懂星期日的报纸，岂不是笑话。唐德刚说："拼音文字就是如此的啊！"所以我们学英文，用的字十倍于中文。他举一个例子，中文"国会"，到了英文里就有Congress及Parliament之别。他说这个还算好的。试举"羊"字为例，则就花样更多了。他说在我们单音节的字汇里，认识一个"羊"字，便可认出"羊"族有关的字来，如"公羊""母羊""羔羊""山羊""绵羊""羊肉""羊毛"等等，我们一看词组便知词义。但在拼音文字里，音节太长，单词不易组合。

英语里羊总称Sheep，公羊叫ram，母羊叫ewe，山羊叫goat，羔羊叫lamb，羊毛叫 wool，羊肉叫mutton。一九六七年是羊年，中国年元旦清晨，纽约美联社总社编辑部编辑老爷打急电来问这"羊年"是公羊之年，还是母羊之年，或是山羊之年。唐德刚说："把我难倒了。一个小羊过年就弄得我如此伤神。那我们'骅骝开道路'的'马家'过年，那还得了！"

拼音文字字汇多，认字是拼音文字中最大的麻烦。读中文识四五千字，即已足够，识了七百个字也就可以写信了。而在英文里，唐说识了七百个字，却还不能看懂菜单。所以天下的文字都是一样的，不是方块字难而拼音文字容易，这要看学习的人的个人条件，尤其是年龄。在十岁以下学，天下无难字；在二十岁以后去学，则天下没有不难的语文。

关于语文的功用，胡适曾说过：自哈尔滨向昆明划一直线，三五千公里之内皆说国语。而反观欧洲，即使在今天，只一山之隔，乃有德、法、意等各种不同的语言，其间差别原因何在？唐德刚说，是因为中国有统一的方块字限制了方言的发展，在历史上也是靠这方块字来统一这个幅员广袤的大帝国，不然也像欧洲一样，小国林立，也没有统一的欧洲语言。

唐德刚说，文字自有它的Social function外还有historical function。而文字改革的人是technicians，只懂"文字"工具的文字，不懂这个工具的social and historical function。对于文字改革，唐认为，社会学家、文学家和史学家远较文字学家来得重要。

第二个主张汉字拉丁化似是而非的理由是方块字不能搞电脑。汉字与电脑的问题，唐德刚认为有两个途径可以解决：一是改革文字，一是改革电脑。然后，在二者之间权衡轻重。他说："电脑是什么东西？只有几十年的历史，电脑如果今日不行则明日不一定还是不行。而我们的汉字有几千年辉煌的历史，如今要革有几千年历史的汉字的命去迁就只有几十年历史的电脑,这就是削足适履。"

解决之道,唐德刚说:"我主张从改革电脑着手,切不可以去改革文字。且改革电脑较快也容易成功,从文字上着手慢而且甚难。文字至少几百年始能成熟,不成熟的文字,同样不能适用于电脑。"

至于有人说,方块字不科学,唐德刚极力反对此说,他说:"科学不科学是我们叫出来的。我国文字很美,文学讲美,文学不能精确,一精确就不美,这不关文字问题。以前我们词汇中不分男女,但'五四'遗老硬将外国一套搬来,其实男女不分,有什么不好?"

如果将汉字拉丁化以后的现象将如何呢?唐德刚说,那真是不堪设想。五十年后,中国即变成朝鲜、越南或像北美洲的印地安人"红番"一样,一切要从零开始。一千万本汉字图书包括十三经、二十四史、诸子百家、丛书、类书以及《红楼梦》《水浒传》《三国演义》《世界日报》《人民日报》《中报》《明报》《传记文学》《胡适文存》等都没有人看得懂了。有人插嘴说,也没有人看得懂《胡适杂忆》了(《胡适杂忆》为唐德刚中文著作之一)。唐德刚说,不仅《胡适杂忆》没人看懂,连琼瑶的小说也要变成"古汉语"而无人看得懂了。一讲到"古汉语",唐德刚就很生气,他说:"今年春天,我到大陆去讲学,在山东大学碰到一位教授,我问他教什么课,他说他教'古汉语'。我起初认为是他教甲骨文或钟鼎文,原来他教的就是文言文,什么是'古汉语',就是普通文言文而已。"唐德刚用英文说:"I feel verl hurt.(我很难过。)"

唐德刚乃从"古汉语"讲到西方古文——拉丁文及希腊文。他说拉丁文及希腊文,众所周知是西方的dead language(死文字)。无论是希腊文或拉丁文,对德国条顿族或英国盎格鲁·撒克逊民族而言都是外来语,当英语、德语文学(即方言文学)发达时,他们放弃拉丁文及希腊文,一如汉文对朝鲜、越南及日本一样是他们的外来语,所以他们主张放弃汉字,而我们中国人自己则不能这样做。中国文字即中国文明,是一个传统，unique，一脉相承，全世界只此一家别无分号。八千年来人类历史还未找到第二种语文可与方块字比。它替我们保留了十九世纪以前人类最丰富的记录。它保留的总量超过人类文明史上所有其他文字所保留的总和。其次，人类史上很多学科的第一部书都是用文言文写出来的，如《孙子兵法》《齐民要术》《营造法式》《本草纲目》等都是各科目的始祖，这是很了不起的。

唐德刚指出文言文是我国本土产生的应用文字，它和语体文有血肉难分的关系，它不像希腊文或拉丁文是过时的、全死的外国文字。比如孔子在两千多年前骂人说，"老而不死是为贼"，现在老百姓骂那些该死而不死的祸国殃民的老头子还是用那一句话。唐德刚问大家说："你说这句是文言文呢，还是白话呢？"一千多年来，全国人民雅俗共赏的唐诗宋词，如什么"床前明月光""清明时节雨纷纷""车如流水马如龙"，是死文字呢还是活文字呢？

关于文言文，唐德刚说英文也有文言文。他说：《纽约时报》及伦敦《泰晤士报》是文言文报。纽约的《每日新闻》与《纽约时报》是两种截然不同的报纸。《每日新闻》是语体文（spoken language），而《纽约时报》社论是半文言，伦敦《泰晤士报》是百分之七十五的文言。唐德刚说："我以前在哥大读书时，自己觉得英文不够潇洒，想学点文言文，所以天天看《纽约时报》及伦敦《泰晤士报》。然而英文文言文极其啰嗦，英文语体文一页如写成英文文言文则要两页，而中文正相反，文言文较白话文更为简练。因为我们口语很啰嗦，但文字很简洁。"他说："去年夏天我去台湾参加民国史讨论会，台北一家出版公司，要我写林纾传。林琴南是古文大家，他当年反对胡适提倡白话文，无所不用其极，而我是胡适的学生，为林纾作传，我当然要用白话文写。写了三四千字，但因为有篇幅限制，挤不下，不得不改写，还是挤不下。经过再三改写之后，结果改成五百字，塞下去了，但最后发现我写的林纾传是一篇文言文。"他又说：":我们舍简洁而就啰嗦，那算是进步呢，还是现代化呢？"唐德刚问大家，要大家作答，在座诸君均笑而不答，无辞以对。这个又牵涉到繁体字与简体字的问题。

他又说，如果我们放弃汉字，则一部六千年的文明史等于宣布了死刑，汉字变成古埃及的"神书""希腊文""拉丁文"，我们的文化遗产全部损失了。一部新的文明史从头开始，我们要从头再造一个新文化，这又待何年何月才能造成呢？

唐德刚最后以幽默的口吻说："我们如果一定要废汉字，则办法很多，但汉字拉丁化或拼音方案是最不足取的一种办法，是最坏的一条途径。因为创造一个拼音文字很难，不如来学一种现成的拼音语言来得更方便。花五十年造一种新文字，不如花五十年学一种现成的文字。"他所提出的几个办法，一是蒙古化，大家学俄文。二是学印第安人的办法，以英文为主，以拼音为辅。三是印度化，印度境内语言最多最复杂，所以必要时得用英文。大家学英文，英文变成印度的 second language（第二种语言）。唐德刚说："如果我们汉字拉丁化或拼音化，则我国文化遗产消失殆尽，如果印度化，即大家学英文，再不然，在五十年内将古籍全部译成英文，则我们尚可以保存一点点文明，文明当不致完全消失。何况英文也是世界上美丽的文字之一种。"他说："西方希腊、罗马文明中断，一是他们本来的东西就不多，他们没有十三经、二十四史等。还有他们在文字灭绝之前，好东西都已译成了英文或法文。当年我在哥大读书时不修拉丁文就是这个道理。试问哪一种拉丁文典籍没有英文翻译？但如果把我们《四库全书》全部拉丁化或拼音化（不管一种拼音）则成什么样子？岂不变成有字天书，谁也看不懂，如译成英文还可以看。"接着唐德刚很激动地说："我主张连中文spoken language（口语，即中国话）都取消。"道理何在？他说："一九六五年我去印度，发现印度人英语讲得不好，很难懂，但印度人听得懂。所以我建议中文连spoken language也取消，则大家可以全心全力学英语,要学得彻底一点,学好一点,则以后移民也方便,来美留学也不要考托福了。"唐德刚讲这番话,是挖苦与讽刺主张拉丁化或拼音化者的话。但席间一位专家居然认为唐德刚对文字改革的意见是反对汉字拉丁化,但主张全盘英语化,以英文英语来代替汉字及汉语,则大谬特谬矣。

这位专家不懂幽默,误解唐德刚的意思,在座诸君子听了大惊失色。这一点倒很像《礼记》的《檀弓篇》里记孔门弟子误解孔子说"死欲速朽"的道理一样。

最后唐德刚呼吁大陆有关方面及一批五四遗老不要随便宣布中国文明死亡。

结尾时,他很沉痛地说:"杀一个文明很容易,建一个文明很难。"

原载《传记文学》第四十卷第六期

《红楼梦》里的避讳问题

唐德刚　周策纵

《胡适的自传》译注后案

《传记文学》按：

旅美史学家唐德刚教授前为本刊译注《胡适的自传》第十一章《从旧小说到新红学》（第三十五卷第一期）文后附〔注五〕中，畅论近六十年来的"红学"研究与发展，其中对红学家派类、曹雪芹谱系及《红楼梦》中避讳问题等，尤多卓见。兹唐教授将此一〔注〕文，重加修订，除将收入本社即将出版的《胡适的自传》一书外，本刊特将旅美学者周策纵教授与唐教授讨论《红楼梦》中的避讳问题按语暨原函，一并予以发表，以飨读者。

唐德刚先生"注"

近六十年来的"红学家"，从早期的蔡、胡、陈、钱，到最近台湾的

"幼狮十八家"，有著录可考的至少在三百人上下。如果这三百篇也可文以类分的话，笔者不揣浅薄，就斗胆把他们分为三大派：

第一，"猜谜附会派"。这派的附会猜谜且有笨巧、大小之分，也有政治、哲学、入世、出世之别。自蔡子民先生而下到潘夏（重规）先生，和潘公在香港新亚书院所成立的"红小组"和组里的"红卫兵"们，胡适之先生便一竿子把他们都打入"笨猜谜"。笔者不敢附和胡说，且名之曰"大猜谜"。大猜谜也不只蔡、潘两家。近三十年来把"大观园"一分为二，剖成"两个阶级"的李希凡、蓝翎等"斗争派"，和把《红楼梦》划成"两个世界"的余英时先生的"人文派"，以及一些"佛道派""玄学派"，也都和旧"索引派"的出发点差不多。大家都在搞大猜谜。

这个大派之下，也还有些小派或巧派。他们要在茶余酒后把曹雪芹这部大"谜书"或大"淫书"来揭揭底。例如"贾宝玉'初试'云雨情"，这个"初试"的对象是他的大丫头袭人呢，还是小侄媳可卿呢？又如"因麒麟'伏'白首双星"，所"伏"的是目前的"白首双星"——史太君和那位"呵呵大笑"的老混账张道士呢，还是作者没有交代的将来的小白首双星——"一芹一脂"呢？曹雪芹这支笔十分狡猾，狡猾到使我们小小的童子军帐篷内也没有太平日子好过的程度。这是种小猜谜或巧猜谜。但是不论谜底有巧拙，猜谜者人物有大小，其猜也则一。要"猜"，那答案就debatable了。

第二派则是比较实际的"传记考证派"。这一派的老祖宗便是有"考据癖"的胡适之先生。"考据"是个科学玩意。要考据就得让证据说话，不可有先入为主的观念。如果先把"阶级"这个观念扣牢，然后"找证据"，把曹雪芹来个"阶级分析"，那么曹雪芹的"阶级成分"也就永远查不清，《红楼梦》这部巨著也就永远读不完了。

第三派大致可以叫作"文学批评派"。批评也有大小之分。胡适说：

"《红楼梦》不是一部好小说，因为它没有一个plot。"这话虽是西洋文学批评中的老调或滥调，但是这也是个从大处着眼的大批评。纪晓岚评《文心雕龙·原道篇》说："文以载道，明其当然；文原于道，明其本然。识其本，乃不逐其末；首揭文体之尊，所以截断众流。"现在受西洋文学训练的"红学家"，所搞的都是这个"大批评"派。从好处说，他们是"识其本，乃不逐其末"。从短处说，读《红楼》的人，如不从十来岁开始，然后来他个五六遍（毛泽东就说他看了六遍），不把《红楼梦》搞个滚瓜烂熟，博士们也就无法"逐其末"了。这大派便是当代文学界新兴的青年职业批评家。

等而下之的则是那些把《红楼梦》读得烂熟的业余牛皮匠。他们对《红楼梦》有由衷的爱好，而他们所热衷讨论的话题则集中于刘勰所说的什么神思、风骨、情采、章句等方面的细枝末节。这一派虽多半是业余性质，但是《红楼梦》却是个无底洞。一旦不幸翻身落洞，则草蛇灰线，也是治丝愈棼，瓜蔓无穷的。

《〈红楼梦〉新探》等巨著的作者赵冈先生便是位经济学教授，他搞"铜臭"搞腻了，也想到怡红院随喜一番，闻点"花香"。结果花香铜臭两难分，只好解衣下海，亮相一番。

笔者不学，二三十年来读闲书，阅尽诸公"考红"之作，感染亦多。年前执笔写胡适之先生的文学观，便有意为红学一世祖以下的九流十家来个——如胡氏所说的——"结结账"，把存殁诸家次第甲乙来写点红书读后感。然深恐悬崖撒手，堕入深渊，自讨苦吃，乃知难而退。

不过林黛玉毕竟是我们的大众情人，《红楼梦》也是中国知识分子人人必读之书。学人不读《红楼梦》，方帽加头也枉然。因而有时觉得（着重"觉得"二字）有些"红学家"胡扯，扯得离了谱，还是骨鲠在喉，不吐不快。

近三十年来集上述三派之大成，治红学最勤，也是"得地独厚"的新红学家，要算是《〈红楼梦〉新证》（一九五三年初版，一九七七年增订重排）的作者周汝昌先生了。就材料（包括可靠的和不可靠的，必要的和不必要的）搜集来说，这是一部了不起的巨著。可是在分析、考订和运用材料方面，这部巨著对工余看闲书的读者来说，则失望之处，亦自难免。

周君之书开宗明义就把"一般'考红'的文章"分为两大类。说它们都是乌烟瘴气的。作者说："要除这层烟瘴，更无其他办法，只有用我们的照妖镜——历史唯物主义和辩证唯物主义观点的科学考证——使这些牛鬼蛇神，一一现形出丑。"（页一三）

在那些"现形出丑"的"一般文章"之中，那位"谬论"连篇的胡适，自然更是丑中之丑了。可是细读周氏八十万字的大著，再翻翻胡适五六十年前所写的那几篇小文章，两相对照，我发现周君所用的"考证方法"，事实上还是胡适的那一套。只是胡适的态度则更为严谨，行文的风格也没有那样阿谀罢了。

记得五十年代中期，胡氏看到周汝昌捧为至宝的"曹雪芹小像"，便说那像是"假的"。"这个像的主人根本不姓曹！"他本来一笑置之。那是笔者等几个人好事，力劝他写出来，才有《海外论坛》（一九六一年一月二一卷一期）上《所谓"曹雪芹小像"的谜》那篇短文。

周书于一九七六年再版时，虽然作者曾读过胡文，但是他对胡公所提出的"谜"却不作正面答复。他只是强调肯定他书上所印的"第二幅"曹雪芹小像（陆厚信所绘，现藏郑州博物馆）。适之先生今已长眠地下，他老人家如还健在的话，我相信他还要说第二幅也是假的。

胡公生前告我，那第一幅上的落款"旅云王冈写"和小印二方，"根本是伪造"。因为他在民国十八九年间看到此图真迹时，这个款和印还没有加上去呢！

笔者今日把这两幅画像的照片细细比较，就怀疑此二像是出诸一人手笔,所画的对象也似乎是同一个人。如果第二图的画家陆厚信实有其人,则第一幅可能也是他画的。若果如此,则第一幅若非曹雪芹,则第二幅也就不可能是他了。这两幅画,还大有文章可作。汝昌一口咬定,有疑处不疑,就谈不上考证了。

周书内对曹家世系的考订,则落笔亦欠严肃。周君直承胡适之的衣钵,认为《红楼梦》是曹雪芹的自传。胡适只不过就"接驾"诸条笼统地说了几句罢了,而汝昌竟把这个胡适的"自传说"说得绝对化。按周君的逻辑,只要把《红楼梦》中的姓贾的换成姓曹的,则这部"满纸荒唐言"的小说,便是百分之百的信史了。

他们胡、周二人都替曹家修过家谱,胡修曹家"世系"(这是"红学"中的破天荒之作),虽因早年文献不足,小有错误,但是胡氏倒是根据史料下笔的。汝昌修的,虽然史料满筐,可议之处,亦所在多有。

先看胡纂曹氏家谱:

胡氏查出曹家从龙入关的一世祖叫曹锡远。锡远生振彦。振彦生二子——曹玺与曹尔正。曹玺又生二子叫曹寅、曹宜。曹寅又生两个儿子叫曹颙、曹𬘡。曹𬘡便是曹雪芹的父亲。雪芹的叔祖父曹宜,则只生一个儿子叫曹颀。

至于曹尔正那一支,则有雪芹的叔祖曹荃,和曹荃的儿子天祐。

六十年来史料的累积,反映了胡氏此说有点小错。原来曹寅只有一个儿子叫曹颙,而他的弟弟曹宜却有四个儿子。后来因曹寅、曹颙父子相继任江宁织造而死于任所,遗下两代孤孀无依,康熙皇帝善心大发,乃把二房的小儿子过继给大房,并继任江宁织造,庶几使大房遗属有靠。这个过继的儿子便是曹𬘡。所以曹𬘡其实是曹寅的"四侄",而不是如胡适早年所想象的"曹寅的次子"。把这点小错改正,胡订曹家世系,便可修改得略如下表:

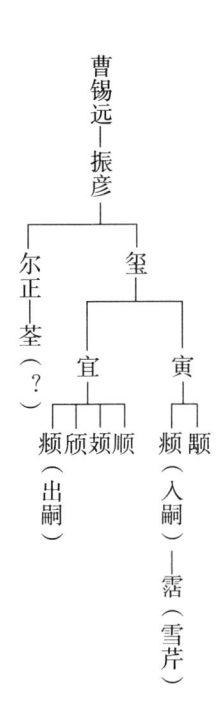

```
            曹锡远—振彦
              ┌────┴────┐
             尔正         玺
              │      ┌────┴────┐
              荃     宜         寅
             (?)    │           │
                 ┌──┼──┐      ┌─┴─┐
                 颀 颅 颀     颀  颙
                 顾    顺    (入
                 (出嗣)     嗣)
                              │
                             霑
                            (雪芹)
```

这个改正的曹家世系，很合乎中国传统宗法社会组织的逻辑。第一，曹振彦的两个儿子皆是"尔字辈"。曹玺原名"尔玉"。因为被康熙皇帝的"御笔"写在一起，变成个"玺"字，乃天意难违，将错就错地改名曹玺。曹玺既因"圣恩"而改为"单名"，他的子孙也都沿用"单名"。以下各代的辈分则要看名字的"部首"了。曹玺的两个儿子——曹寅、曹宜的名字，都用"宝盖头"（宀）；他的五个孙子的名字，则都用"页字旁"。

中国的传统大家庭中，多半只有"堂兄弟"才"大排行"，"从堂兄弟"则不排。所以曹尔正的孙子和曹玺的孙子就不一定要用同一个部首的字了。所以上表中这个排法是很合乎宗法社会的逻辑的。因此所有康雍乾三朝与曹家有关的可靠的文献上——如《八旗通志》《八旗满洲氏族通谱》《八旗画录》（以上三书哥伦比亚大学皆藏有原版）和周汝昌所引的

... 143

《曹氏五庆堂谱》——所载的大致与上表均很符合。

可是《〈红楼梦〉新证》的作者周汝昌先生则对这些文献全不相信。不相信的理由则是他根据"内务府"的档案，发现曹宜在雍正十三年（一七三五）还在做"护军参领兼佐领加一级"，所以周君"判定"：〔曹寅（字子清）那位已死的弟弟〕曹子猷万万不就是曹宜。"（《新证》页六四）汝昌并与乃兄祐昌二人根据"猷"字古文义推定，曹子猷的谱名应该是"曹宣"，不幸在雍、乾之际刻书时，钞胥或手民却误把"曹宣""曹宜"混为一人；所以汝昌在接替胡适为曹氏续修谱系时便正式把"曹宣"之名嵌入其中；"曹宜"乃变成"曹寅""曹宣"的堂弟了。

周氏所编曹家的新世系如后（见周书页第五三）：

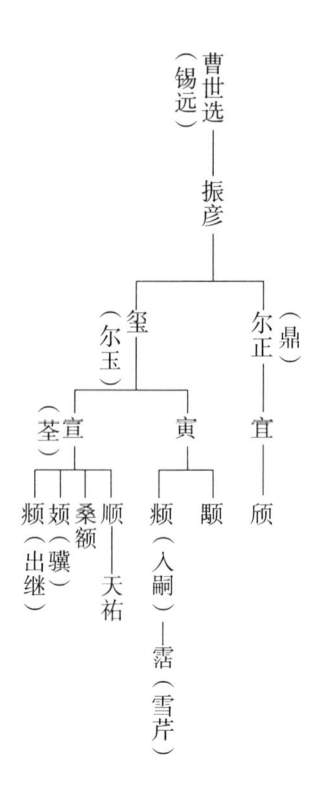

```
         曹世选
         （锡远）
            │
           振彦
            │
       ┌────┴────┐
       玺        尔正
     （尔玉）    （鼎）
       │          │
   ┌───┴───┐      宜
   荃   宣   寅    │
       │    │     颀
  ┌──┬─┼─┐  ┌┴┐
  颀 颀 桑 顺  颀 颙
 （（ 额 （ （
  出 骥  天  入
  继 ）  祐  嗣
  ）         ）
            │
            霑
           （雪芹）
```

不过周氏在他的《新证》于一九五三年原版出书之时，他除推理之外，对这一新名字之提出可说是证据毫无。我们当初读其书便觉得作者胆子太大。一位历史学者在没有找到证据之前，怎能替古人"望文生义"地取名字呢？近承程靖宇先生自香港来信指出，"曹宣"之名倒是被周汝昌君猜对了；因为后来才发现的另宗内务府档案之内，确有"曹宣"其名，只是汝昌不应在猜马票阶段之中，便提出来正式使用罢了。

程公近更据冯其庸著《五庆堂重修辽阳曹氏宗谱考略》一文（载《红楼梦学刊》一九七九年创刊号），提出另一假设，认为"曹雪芹不是曹頫的儿子，而是曹頫上康熙皇帝奏折上〔所说〕的——奴才之嫂马氏，怀孕在身，已有七月，倘幸而生男……"而竟然"天祐"生男，所生下的那个曹颙的"遗腹子"曹天祐。

还有，"红学"里的"避讳"问题，也是一桩有趣的小公案。原来在《红楼梦》的早期抄本——"甲戌本""庚辰本"和"戚本"里，作者对他两位祖父辈人物曹寅、曹宣，似乎都有避讳的迹象。

"庚辰本"第五十二回晴雯补裘至深夜，作者不愿提"寅正一刻"，而说是"只听自鸣钟已敲了四下"。下面的"双行小注"（胡适说是"作者自注"）说是避"寅"字讳。胡适据此而肯定作者是曹寅的孙子。周汝昌亦同意此说。

可是大红学家周策纵、潘重规两先生则不能接受。潘君并指出第二十六回中的"庚黄""唐寅"的故事，说作者"又写又说，又是手犯，又是嘴犯"，而否定此说。策纵并举出雪芹的曾祖原名"尔玉"，因说"《红楼梦》里的玉又从何避呢？"

这潘、周二问题均不难回答，宗法社会里"避讳"这件事，原是可避则避之，并不是死避。韩文公说："其父名仁，其子不得为人乎？"正是这个意思。周公所举的"玉"字，更不成理由。古人所谓"二名不偏讳"。孔子母亲的名字叫"徵在"。所以孔子就"言徵不称在,言在不称徵"了。韩愈的《讳辨》不是说得很清楚的吗!

至于曹雪芹不说"寅时"是否是"避讳",吾人固不得而知,但是至少那位"批书人"是如此说的。如果那位"批书人"正如周汝昌所说的是"史湘云",难道我们还不相信那云鬟纤腰的美人史湘云,而偏要去相信那两位白发苍苍的老头子潘重规、周策纵乎?

不特此也。曹雪芹不但避"寅"字讳,他显然还避"宜"字讳呢!周汝昌在《红楼梦》最早的两部钞本——"甲戌本"和"戚本"——上面发现个大秘密,他认为是"钞胥"之错。那就是在这两个抄本里,所有的"宜"字,都被抄成"宜"(三横划)。这个"三横划"的不成字的字"宜",里面显然有文章了!

低能的"钞胥"(俗称"录事")的抄书工作,是可能一误再误的。胡先生便曾指出他们把一个草书的"真"字抄成"十六"。笔者本家前辈有位纨绔子,有次用重金请"枪手"代作文章,投考秀才,结果还是名落孙山,因为他把枪手所起的文稿上草书的"希圣希贤"中的"希贤"二字抄成了"父布上天"了。

所以抄书一误再误,是可以理解的。但是"甲戌本"和"戚本"里所有的"宜"字都抄成"宜",笔误的可能性就微乎其微了。这两个古本都最接近作者的原稿。在原稿里作者把"宜"字一律故意写成"宜",这可能也就是一种避讳的写法。曹雪芹为什么要避"宜"字讳呢?因为"曹宜"是他的亲祖父?还是因为曹宜是他们"五庆堂"里最后一位显赫的人物呢?我们就要向"红学家"们继续请教了。

"避讳"这个东西是我国宗法社会里最荒唐的制度之一。但是任何坏的东西,往往也有其好的一面。"避讳"在我国后来的"校勘学"和"版本学"上所发生的功用实在太大了,它多少是被当今的红学家们忽视了。

再者，六十年来"红学"发展的过程中，还有个极大的弱点，那便是搞"红学"的人——自胡、蔡、陈、钱到俞平伯、周汝昌、夏志清、潘重规、余英时……他们都是"批评家""考据家""哲学家""思想家"，却很少"作家"；所以"红学家"们多半不知"作家的甘苦"，和作家们从灵感、幻想、经验等到构思、布局、创作、增删等的艰苦历程。所以他们每每为"文章自己的好"这一不知不觉的潜意识所支配，而乱下雌黄。胡适之、周汝昌都犯这个毛病。周汝昌在书中那种与高鹗简直不共戴天的心理，便是最明显的例子。

"红学界"里有丰富创作经验的唯鲁迅与林语堂二人。可惜他二人都不愿用情哥哥寻根究底的考据憨劲，但是他二人却代表"红学"里的作家派，他们的话是有其独到之处的。林语堂先生认为"后四十回"不是高鹗的"续作"，而是高氏对曹雪芹原有残稿的"补写"。这一论断，是十分正确的！

至于周汝昌对高鹗的漫骂，林氏就说"周是不配谈高鹗的人"（见《平心论高鹗》一书）。这句话虽说重了点，也倒不失为作家派的红学家的持平之论。

总之，对"红学"的考证和批评，自胡老师开其先河之后，到今天还是个无底洞，下一切结论都为时尚早。但愿海禁大开之后，将来会有更多的杰作出现！

周策纵先生"按"

策纵按：德刚在这注里说，避讳的事，"原是可避则避之，并不是死避"。这话就某些朝代说固然很对，但在别的一些时代却不然。"二名不偏讳"也是如此。陈垣在《史讳举例》里已说得相当详细。他已指出："唐以前两字兼避，已成风俗，至太宗时始禁之。然禁者自禁，唐时二名仍偏讳。"并说："宋金以来，二名无不偏讳者。"清朝自康熙时代起就讲求避讳。陈氏说："雍乾之世，避讳至严。"这正是曹雪芹写书的时代。试看康熙的讳"玄烨"、雍正的讳"胤禛"、乾隆的讳"弘历"，无不二名皆偏讳。当然，文人对于自己的祖父，当时是否可不避讳，还值得仔细研究；除非能找出一些不避讳的实例来，否则就很难断言曹雪芹可以不避。"尔玉"二字也许较疏远，"寅"字就较近了。如果说曹雪芹不肯写"寅正初刻"是为了避讳，而对"唐寅"的寅字又可以不避，这能说得通吗？我看更严重的问题还是：把"唐寅"的寅字还开了那么一个大玩笑，尤其是牵连到那极不庄重的春宫图。作者在这里大可用仇英而不必拉出"我的朋友"唐德刚的贵宗贤来。在雍正、乾隆时代，会有人把自己祖父的讳来开这种玩笑吗？自然，我们也很难说曹雪芹不能有这种惊世骇俗之举，他既然可以把许多"家丑"也和盘托了出来，也许就无所谓避讳吧。不过这仍是我们的"想当然"而已。至少我们可以说，就"唐寅"一例说来，《红楼梦》里并不避名叫"寅"的祖先的讳。其实《红楼梦》作者本来非常注意避讳的重要性，所以特别指出"红玉"犯了"宝玉"的讳，便要改名"小红"。既然如此，又怎么会把自己祖父的讳来开那个大玩笑呢？除了第二十八回"唐寅"之外，第十回张太医还说了"寅卯间必然自汗"。第十四回有凤姐"至寅正"被平儿请起来梳洗。第六十九回天文生也说过尤二姐可于"寅时入殓"的话。"寅"字在书里至少出现了四次。因此，《红楼梦》大约在有些地方也许避"寅"字讳，但在别处却是不避的。这就牵涉到全书是否一人所作的问题了。有人自然会说，曹雪芹也许当时是用缺笔避讳的办法，由于现存的抄本并非雪芹的手稿，也许原稿"寅"字是缺了笔画的吧。这个说法本已犯了"以无据为证"的毛病，因为谁也不知道曹雪芹的手稿到底缺了笔画没有。事实上，过去作者如抄录故书，虽可用缺笔之法避讳，自己的创作则多须改字或避用。钱大昕在《十驾斋养新录》卷十四里已指出过："朱文公注《论语》《孟子》，正文遇庙讳，则缺笔而不改字，注则无不避者。其注《易》亦然。"至于德刚指出，至少"批书人"已认定不说"寅时"是避讳，那么，这"批书人"自然已认定小说作者的先人一定讳"寅"。胡适这个看法自然是十分合理的（周汝昌还指出过二十二回"戚本"批语对砚台谜语批说"隐荣府祖宗姓名"是指玺字，也是对的）。问题只在这"批书人"到底是谁？这点如果还无法肯定，那就很难下结论了。而且"批书人"为什么不注意到"唐寅"不避的例子？所以我认为，那另一位"白发苍苍的老头子潘重规"如要否定曹雪芹的著作权，也许还"查无实据"，但在这一点上提出疑问来，却"事出有因"，还值得我们再四思量。德刚要紧跟着"那云鬟纤腰的美人史湘云"扬长而去，我们这些老头子有何话可说？只祈祷不要等他跟了半天，才发现前面走着的是个毛发森森的彪形大汉，那时可别错骂周公的本家汝昌诗人把你捉弄了呢！

唐德刚先生"再按"

德刚再按：《红楼梦》里的"避讳"问题，原是极有趣的。不但史湘云夫人注重避讳，林黛玉姑娘也很注重。黛玉的妈妈叫贾敏。所以黛玉说"敏"时就以"密"字代之，写"敏"字时也"缺"一两笔。这是在他的老师贾雨村的注册记录里，有老卷子可查的。

总之，《红楼梦》是个无底洞，笔者这个"老头子"绝不愿与另外两个专家"老头子"来"聚讼"这个好玩的小问题。还是让那些欢喜打官司的红学家们去讨论吧。

周策纵先生函

德刚：前两天才寄你《红楼梦》会议邀请书，就收到来信，要我又替胡公的《口述自传》封面一挝，挝是挝过寄去了，这儿又写了一点抬杠"后按"，不知还来得及附在（《胡适的自传》第十一章）注末吗？如不便就算了，我怕误导读者，想来澄清一番，恐怕越说越说不清吧，最后的话还得你来说，所以我还是寄到你处，如以为可，就请转寄给刘绍唐先生，如无缘入书，便可改作"《胡适的自传》译注后按：《红楼梦》里的避讳问题"，作为《传记文学》的补白如何？（下略）

匆祝

年安

      策纵　一九七九年十二月十七日

原载《传记文学》第三十六卷第二期

"国际《红楼梦》研讨会"讲词试稿
曹雪芹的"文化冲突"
——"以经解经"读《红楼》之一

《传记文学》按：

　　本文系旅美史学家唐德刚博士，应本年六月十六日在美国威斯康辛大学主办的"国际《红楼梦》研讨会"之邀所写在该会宣读论文初稿，特应编者之请，先期在本刊发表。

　　《红楼梦》和其他许多世界名著一样，是一部名副其实的"百读不厌"之书。它能够叫人家一读再读的道理，便是它能使读者在不同的年龄、不同的知识水平、不同的社会阶层、甚至不同的地区——不论是国内或是海外——读起来都会发生不同的领悟和不同的梦境。人生自幼及长到老，原是变化无穷、迁徙不定的。在简易、变易、不易的诸种情况之下，每次一翻《红楼梦》，都会觉得它是一部新书，所以又要把它重看一遍，或至少是再看一部分。这样《红楼梦》便永远看不完了。

　　在我自己的记忆里——我想这也是和我同辈知识分子的共同经验——我幼年启蒙未几，那些黛玉、宝钗一类的名字，便和林冲、武松、赵子龙、关云长等等绞在一起，分不清了。这也是传统中国当年的一种社会教育吧，我尚未读过《三国》《水浒》和《红楼梦》，我对那些书里的故事，有许多都已相当熟悉了。

笔者是在一个农村中的大家族里长大的。我们那个大家族——乃至我所熟悉的和我们门当户对的大家族——当然论人才、论钱财，是无法与荣、宁二府，相提并论的。但是那种有条不紊的宗法结构和错综复杂的人事纠纷，以及表兄妹之间谈情说爱的故事，和荣、宁二府里所发生的，倒是一模一样的，有时甚至有过之，无不及。所以《红楼梦》里所描写的大小事故，在刚会看小说的我们那批青年读起来，真是如见其人、如闻其声。

可是一个学历史的大学生，坐在重庆防空洞中看《金玉缘》，其领悟就又不一样了。在大学时代我就觉得《红楼梦》是一部内容丰富的社会史料书。它所描绘的是大清盛世上层阶级腐化的社会生活。书中主要的大情节当然难免于虚构和夸张。但是全书中的细枝末节——言谈嬉笑、吃喝嫖赌等数不尽的小故事，倒是反映出当时社会生活的实况。小说家下笔能使读者读来有栩栩如生之感也者，就是他善于反映当时社会生活的实情。

且看"这里茗烟走进来，便一把揪住金荣，问道：'我们……'"这段笔者实在不应抄下去。但这种生动的故事，你能说是假的？在这回"茗烟闹书房"里，作者提供了我们传统士大夫——例如樊樊山、易实甫等，所不以为耻的，美国人士认为民权所在，宪法应有明文规定的，而笔者不忍照原文引述的有关"同性恋爱的史料"！这种对当时社会史料做了有声有色的保存，实在不是《细说清朝》的黎东方教授和编撰《清朝全史》的萧一山、张其昀诸先生所能做得到的。

刘姥姥不也是告诉我们："这样螃蟹，今年就值五分一斤，十斤五钱，五五二两五，三五一十五，再搭上酒菜，一共倒有二十多两银子。阿弥陀佛！这一顿的银子，够我们庄稼人过一年了！"（第三十九回）

这不是康熙时代的"物价指数"吗？在萧一山的《清代通史》里，哪厢去找呢？曹雪芹对"可卿救我"那场香艳的梦，可能是胡吹或暗喻；对物价，他就犯不着另造了。写小说的人也不会想到要扰乱市场，坐收渔利！

当然《红楼梦》中所描写的也有许多足使读者迷惘的生活情趣和美中不足的缺笔。例如贾府中自老太太而下，大家都欢喜吃"野味"。那年冬季多风雪，住在"园子里"的宝二爷和青年姑娘们，一日三餐都要踏雪回到贾母上房来吃饭，未免太辛苦了点。老祖宗为爱惜儿孙，就叫他们在园子里自开其"小灶"吧。至于开小灶所需的柴米油盐和一般肉类和菜蔬，大家可按"分例"到总管账房里去支取，可是那些名贵的"野鸡獐狍各样野味"，就只好到王夫人或贾母那里去"分"了。（第五十一回）

《红楼梦》里提到贾母以"野味"赏人的，还可找到很多条。足见贾府上下都嗜食野味，《红楼梦》的作者本人有此同好，也就可以想象了。"野鸡獐狍"，对广东佬说来，可能确是珍品，但是长江流域的人和北方人，可能就没有这种嗜好了。大家偶一食之则可，像贾府上下那样常年不断地吃，这情况可能就不多了。

笔者在大学时代，对《红楼梦》描写人物方面，最感到遗憾的则是作者的缺笔。我们的作者对书中男主角宝玉的描写，真是从头到脚，处处显到，无一丝遗漏。他对宝玉乌油油的辫子，不厌其详地一提再提（见第三回及第二十一回）；而对我们女主角黛玉的绣花鞋则只字不提！

我国传统社会里，女子做"女红"，整日价手不离针的，多半是在做绣花鞋——因为鞋在日常生活上需要量最大，也是家庭妇女随做随放，携带起来甚为方便的"针线活"。在京剧里《探亲相骂》的那位婆婆，就"骂"她的不中用的媳妇："一双绣花鞋，绣了三年多！"我们安徽凤阳花鼓里那位妻运欠佳的老大便自叹他的老婆是"一双大脚窝"。笔者作此文的前夕，侯榕生女士曾请夏志清和我一起去看纽约"雅集"票房公演的

... 153

《乌龙院》。志清情不自禁地大叫："陈元香最好！"那位陈元香姑娘所扮演的阎惜姣用手指所表演的美妙姿态，便是在替马二娘做绣花鞋。

总之，我国传统小说里和戏曲里对绣花鞋的描绘，真是无书无之，无台无之——"绣花鞋"是我国传统女性美的重点之一。绣花鞋的式样自然以愈巧愈小愈美了。因此穿这绣花鞋的美女的脚，也就愈小愈美了。"小脚"也就成为我国美女颠倒众生的"性感"之所寄。

何以我国老辈男人对"小脚"那样疯狂呢？这实在是一件不易以常理来判断的事。宋代的大诗人苏东坡就为它写过"纤巧说应难，须从掌上看"的歌诵诗章。辜鸿铭这位近代的英国留学生可就更不得了。据说他"掌上看"之不足，还要跪下去用鼻子去"闻"，可能还要用嘴唇、用舌头，亦未可知。

正因为辜鸿铭这一类的男人——不！可能传统中国里所有的男子汉、大丈夫——都喜欢它，所以传统社会里的少女要找个好婆家，她们一定要把脚裹得小小的——小到只有三寸长，那就最好了。终于裹得女孩子们旦夕哀啼，坐立不安，夜不能眠。为此，曾有一位女诗人——她可能为"大脚"所累，也可能是足部受重伤之后痛定思痛——曾写出一首咬牙切齿的恨脚诗来。她说：

三寸金莲自古无，观昔大士赤双趺。
若问缠足从何起？起自人间贱丈夫！

这位姑娘——可能是一位自梳女吧——没有怪错人。我国"固有文明"里的"小脚"，的确是辜鸿铭这一类"贱丈夫"搞起来的。千把年来，我国士大夫阶级里的"贱丈夫"们对它的珍惜和爱护，真是无微不至，否则它也不会存在得这么久——有人说"小脚"是南朝陈后主这个"贱丈夫"，搞"步步生莲花"搞起来的。据说唐朝的杨贵妃也是小脚呢——诗人们叹息说:"可怜一掬无三寸,踏尽中原万里翻。"唐明皇的锦绣江山,便是被杨娘娘的"三寸金莲"踩翻了的。

尽管有"考据癖"的历史学家——像我的朋友周策纵——对上述这些小故事的真实性,都要"不疑处有疑"地认为有重兴考证的必要。但是从社会史学、文学、美学、生理学、民族学、民俗学、社会学、人类学等多种不同的学术观点来看,我敢断定没有哪个学者能否认"小脚"这一制度(institution),对我国传统社会生活的各方面,如家庭、文娱、两性生活……所发生的重大影响。至于它对我们"撑半边天"的女人的心理、生理、生产、劳动等方面所发生的直接关系,那就更不必提了——小至夫妇情感,大至军国大事,小脚有时都会发生决定性的作用。

在明朝末年,当努尔哈赤提七大恨伐明,明廷文武主战主和莫衷一是之时,一位朝臣便提出一篇精彩的小脚国防论。他认为满人入侵,无非是贪慕上国的子女玉帛,尤其是边外的蛮夷妇女都是大脚,丑不可耐,所以才想入寇中原。如今和戎的正本清源之道,莫过于教授蛮夷裹脚,一旦他们女子亦学会裹脚之后,美女如云,他们自然不会再对中原美女想入非非了。

这位谋臣的奇谈怪论,说来是可笑了。但是用现代行为科学的学理来分析他,他也不过只是一位比弗洛伊德(Sigmund Freud,1856—1939)早生三百年的"弗洛伊德主义者"罢了。他的错,不错在"性感救国论";他的错,是错在"性感标准化"。因为用人为的加工办法来增加性感,标准是非常主观的——包括个人的主观、时代的主观、地域的主观和民族的主观。张三喜欢蓝眼眶配假睫毛,李四说不定就感觉恶心。美国人喜欢"无上装"再加个"血盆大口";中国人则喜欢红裳绿袄上面配着个"樱桃小口"。汉族的臭男人都把老婆的三寸金莲看成命根子,顺治皇帝一入关便要"下诏放脚"。但是我们那批爱美重于爱国的祖先,则认为国可亡而脚不可放。终清朝之世,除极少数的"贰臣",上书交心说"臣妻先放

... 155

大脚"之外，其他市井小民，却阿Q地誓死抗命到底，说我们是"男降女不降"！

　　这种由于主观成分而影响到审美的客观标准，不但困扰了我们在异族压迫下的祖宗，它也困扰了那些在海外谋生的侨领和与侨领们一起杂居的华裔海外留学生，包括我自己。

　　一九五六年秋季，笔者曾应聘在纽约华埠做了短期的报人。那时正值全美华侨社会在竞选"华埠小姐"。我们那批腰缠万贯，入境从俗的侨领们，也订下了美人标准。认为"华埠小姐"应以"美国小姐"的"三围标准"为标准。因而他们把我们的华裔美女也排列起来，脱光衣服，一一丈量一番。可是我这位小报人，那时却冒犯同行的行规，大声疾呼，反对"用皮尺量美人"（文载一九五六年十月十六日，纽约《生活半月刊》第二一五期）。我认为我们中华美女一向是"樊素口、小蛮腰和三寸金莲"。把洋人那样一圈三十六英寸的两块大肥肉用来做我们华裔美女的"标准"，太煞风景，太不调和，也太不公平了！

　　经济起飞了，农业社会逐渐转移成工商业社会，工商业的社会中一切讲求"标准化"（standardization）。这一来把我们美女的"性感"也标准化了，真是"现代化"发展过程中最大的"文化污染"！

　　笔者一下写了这许多，无非是想说明，在人身上加工的形体美和性感美，是因时空和体形而异，它是"标准化"不得的。这项主观的审美观念不特困扰了一些大腹便便的侨领和瘦骨嶙峋的留学生，它也困扰了我国传统文坛上的第一位大作家曹雪芹先生。

　　笔者当年在防空洞读《金玉缘》时，便觉得作者在描写美人衣着时，出了漏洞，构思不够完备。曹雪芹笔下的三十六钗个个都衣饰华丽，但个个都是半截美人——这些漂亮的姑娘们、奶奶们，究竟穿的是什么样的高跟皮鞋呢？

大学生消夏纳福跑警报，笔头勤、工夫闲，我那时曾无聊而不惮烦地把警幻仙子档案室中正副三册所载的美人儿的衣着，通统摘录一遍，并写了一篇《〈红楼梦〉和脚艺术》的长文。可惜那时既无原子笔又无复写纸，因此这篇拙抄原著，未及"艺增"一番去讨好副刊编辑们，便被壁报读者在半夜揭去了。其后三十多年的流浪便再也没有这闲情逸致来关心黛玉、湘云们穿什么衣服了。但是今日就记忆所及，在书架上的新版《红楼梦》里，我仍可随手抄出若干条来。

且看黛玉初到外婆家，第一次看到琏二嫂子那个"泼辣货"是怎样穿戴的：

这个人打扮与姑娘们不同，彩绣辉煌，恍若神仙妃子。头上戴着金丝八宝攒珠髻，绾着朝阳五凤挂珠钗，项上戴着赤金盘螭璎珞圈，身上穿着缕金百蝶穿花大红云缎窄裉袄，外罩五彩刻丝石青银鼠褂，下着翡翠撒花洋绉裙。一双丹凤三角眼，两弯柳叶吊梢眉。身量苗条，体格风骚。粉面含春威不露，丹唇未启笑先闻。（第三回）

这样一个美人儿，如果足下再穿一双"殊红点金尖头圆口澳洲鳄皮二寸高跟鞋"，不就十全十美了。美人无鞋，岂不是美中不足吗？

有人或者要说，凤姐儿长裙拂地，她穿的是 evening gown，把脚遮住，穿啥高跟就不必提了。

但是她们姑娘们、奶奶们，并不是老是站着的。她们多半时间是坐着。再看凤姐儿怎样坐着在等刘姥姥的：

靠东边板壁立着一个锁子锦的靠背〔椅〕和一个引枕，铺着金线闪缎大坐褥，旁边有银唾盒。那凤姐家常带着紫貂昭君套，围着那攒珠勒子，穿着桃红撒花袄，石青刻丝灰鼠披风，大红洋绉银鼠皮裙；

粉光脂艳，端端正正坐在那里，手内拿着小铜火箸儿，拨手炉内的灰。（第六回）

坐在椅子上也可以说看不见这位少奶奶家常所穿的"粉红绣花白绒翻口睡鞋"。但是如坐在炕上，那可就非看见脚不可了。且看凤姐的小妯娌、将来的"宝二奶奶"，坐在炕上的仪容：

宝玉掀帘一步进去，先就看见宝钗坐在炕上做针线，头上挽着黑漆油光的纂儿，蜜合色的绵袄，玫瑰紫二色金银线的坎肩儿，葱黄绫子绵裙，一色儿半新不旧的，看去不见奢华，惟觉雅淡……（第八回）

试问宝钗姑娘的小脚哪里去了呢？

宝钗没有脚，林姑娘黛玉虽比她的情敌在书中的地位更重要，也是不穿鞋的。作者不供给她鞋穿，补书的高鹗也忍心看着她赤脚。一次黛玉在写经，她那位"混世魔王"的表哥闯了进来，在她的香闺里东瞧瞧，西走走。

雪雁沏了茶来，宝玉吃着。又等了一会子，黛玉经才写完，站起来道："简慢了。"宝玉笑道："妹妹还这么客气。"但见黛玉身上穿着月白绣花小毛皮袄，加上银鼠坎肩；头上挽着随常云髻，簪上一枝赤金扁簪，别无花朵；腰下系着杨妃色绣花绵裙。（第八十九回）

"绵裙"下面还有什么？这是作者的疏忽呢？还是作者有意回避呢？

姑娘们、奶奶们平时都是饭来张口、衣来伸手的废物，长裙摇曳，看不见脚，也就罢了。可是荣、宁二府中的中坚人物并不是姑娘、奶奶而是数以百计的丫鬟。那群可以说出名字的大丫头就有六十余人。没有她们终日奔波、劳动，那个长逾一英里的大观园就要关门了。所以林语堂先生说："《红楼梦》是全世界唯一的一部以maids为中心的小说。"以前有人解释我们的政府工作是"科员政治"。荣、宁二府的运行，也靠的丫鬟政治。

这群丫鬟们虽然也是遍身罗绮，她们究竟是要工作的。做工的劳动妇女，总该不能终日"长裙拂地"，我们也得看看她们的绣花鞋吧。在书中首先露出了绣花鞋的，是那位可爱而薄命的鸳鸯。且看：

> 宝玉坐在床沿上，褪了鞋等靴子穿的工夫，回头见鸳鸯穿着水红绫子袄儿，青缎子坎肩儿，下面露着玉色绸袜，大红绣鞋，向那边低着头看针线，脖子上围着紫绸绢子。宝玉便把脸凑在脖项上，闻那香气，不住用手摩挲，其白腻不在袭人以下。（第二十四回）

这位不争气的纨绔子，摩挲了几下之后，便要凑上去Kiss人家了。但是作者也未说明，鸳鸯的"大红绣鞋"究竟是三寸呢，还是八寸呢？要是八寸，那不就变成"凤阳花鼓"里那位仁兄的粗老婆了，宝二爷纵再饥不择食，也不该去向她讨胭脂吃的。

看《红楼梦》看到这儿，我不禁要把曹雪芹拖出来，问问他："雪芹！雪芹！鸳鸯的脚究竟是几寸？"

可是轮到可爱的袭人，作者又装蒜了。话说贾芸为借口向叔叔请安，而实际上却在偷看叔叔的姨太太。当他叔侄二人正说着话，

> 只见有个丫鬟端了茶来与他，那贾芸嘴里和宝玉说话，眼睛却瞅那丫鬟：细挑身子，容长面儿，穿着银红袄儿，青缎坎肩，白绫细折儿裙子。（第二十六回）

贾芸这个色鬼把袭人偷看个饱。但是我们小气鬼的作者，偏不让他瞧瞧袭人的小脚是个什么样子，虽然那"白绫细折"的并不是一幅拂地的长裙。

还有贾赦那个老色狼，他三妻四妾，吃喝嫖赌之不足，还要打他老妈妈的下女的主意，要讨鸳鸯为妾。他那老婆邢太太知道此事了，理应打这老混账两个耳光才对，谁知这位邢夫人竟然是去替丈夫讲亲。她借故打鸳鸯卧室前经过，把这妞儿好好看一看。真是："我见犹怜，况老混账乎？"

> 邢氏又浑身打量。只见他（鸳鸯）穿着半新的藕色绫袄，青缎掐牙坎肩儿，下面水绿裙子；蜂腰削背，鸭蛋脸，乌油头发，高高的鼻子，两边腮上微微的几点雀斑。鸳鸯见这般看他，自己倒不好意思起来……（第四十六回）

邢夫人这位好老婆，为老头子相亲，相得这么仔细，但是却始终未看到这位美人儿的小脚，也是令人遗憾。回去老头子问起来，如何交账？！

疏忽的原不止邢夫人，她那聪明能干、观察能力最强的媳妇，有时也会不见舆薪的。当袭人的妈妈病重之时，女儿请假回家探视。凤姐儿要面子、讲排场，不希望荣国府的大丫头在外面显得寒碜，吩咐周瑞家的，叫袭人出园时穿几件颜色好的衣服。袭人如命穿戴了。

> 凤姐看袭人头上戴着几枝金钗珠钏，倒也华丽；又看身上穿着桃红百花刻丝银鼠袄，葱绿盘金彩绣绵裙，外面穿着青缎灰鼠褂。（第五十一回）

凤姐觉得这三件衣裳还不错，只是裥子素了些，也不够御寒。便私下再送袭人一件大毛的皮大衣。穿起来在街上出现，逛百货公司、超级市场也会光鲜些。但是凤姐儿这样细心的人，竟然不问这大丫头穿的是什么鞋子。袭人如穿了一双力士鞋，那成什么样子呢？

穿裙子的丫鬟们暂时别提吧。那些不穿裙子的呢？且说，芳官遭了国丧，戏唱不成了，落魄到怡红院去当小丫头。可叹这个丫头命苦，被一个干娘欺侮着要死不得活。她太标致了，又会唱戏，弄得晴雯要撵她，麝月又讥笑她，宝玉心有不忍。

> 只见芳官穿着海棠红的小绵袄，底下绿绸撒花夹裤，敞着裤腿，一头乌油油的头发披在脑后，哭得泪人儿一般。（第五十八回）

看着芳官一副可怜相，读者能不和宝二爷一样的心酸？她那敞着裤腿的夹裤底下，是赤着脚吗？真是可怜的孩子。

不过芳官毕竟姿色非凡，在怡红院内的群芳凑份子为宝玉做夜寿时，还是少不了她。在这个小巧的一男八女的生日派对中，她还是不穿裙子。

> 当时芳官满口嚷热，只穿着一件玉色红青驼绒三色缎子拼的水田小夹袄，束着一条柳绿汗巾，底下是水红撒花夹裤，也散着裤腿。头上齐额编着一圈小辫，总归至顶心，结一根粗辫，拖在脑后。右耳根内只塞着米粒大小的一个小玉塞子，左耳上单一个白果大小的硬红镶金大坠子，越显得面如满月犹白，眼似秋水还清。（第六十三回）

我们的作者费了这么大的气力来描绘芳官，连米粒大小的一个小玉塞子也不放过，为什么一双三寸大小的红绣花鞋却只字不提呢？曹霑！曹霑！我可把你问住了！

现代的时装设计师们可能不同意我这一疑问。设计服装的人，是不管鞋子的。其实曹雪芹原是百能百巧、样样顾到的设计师。你看他替风骚的尤三姐如何打扮：

只是这三姐索性卸了妆饰，脱了大衣服，松松地挽个髻儿；身上穿着大红小袄，半掩半开的，故意露出葱绿抹胸，一痕雪脯，底下绿裤红鞋，鲜艳夺目。忽起忽坐，忽喜忽嗔，没半刻斯文，两个坠子就和打秋千一般，灯光之下越显得柳眉笼翠，檀口含丹。本是一双秋水眼，再吃几杯酒，越发横波入鬓，转盼流光。真把珍琏二人弄得欲近不敢，欲远不舍，迷离恍惚，落魄垂涎！（第六十五回）

放浪的尤三姐儿既然脱了大衣服，连个睡衣都是半掩半开的，作者既然已提起她的"绿裤"，"红鞋"也就避免不掉了。避去不提，连"绿裤"也就缺少性感了。

曹雪芹不但知道女人的鞋有其重要性，他也体会到鞋在男性美上的重要性。他是个服装设计师，他知道如何使颜色相配，使颜色反衬。且看宝玉

一壁走，一壁便摘冠解带，将外边大衣服都脱下来，麝月拿着，只穿着一件松花绫子夹袄，襟内露出血点般大红裤子来。秋纹见这条红裤是晴雯针线，因叹道："真是物在人亡了！"麝月将秋纹拉了一把，笑道："这裤子配着松花色袄儿、石青靴子，越显出靛青的头、雪白的脸来！"（第七十八回）

这双"石青靴子"，对一个"小白脸"如何重要？可是一双"大红绣花鞋"，对一个云鬓、桃腮、粉颈、透明的耳朵、秋水般的眼睛，不是更

162 ...

重要吗？你为什么只字不提呢？真是气死人。

更气人的却不是作者当提而不提，而是不当提而提。作者把宝玉的鞋，当成八股文题，大写而特写：

> 黛玉看他〔宝玉〕脱了蓑衣，里面只穿半旧红绫短袄，系着绿汗巾子，膝上露出绿绸撒花裤子，底下是掐金满绣的绵纱袜子，靸着蝴蝶落花鞋。黛玉问道："上头怕雨，底下这鞋袜子是不怕的？也倒干净些呀。"宝玉笑道："我这一套是全的。一双棠木屐，才穿了来，脱在廊檐下了。"（第四十五回）

作者又提到探春替宝玉做了一双极其精致的鞋子，宝玉穿着"遇见了老爷，老爷就不受用，问：'是谁做的？'"而探春却不替她亲兄弟贾环做鞋，结果贾环"鞋塌拉、袜塌拉"地见不得人，使赵姨娘生气（第二十七回）。后来袭人在替宝玉做鞋，史湘云看到了，也要替他做（第三十二回）。同时宝玉去看林妹妹，往往靸着鞋子就走（第二十一回）。其他诸如着靴脱靴的记载，那就更引不胜引、抄不胜抄了。

至于姑娘们的靴，全书中只有两个例子，那都是下雨雪时用的。第一位自然是美人儿林黛玉。她穿的是"红香羊皮小靴"，身上却

> 罩了一件大红羽绉面白狐狸皮的鹤氅，系一条青金闪绿双环四合如意绦，上罩了雪帽。（第四十九回）

林姑娘就是这样的与男友一道，踏雪而去参加众姐妹的诗社。

另一位便是史湘云了。湘云这位欢喜女扮男装的美人儿，打扮起来就像个"小骚鞑子"：

> 穿着贾母给他的一件貂鼠脑袋面子、大毛黑灰鼠里子、里外发烧大褂子。头上带着一顶挖云鹅黄片金里子大红猩猩毡昭君套；又围着大貂鼠风领……里面又穿着一件半新的靠色三厢领袖秋香色盘金五色绣龙窄裉小袖掩衿银鼠短袄。里面短短的一件水红妆缎狐肷褶子；腰里紧紧束着一条蝴蝶结子长穗五色宫绦，脚下也穿着鹿皮小靴。（同上）

这两位美人儿实是《红楼梦》全书中，穿戴得从头到脚，一应齐全的唯一例外了。但是她二人穿的只是踏雪用的"小靴"。这"小"靴，究竟有多"小"，读者们也还猜不出来的。不过它既能独力踏雪，想来也不可能太小就是了。

从以上所引这些例子看来，《红楼梦》里美人的"脚"，是什么个形式，便永远是个谜；而这个谜不是作者在创作过程中的"疏忽"，而是作者有意回避和故弄玄虚！

可是在全书中，雪芹又似乎在若隐若现、有意无意之间，说出他美人儿的造型都是"小脚"的。在那百来个大小丫鬟之中指明说是"大脚"的，只有那"误拾绣春囊"而闯祸的傻大姐一人。

> 原来这傻大姐年方十四，是新挑选上来给贾母这边做粗活的。因他生得体肥面阔，两只大脚，做粗活很爽利简捷，且心性愚顽，一无知识，出言可以发笑。贾母欢喜，便起名为"傻大姐"。（第七十三回）

荣、宁二府之中，两只大脚、专做"粗活"的丫头，似乎只有这么一个。至于那些锦心绣口、标标致致的"副小姐"如袭人、晴雯、紫鹃、平儿者流，看来也都是小脚了。"小脚"是美女的本钱，也是她们最值得骄傲的东西，可不能胡乱地把它糟蹋了。

且看那不重卫生的宝二爷，一次在随地小便之后，秋纹服侍他洗手，嫌天凉水冷，那奉命打水的小丫头在被骂之后，想拦路打劫，用点为老太太冲茶的滚水。可是那服侍老太太吃茶的老婆婆不肯。她说："姐姐，这是老太太沏茶的。劝你自己去舀吧。哪里就走大了脚呢？"但是这老婆婆一看到秋纹，就只有改口赔笑了。把秋纹姑娘的脚走大了，那可不是好玩的！

我们这批忠实的《红楼梦》的读者们真是如坠五里雾中了。我们的作者是在玩些什么花枪呢？足下如喜欢大脚，何不干脆来个"妇解宣言"，提倡"天足"？足下如和苏东坡、辜鸿铭乃至所有的男子汉、大丈夫一样，喜欢三寸金莲，为啥不痛痛快快地写出来，而那样婆婆妈妈、吞吞吐吐呢？

笔者在大学时代读《金玉缘》，便已发生了这样的一个疑问。我为解决这一问题的"大胆假设"便是：曹雪芹这位"旗人"，动笔来写"汉人"的历史社会小说，碰到了内心不能解决的矛盾。

任何写社会小说的作家都是不能摆脱他的文化传统和社会环境来完全凭空虚构的。大作家巴金最近在他的《随想录》里便写得明明白白，他没有哪一篇作品不是根据实际经验加以夸大和戏剧化的。以此，白先勇、於梨华等台北作家就不能写"红卫兵"。同样的，丁玲、浩然等大陆作家便不能写"旅美学人"。各有界线，彼此都不能越雷池一步。林语堂把《逃向自由城》写得个彻头彻尾的失败，便是他不安于位，误触禁区！

曹霑的祖先是汉人而归化满族人"旗籍"，后来又从龙入关，编在"汉军旗"成为一种古怪的汉族"旗人"。而旗人终清廷十朝是吃粮当兵的统治阶层。满汉各行其是，既不通婚，亦不杂居。但是汉家文化是远迈旗人的，所以满人入主中原之后便迅速汉化。但是在这汉化过程中，他们也有所取舍。中华文化之糟粕有时也是污染不了他们的，"小脚"便是个突出的例子。

旗人既然没有接受汉人的"小脚"，"小脚"在旗人作家的审美观念中，也就无"美"之可言了。但是曹霑是生在以汉族为主的文化环境中，《红楼梦》的主要读者也是汉人，他又怎能诟病"小脚"，甘犯众怒呢？可怜的作者无法消除他笔下和心头的矛盾，所以他只好模棱两可，避重就轻地回避这个敏感性极大的文化问题了。

一九七二年春初，笔者在一个偶然机会之下，由哥伦比亚大学转业至纽约市立大学。我转业后的第一件要务便是替我的新雇主设计一个新的"亚洲学系"，而这个学系中三大学部之一，便是当时最时髦而人才最缺的所谓"民族学部"（ethnical studies）。这个学部的研究重点便是侨美亚洲移民史，以及和这主题有关的各项社会科学上的各种问题——如亚美文化冲突问题、美国少数民族社会问题、妇女儿童问题、主流文化与多重文化问题……

为着扩展这一学部，为其设计各种课目和研究计划，我自己也教授一堂有关"文化冲突"（bicultural conflict）的课，并认真地读了些前所未读过的行为科学上的新书。既读之后，始觉其中别有天地！一般外交家、政治学家、法学家只知道"法律冲突"（conflict of law）的严重性，殊不知"文化冲突"的严重性实远过之。

近三十多年来，国人送儿女留美已相沿成风，然近年来忽又看到"悔送儿女去美国"一类的文章，读之也往往令人心酸气馁。

天乎！这究竟是什么回事呢！

读了些行为科学的名著，到亚美课程的班上来回答学生的问题，回答他们家长的问题；了解他们的问题；从而帮助解决他们的问题；从而冷眼旁观唐人街社会上的各种问题，回至祖国各种现代化过程中所发生的问题。我才体会到"文化冲突"这一概念的真义。

年轻时代读《红楼梦》,觉得作者写书不够细腻,故事中有缺笔,其实都不是;寻根究底,原来只是作者精神生活中的一种文化冲突的问题。我是错怪曹霑了。

生为胡适时代的大学生,我学会了"大胆假设"和"小心求证"。但是我也犯了胡适的毛病,不知道如何把求证的结果,根据新兴的社会科学的学理来加以"概念化"(Conceptualization)。为求证而求证来研究《红楼梦》,那就只能步胡适的后尘去搞点《红楼》"版本学"和"自传论"了。

做这种"超胡适"(Post-Hu Shih)的言论,笔者可得千万声明,我绝不敢厕身"红学"之林,也无心钻研红学。但是我是个普通的中国知识分子。我们这一辈的中国知识分子,往往是把《红楼梦》背得滚瓜烂熟的。把一部书读烂了的读者,对那一本书总归是有意见的。他的意见是从书本之本身出发的,并非另有额外的"深入研究"。

我国古代汉学家治经书,有时往往被注疏家弄得莫知所适,最后只好回到经书的白文上去找他自己的解释。这种干法,古文家叫作"以经解经"。笔者不敏,《红楼梦》虽然看得烂熟,正文以外的红学注疏实在所知太少,偶发谬论,也就算是聊师古人"以经解经"之遗意吧。

一九八〇年四月十四日午夜

后记:本文所征引各节,系根据购自纽约华埠的一九七四年版,曹雪芹、高鹗著《红楼梦》。其他版本,则微有出入。

原载《传记文学》第三十六卷第六期

海外读《红楼》

《红楼梦》这部奇书，读者们不论年龄大小、时代先后、地域差异、政治社会制度不同，读后都会有不同的领悟。

一个读者个体，他从小到老、从华南到华北、从小学到大学、从国内到海外、从大陆到台湾、从资本主义到社会主义……由于生活经验的变换、知识接触面的扩大，他每次再读《红楼》，也会"别有一番滋味"。

（一）

笔者幼读《红楼》，亦尝为"焚稿"堕泪，为"问菊"着迷。它是青年人情窦初开时的爱情宝库，也是学习古今文学的初阶——论旧诗词，则盛唐而后，"花间"之前，芹溪之作品亦足以乱真。论白话文，则胡适、鲁迅亦难望其项背。老实说，在笔者这辈"五四"以后出生的"作家"，它对我们都是新旧文学习作的启蒙教科书。

大学时代，在防空洞再细读《红楼》，笔者便觉得它在文学之外，实在也是一部社会史巨著——是反映我们那个两千年未尝有基本变动的儒家宗法社会的综合记录。

食色性也。"宝黛之恋"，两千年来，何代无之？而"金玉之缘"，因"父母之命"而"终成眷属"——在笔者这一辈以上的老人，除了"私奔"之外，亦绝无他途可循。结两千年婚姻制度之总账，曹霑真是第一支笔。

作为一个对社会科学才刚启蒙的大学生，笔者在大学时代便体察出社会科学上所揭出的"文化冲突"的概念，便是曹雪芹这位第一流天才服装设计师，终使大观园中诸姑娘、奶奶都变成"半截美人"的症结所在。满人天足，也可说痛恨缠足。康熙帝曾下诏禁止缠足，然终以入关不久，为使汉族臣民休养生息，"不愿扰民"而中止。

入关百年后，满人已泰半汉化，入境从俗，一切从汉家制度，唯独缠足一项，以其太痛苦、太野蛮，而终未接受。曹氏本汉家子，而早入旗籍，从旗俗。入关恢复汉家旧仪，一切心悦诚服，独对缠足一项，《红楼》作者发生了心理上的"文化冲突"而无法处理。芹溪若使宝、黛、春、云诸美，尽缠其足，岂非人间惨事？而雪芹述笔之初，"脂砚"以次读者或男或女，几全系满人，对此惨事，何能接受？

反之，若使晴雯、芳官、鸳鸯、琥珀……在粉白黛绿之间，尽成"凤阳"大脚妇人，岂不煞尽风景？因此最佳办法，则唯有秉笔不书，马虎了事。

芹溪为之，反而求之，不得吾心，而社会科学家，诸"夫子言之""概念化"（coceptualize）之，使吾心有戚戚焉！浅通之、深索之，始知钻研《红楼》，亦固有"社会科学处理"之一道也。

大学中期，胆大心粗，不自藏拙，竟于史系学刊上撰写万言长文曰《浅论我国脚艺术的流变》以申述之。大观园中，诸姑娘、奶奶之"脚"，固均在详细玩摩之列也。惜战时印刷不易，拙文迄未流传，终至遗失，迄今念之。

大学结业后，留学美国，亦尝与爱好文艺之同学合组白马文艺社自娱。斯时适亦侨居纽约之胡适之先生，曾戏呼之为"海外第三个中国文艺中心"。同仁每谈《红楼》，予亦屡提"社会科学处理之方法"（Social science approach），应为探索《红楼》方式之一。"新红学"之"考证派"，只是研究者之起步，为一"辅助科学"（auxiliary science）而非研究学术之终极目标也。其时海内"阶级分析"之说正盛极一时。"阶级分析"亦"社会科学处理"之一重要方面也。偏好之，何伤大雅；罢黜百家，则不妥矣。

七十年代"文革"以后，海峡两岸文禁顿解。前"白马社"旧人周子策纵，竟能重集海外同好，醵资于美国威斯康辛大学，于八〇年间召开"第一届国际《红楼梦》学术讨论会"，而征文及于下走。予因将数十年久积心头之"社会科学处理方法"以治"红学"之法螺举例再吹之。因撰拙文：《曹雪芹的"文化冲突"》，以就正于同文，时以限于篇章，书未尽意。

（二）

其实"文化冲突"一概念，于时兴"社会科学"上并不只限于两族（满汉）之间也。文化冲突亦有古今之时限。新史学上有所谓以"现时观念"（present-mindedness）处理古事物之大忌，亦即时代不同而引起观念冲突之一种也——斯于"美学"则尤为显而易见者。雪芹之撰《红楼》于诸主角服饰之设计，此一"冲突"即彰明较著，而每为一般读者，乃至为红楼男女"绣像"之艺术家所忽略，举例以明之：

《红楼》第三回，黛玉初见宝玉时，且看这位"衙内"所穿的衣服：

> （黛玉）一看却是位青年公子：头上戴着束发嵌宝紫金冠，齐眉勒着二龙戏珠金抹额。一件二色金百蝶穿花大红箭袖，束着五彩丝攒

花结长穗宫绦,外罩石青起花八团倭缎排穗褂,蹬着青缎粉底小朝靴;面若中秋之月,色如春晓之花……

宝玉这位贵公子这时所穿的是一套传统中国,自唐及明的"古装"。我国"古装",经过两千年以上的不断改进,在设计上对"美"的研究,加上丝绸制造业在发展中的配合,真可说是登峰造极。它对一个以农业经济为基础的官僚大帝国中,上层社会中仕女的打扮,真是美不胜收——和边疆的少数民族相比,我们实在是太高级了、太美了。

古人所谓"上国衣冠",所谓"满朝朱紫""襟袖飘香"……"裙拖六幅湘江水,鬓耸巫山一段云",都不是空吹的形容词。它和"四夷"的服饰相比,那"上国衣冠",确是太高雅了。后来满族入主中原,原曾有"易服"之议,可惜"美学"终于敌不过统治者的"自尊心",而使"马蹄袖""猪尾巴"把我们丑化了两百多年。

所以我国"古装"的设计也确有其超越时代的"客观的美"。时至民国,还有个酷爱古装的留学生马君武歌颂它是:"百看不厌古时装"。服装设计师曹雪芹,他显然与马君武有同好,致使荣、宁二府的主子穿的几乎(着重"几乎"二字)都是"古装"。贾宝玉这位贵公子初见表妹,便是个(夹杂少许胡服的)古装公子——他的高雅华贵之像也被所有替他"造像"的画家,从清末的版画、石印到二十世纪七八十年代的水彩画,几乎"造"出千篇一律的古装之像。

其实贾公子原是曹霑笔下的旗人,他平时家居,头上是吊着条辫子的。

且看上引同回,宝玉见过妹妹之后,遵祖母之命去看过妈妈,回来时的穿着,便从"古装",变成"时装"了。

(黛玉见他)一回再来时,已换了冠带:头上周围一转的短发,都结成小辫，红丝结束，共攒至顶中胎发，总编一根大辫，黑亮如漆，（垂在脑后）（此四字为笔者所加），从顶至梢，一串四颗大珠，用金八宝坠脚；身上穿着银红撒花半旧大袄；仍旧戴着项圈、宝玉、寄名锁、护身符等物；下面半露松绿撒花绫裤，锦边弹墨袜，厚底大红鞋；越显得面如敷粉，唇若施脂；转盼多情，语言若笑；天然一段风韵，全在眉梢；平生万种情思，悉堆眼角……

这一下，岂不糟糕？原来天下第一美男子、古今美女梦中的"白马王子"，原来脑壳之后，还拖了一条怪模怪样的"猪尾巴"（pigtail），这成何事体？所以一切绣像画家、水彩画家——包括北京出版的英文版"红楼插图"和名家题咏的"红楼月历"，都辛亥革命起来，把美男子贾宝玉的"猪尾巴"剪掉了。

你说宝玉因年轻，初见林妹妹时还拖条"辫子"，长大了就没有了。那么？读者贤达，您就错了。贾公子在"怡红院"一天到晚，都拖着辫子呢！

不信且看第二十一回。那个小无赖，看到漂亮的表妹史湘云刚梳完了头，洗完了脸。他不但要使用湘云用过的脏水，还要湘云替他梳头。那个爽快的丫头湘云不干。

宝玉道："横竖我不出门，不过打几根辫子就完了。"说着又千"妹妹"万"妹妹"的央告。湘云只得扶过他的头来梳篦。原来宝玉在家并不戴冠，只将四围短发编成小辫，往顶心发上归了总，编一根大辫，红绦结住。自发顶至辫梢，一路四颗珍珠，下面又有金坠脚儿。湘云一面编着，一面说道："这珠子只三颗了，这一颗不是了，我记得是一样的，怎么少了一颗？"宝玉道："丢了一颗。"湘云道："必定是外头去，掉下来，叫人拣去了，倒便宜了拣的了。"

>黛玉旁边冷笑道："也不知是真丢，也不知是给人镶了什么戴去了呢！"宝玉不答……

如此看来，宝二爷不但"不出门"时在家中总拖着辫子——湘云替他梳辫子，也不是第一次了——他出得园去，和一些小戏子、小相公胡来时，也拖着辫子，并把辫子上珍贵的饰物偷偷地送人了。

贾宝玉拖辫子是肯定的了。问题是曹雪芹把他（她）们一切"古装化"矣，为什么却舍不得把美男子宝二爷的"猪尾巴"割掉呢？须知雪芹虽爱"古装"，他也爱他那十八世纪清朝极盛时期，高级社会里的"时装"，虽然这条"松花大辫子"的男人"时装"，在我们有"现时观念"作祟的读者们看来是"七丑八怪"。但是纵在二十世纪初元，它还是"美"得很呢。请听"我的朋友"李宗仁先生，剪辫子之前的回忆：

>（宣统元年，一九〇九，广西陆军小学）的制服全是呢料子，还有一套哔叽的。冬季则有呢大衣。每人每学期发两双皮鞋……当时我们的服饰是十分别致的，学生多数拖着一条长辫子，却穿着现代式的陆军制服和皮鞋。今日回想起来，虽有不调和之感，但在那时是觉得十分神气美观的。我们的留日返国的教官，以及少数得风气之先的梧州籍同学，间或有将辫子剪去的，也有少数将后脑剃光或剪短，把前面头发编成辫子，再把辫子盘成一个饼，贴在头顶上，然后戴上军帽的。但他们在寝室内或操场上脱掉军帽时，却倍觉难看。（见《李宗仁回忆录》第三章第三节）

李宗仁在二十世纪初年，穿洋服、戴洋帽、上洋操，还觉得"猪尾巴""十分神气美观"；我们的美学大师曹霑，在十八世纪中叶，不肯在美男子宝玉头上"割爱"，是十分可以理解的。这条嵌珠大辫子，在十八世纪的曹雪芹看来，是其美无比呢。但是在二十世纪八十年代，还要把我们的大众情人贾宝玉的头上加上一条"猪尾巴"，那就不成话了。所以我们的红楼画家诸同志便全体动员，把贾公子的辫子割掉了。

（三）

综上所述，不过举一反三。盖新兴社会科学中诸"法则"与"概念"，极多均可引入作研讨新红学之新方向。弗洛伊德之唯性论、马列恩斯之阶级分析说、社会学、伦理学、经济学、心理学研究中之种种成果，均可引为借镜。

忆早年读中国文学史如新兴诸大家中之胡适、胡小石、胡云翼等人以及专论传统小说之周氏兄弟——树人、作人——等等，无不以"说部"为"明清文学"之主流。

然唐诗、宋词、元曲之后，何以异军突起，章回小说顿成两朝文学之中坚，时至清末，书目竟多至一千六百余种，直如野火之燎原，一发不可收拾？诸文学史家则均瞠目不知所对。晚近诸大家粗通汉籍、论文海外，竟以两朝显学比之欧西作品，直是糟粕之与珠玉，简直不屑一顾，则尤为不可思议。

需知戏曲、小说均为构成人类文明社会生活成分之一部，深受社会经济"供需律"（Law of supply and demand）之支配。戏曲、小说古已有之，然其"大众化"（Socialization），则有待于现代都市化工商业社会（urbanization）之崛起。有都市化之工商业社会，始有小市民阶级之壮大；有壮大之小市民阶级，始有小市民精神文明之"需要"；有此小市民之"需要"，始有应运而生之"供应"。

戏曲、小说之兴起，必以小市民之"需要"为基础——否则则只限于贵族之"梨园"、宫廷之"秘籍"（今日吾人于海外仍可欣赏巨册绘图足本殿版《金瓶梅》即属后者之一种）——无小市民之社会基础，则戏曲、小说，便无大众化之可能。吾人熟读欧洲史，固知此理，中外皆然也。

西欧中小城之兴起，约始于十五六世纪哥伦布发现美洲之前后，小市民有此"精神食粮"之需要，西班牙空前名著之《堂吉诃德》始应运而生。《堂吉诃德》之前，西班牙非无小说也；《堂吉诃德》之后，西班牙更是作品备出，而《堂吉诃德》之所以一枝独秀者，百年创作，沙里淘金，千枝一秀之成果也。

十六世纪之初，西、葡两国，中分天下，沿海城镇首先都市化，而平民文学亦随风而起，非偶然也。然西、葡两国好景不长。后来居上则英吉利也、法兰西也。无十八九世纪西欧之重商主义、工业革命，即无蓬勃之西欧说部文学，可断言也。文学为时代之产品，所反映者为当世之社会生活与人民心态。故治西洋文学史者，如对西洋史学与西方社会之发展状况初不经心，而一味以文论文，则未有不缘木求鱼者也。治中国文学史者，如对"中国社会发展史"毫无概念，只一味批卷子看文章，而臧否作者，则批者纵满腹洋文、全盘西化，亦终不免八股习气也。

（四）

我国社会经济之都市化实始于南宋。残赵虽偏安一隅，然其在工商业经济上之成就则远迈汉唐。其经济中心则为运河南段、长江下游、太湖沿岸之三角地区。

蒙人入主，中原诸省备受荼毒，独于扬州、苏杭一带优渥有加，未遭严重损失，国史与私人记述，记录均详。西人马可·波罗亦亲见之。

元去明来，江南遂为国家经济首善之区，中小城镇俱已渐次都市化，手工业之蓬勃，古所未有。有此丰裕小市民之社会基础，则大众化之戏曲、小说乃应运而生。暇时每读明人笔记，事例万端，此信念乃益坚信不移。

满人南侵，虽经"扬州十日""嘉定三屠"，而江南在全国经济上之领导地位并未动摇；再经康熙六十年（一六六二——一七二二）与民休息的升平之治，则十七八世纪间，我国江南手工业中小城镇，与夫小市民阶级之兴起，可能为全球之冠（更深入比较非关本题，故"可能"之）。有此小市民阶级之基础，"说部文学"始渐成气候，"供需律"规范之也。斯时不但书贾之业大盛，与书贾血肉相关之职业批书人与职业作家乃一时俱起，"市场经济"使然也。

金圣叹（一六〇八——一六六一）便是职业文学批评家之一代奇才，置金君于世界任何文学批评圈内，其才亦不多让，金某如不中年被害，则渠在文学批评上之成就，当更不可限量。然何以十七世纪中期，中国文学批评史上，姑苏能出一金圣叹，斯亦社会经济发展之结果也。

圣叹死后之百余年，历经雍正、乾隆两朝（一七二三——一七九五），正值公历之十八世纪，亦清室之极盛时代，帝王与上层士大夫之沉湎于金石书画、四库典籍，而民间之沉迷于言情小说、悲喜戏曲，不特时人有记录明文，吾人亦可于想象中得之。斯时江南出版业之盛极一时，毋庸赘言；小市民之爱好读品，亦举手可得，读小说自是一时风气。

曹雪芹祖孙三代寄居江南六十余年（一六六三——一七二八），原是"南人"。富而有暇，平时声色犬马之外，群居终日，言不及义，而男女教育又均超人一等，其阖府上下，沉溺于时尚之小说，亦不难想象——大观园中偷读"传奇"，即有明证。

再者，以创作《儒林外史》而驰名后世之吴敬梓（一七〇一——一七五四）亦以皖人而寄居南京，《外史》十九即成书于南京。敬梓亦纨绔子而有才华，少年豪纵，不事生产，不求富贵，而以愤世嫉俗，著书骂人为乐，结果虽非"泪尽"，然亦以中年贫病而死，颇类雪芹。

敬梓、雪芹，同时、同乡（雪芹南京人，说南京话，《红楼梦》中辞例至多；敬梓安徽全椒人，寄居南京。全椒实南京之"郊区"也，口音相似。胡适每好说："我的安徽同乡吴敬梓。"其实胡适的"徽州"土话，吴敬梓听来，一句不懂也。而吴敬梓倒是曹雪芹的真正"同乡"），二人又有同好，性格狂狷、反抗，亦复相同。双方均中年"食粥"而死，也大同小异。可惜一南一北，正如庄周之与孟轲，两位才人，终无一面之缘。然二人均以不求之名而名垂后世。斯盖当时知识分子风气使然。清末文人有评梅巧玲、梅兰芳祖孙之言曰："所操至贱，而享名独优！"

著稗官野史、写言情小说，在十八世纪的中国，虽非"至贱"，终非"高尚"职业。文人学士才人如曹雪芹、吴敬梓者，竟愿破产为之，盖从所好，而群众亦好之——亦如清末民初，京戏界之"票友"，尔自好之，台下好之者亦众也。

爬格子、写文章的穷朋友，你爬出来没人看，你爬他作甚？爬出来，虽"赊酒食粥"，只要有人看，能脍炙人口，自得其乐，也就顾不得许多了——这就是阿Q之所以为阿Q，曹雪芹、吴敬梓之所以为曹雪芹、吴敬梓吧。

（五）

前文已叙明，言情与社会小说古已有之，何独盛于都市小资产阶级兴起之后欤？说来亦无啥深文大义。

盖以耕耘为本的农业经济大帝国之内，农民劳动力为从事生产之最大资本。农村三月闲人少！抽出时间为富有劳动力之青年子弟入学读书是为最大之浪费。对日出而作、日入而息之农民来说，在生产劳动上，无此必要也。子弟三人，有一人入学，则损失三分之一之劳动力。在机器生产之前，农民一人之劳作，尚不足够供应三五人之食用，胼手胝足，自顾之不暇，哪得余资遣子弟上学读书？

加以我国古代，启蒙求学非为生产之必需，而为谋求进学、中举、升官而发财也。然升官发财，岂可幸致？为此希望极微之彩票，而影响举家衣食之牺牲，有实际生活体验之农民不愿为也。笔者近年返乡，细访农村，仍见有此反教育之现象，遑论千百年前！

以举国务农之大帝国，偶有城镇，包括其国都，均为文盲麕集之农村市集而已，与现代经济之都市化，在性质上则迥然有别矣。农民原亦有其精神文化之需要，此需要则由职业化之讲书人、讲古人、说书人及夏志清教授所谓之说话人（见夏著《中国古典小说导论》）以供给之。

说书人时亦有其脚本，书商间亦以此脚本售诸少数市集读书人以牟利。此但为少数有此需要者作有限度之供应，非今日市场经济上之所谓通用商品（commodities）也。

此种说书人之脚本，虽亦为"读"书人所喜爱，然其撰写体例与特色，则着重于"听"众也。"听众"情绪之反应，为著作者最原始、最紧要之考虑，至于个体"读者"之如何反应，则初不在编书者慎重考虑之列也。

以故当我国农业经济逐步进入都市化了的工商业经济时，小说作者之体例乃逐渐由着重"听众"团体之反应，而转向"读者"个体之反应矣。

盖都市社会与农业社会迥异。教育在纯农业社会中为"浪费"，而教育在工商业社会中则为"必需"。小市民对"深文大义"之作品，在工作上无追求之必要；而小市民对"读书识字"则为谋生求职之必需。既读书识字矣，则工余之暇，读"说部"以自娱，民有所"需"，市有所"供"，则章回小说泛滥矣。

我国沿海城镇之大规模都市化，始于《南京条约》后之五口通商。既有千万麕集五口之小市民，章回小说泛滥至一千六百余种，则亦是市场商品兴旺之常情，不足怪矣。

以故我国传统小说实始自顾虑听众情绪之"听的小说"始，而以顾虑个体读者情绪反应的"看的小说"终。

为顾虑"听众"团体之情绪,则"听的小说"之布局有时且有"说"有"唱"(提提精神,以免听众打瞌睡),有高潮,有起伏,以便当众收钱(洋人叫pass the hat,用帽子收钱),或暂时收场,下次请早。

但为个体"读者"着眼的"看的小说",则上述一切皆可豁免,而重新设计布局矣。而此设计布局亦以千百万"读者"之兴趣为依归。若只顾"作者"雅兴如敬梓、雪芹者,作者遂不免赊酒食粥矣。

可是在二者过渡期间的十八世纪的中国作者,他们往往都从"听的小说"的旧传统动笔,但斯时个体"读者"已逐渐比"听众"团体重要了,他们的笔锋,乃逐渐过渡,走入现代小说之形式矣。

这一过渡期之名著以《儒林外史》开其端,而以《红楼梦》定其型。经过"十年辛苦"撰写的《红楼梦》,前些回还有些传统"听的小说"的习气,其后(包括高鹗的补缀)就完全是以"看的小说",现代化的新姿态出现了。

所以我们敢说,《红楼梦》实是我国小说走向现代化文学的第一部巨著。她没有受外界——尤其是西方作品的任何影响;其格调之高亦不在同时西方乃至现代西方任何小说之下。岂非特作者曹霑,天才突出,花样翻新,亦是传统农业经济之社会,逐渐向现代化工商业都市转移之自然成果。曹氏亦如百余年后继起之胡适、鲁迅,是时代潮流冲激下之英雄也。

(六)

抑有进者,我国传统"看的小说",既以江南及沿海和内地日益兴起的工商业城镇中之小市民阶级为基础,而城镇商贾四集,言语复杂(如古今驰名的"扬州盐商"多半系安徽人),如此,则不管"听的小说"

或"看的小说",势必以流行的"普通话"(清代叫"官话")为标准。《儒林外史》之语言,南京官话而夹以皖中皖北之方言;《水浒》则山东土话;《红楼》脂本南京土话至多,程本则经校书人高鹗以北方官话校改之也。

所以中国白话小说,由于市场经济关系,非精通"官话"(普通话)者,不能执笔也。

胡适之先生为一纯文化史家,对社会经济之发展而加于文化变动之影响,既无兴趣,亦无研究。渠每以"白话文"之易于推行、易于学习,实由于早已有通俗白话小说如《红楼》《水浒》等为之先驱。他说来似乎事出偶然,对推行白话,是天助我也。所以白话文一经渠提倡,则群众以此等通俗小说为教科书,风行草偃,遂遍传天下矣。殊不知白话小说之兴起,实市场经济之发展有以促进之。非我安徽老乡吴敬梓、山东老汉施耐庵之才足以压倒状元滚滚、名士如潮之苏杭才子也——经济发展带动社会发展之文化进步使然也。

今日名重海外之苏州才子夏志清教授,讲学著书,英语之外,亦非用"江北话"不可。此非夏氏忘本,不爱其"吴侬软语"——软语吴侬,夏教授爱之深、慕之切也,舍之而用"江北话"著书者,亦市场经济之发展使然也。设夏氏亦以其乡贤之《九尾龟》文体述稿,则志清亦难免"赊酒食粥"矣。

近年来吾友"满洲国人""归化"入"台湾籍"之刘添财君,每与"台独作家"作血肉模糊之笔战,然双方战书所用之文体,仍以《水浒》《红楼》为范本而相互肉搏之。设"台独"诸子,舍我江北土语不用,而用其"台湾(福佬)语"以敌添财,则诸公固早已弃甲曳兵矣,"独立"云乎哉。

一言以蔽之,我国明清以来,"白话小说"之发展,为社会经济发展之必然结果,非偶然也。由于城市经济之发展,始促使"听的小说"转化为"看的小说"。十年辛苦不寻常,一百二十回中体例变动之轨迹固斑斑可见也。

(七)

传统"白话小说"不特语言之使用有其必然性,其文章体裁发展之规律,亦隐然可见。清代末季之章回小说多至一千六百余部(笔者不敏,幼年即读过数十部),然就西方文学标准看来,除《红楼》《水浒》等数种之外,几无可读之篇。吾友夏志清教授熟读洋书,以夷变夏,便以中国白话小说艺术成就之"低劣"为可耻(见夏著一九六七出版英文《中国古典小说史导论》),并遍引周作人、俞平伯、胡适之明言暗喻,以称颂"西洋小说态度的严肃与技巧的优异"。

志清并更进而申之,认为"除非我们把它(按:指中国白话小说)与西洋小说相比,我们将无法给予中国小说完全公正的评断……一切非西洋传统的小说,在中国的相形之下都微不足道……我们不应指望中国的白话小说以卑微的口述出身能迎合现代高格调的口味……"(见夏氏自译前篇)

此一论调,实为"五四"前后,我国传统文明转入西化的过渡时代,一般青年留学生,不论左右,均沉迷西学,失去自信、妄自菲薄的文化心态之延续——只是志清读书满箱,西学较为成熟,立论亦较当年浮薄少年更为精湛,其言亦甚辩而已。然其基本上不相信,由于社会经济之变动,我国之"听的小说"亦可向"看的小说"方向发展,如《红楼》者,自可独创其中国风格,而只一味坚信,非崇洋西化不为功之态度则一也。

志清昆仲在海外文学批评界之崛起,正值大陆上由"批胡(适)""反胡(风)""反右""四清"而"文化大革命"雷厉风行之时,结果极"左"成风;海外受激成变,适反其道而行之——由崇胡

（适）、走资、崇洋而极"右"。乘此海风而治极"右""时文"，适足与大陆上极"左"之教条相颉颃，因形成近百年来，中国文学批评史上"两极分化"之局。

在此两极分化之阶段，夏氏昆仲（济安、志清），以西洋观点治中国小说，讲学海外，桃李满门，加以中英文字之掌握均属上乘，"好风凭借力，送我上青云！"兄终弟及，俨然海上山头；两本书出，竟成圭臬，以海外极"右"崇洋之言论，与大陆极"左"普罗之教条相对抗，亦是"以一人而敌一国"，不才亦时为吾友志清之豪气而自豪焉。

此一"两极分化"之可悲者，则为双方均否定传统、争贩舶来而互相诋辱，两不相让。可悲之至者，则为彼此均对对方之论点与底牌初无所知，亦不屑一顾，只是死不交通，以为抵制。因此偶有辩难，均知己而不知彼，隔靴搔痒，浅薄可笑。

吾人好读闲书，隔山看虎斗，旁观者清；如今海内"极左"者，俱往矣！海外之"极右"者，亦应自知何择何从学习进步也！

（八）

不才落笔至此，必须郑重指出，值此文化过渡期间，他山之石，可以攻错。崇洋、学洋、西化……并非坏事。此一崇洋倾向，岂独文学批评而已，政治改革尤然。试问当年政治革命时期，不论偏左、偏右，何一而非崇洋、学洋、西化也哉。胡适之说得好："我们事事不如人！"吾岂好变于夷者也？吾不得已也！但是不论政治改革也好，搞文学批评、文学创作也好，崇洋、学洋都只是过渡期间的事。如一味"咬洋尾巴"而不放，非"洋"不可，则佛家所谓"着相"、革命家所谓"教条"，则不足取矣。

须知世界各民族各自有其特殊的文化传统、独特的社会发展之取向——"经济发展"（有别于"阶级斗争"）实为推动社会文化变革之主要因素。"经济发展"（由农业及小手工业向大企业式的经济发展）之过渡期如不幸停滞，则一切社会变革均属枉然。此一关如能顺利闯过，则一切体制之现代化均可迎刃而解——文学不能例外也。

忆某次笔者与一加籍同文共乘一国人自办之国际航机往大陆旅行，见其糟乱，内心亦颇有志清于文学上相似的崇洋自卑之心，而同行友人之见识则高余一筹。渠以为机中之糟乱，航空公司固应负责，然乘客之低水平，亦是致乱之源，而乘客之低水平，则由于其平时家居生活水平落后有以致之——斯真一语破的！

同样的，我国的"卑微的口述出身"之白话小说（如今日在大陆仍一枝独秀的《小五义》）之不能"迎合现代高格调口味"，其取决于"作者"之水平者寡，而取决于"读者"之水平者多也。然读者水平之低，则"经济发展"之未过关实有以致之。不知经济社会之情、不通古今之变，而一味以文论文，则"吠非其树"（Barking up the wrong tree）矣。

试问雪芹、敬梓之作，置于现代任何语言、任何说部之间，汝能因其以"卑微的口述出身"，便不能"迎合现代高格调口味"乎？雪芹为之，"食粥"而死。敬梓为之，老病穷愁，吾皖人以为"子弟之戒"！文学上接班无人，经济发展未能突破，有以致之也。

反观英国维多利亚时代之查理·狄更生（一八一二——一八七〇），以一失学失业、"块肉余生"、瓮牖绳枢之子，却能以文笔高雅、天才横溢，其年初逾双十，便暴得大名，一生荣华富贵，至死方休！

东西相较，何曹氏、吴氏命途之多舛，而狄氏则幸运若斯也？社会经济之发展，推动一般读者"高格调口味"有以致之也。

须知"维多利亚时代"之英帝势倾全球，伦敦一城便遍地黄金，其都市化之发展，史无前例。经济发展推动社会前进，其势猛、其进速，世无其匹——吾人但知今日"五条小虎"经济发展之速；殊不知较之维多利亚时代之英伦老虎，仍相去远甚。

十九世纪末期之英国，由于经济发展，而推动文教之前进，致使伦敦一城便绅士淑女（Ladies & Gentlemen）已满街。高帽冲天、长裙拂地。失意之士亦可潜往诸殖民地，其尊荣亦拟于当地贵族（见汤因比自述）——衣食足、礼义兴，而"现在高格调的口味"遂与之俱来。狄更生之属四起，而《小五义》型之作品相形见绌，日久乃为时代淘汰之矣。19世纪之末，欧美"低劣"之"说部"，亦岂下一千六百部哉？只是过眼烟云、经不起时代淘汰而已。当年我国欧美留学生但取其"高格调口味"者而读之，于低劣草根作品不屑一顾，结果见贤思齐，乃崇洋、西化，而认为"一切非西洋传统小说，在中国的相形之下，都微不足道"了——此种向善之心，亦文人之恒情也。

吾人今日如试翻当前欧美子弟所阅读、年出千种之色情、暴力小说（笔者家中地库即藏有百余种），而喟然叹曰：欧美当代以其卑微的、暴力色情出身的"纸背小说"，不合我中华《红楼》、《水浒》读者之"高格调口味"，岂不大谬哉？

总之，《红楼梦》为我国近代最伟大之文学巨著,不可全以西洋"标杆"（yardstick）做测量之准绳也。误以洋人之皮尺量我黛玉之"三围"，而谬说林姑娘"一围"及第，"两围"落榜，我终为潇湘妃子不平也。

一九八六年三月十一日清晨于北美洲

原载《传记文学》第四十八卷第五期

谏友篇
——兼评批唐德刚《海外读〈红楼〉》

夏志清

一、极右派的罪证

唐德刚教授常在文章里开我的玩笑，我从不计较。二十四年的老友了，他要在笔上占我些小便宜，也就由他，反正不会有人相信那些并不可笑的笑话的。上月初在五月号《传记文学》上看到了他的新作《海外读〈红楼〉》（同时刊载五月六七日《中国时报·人间副刊》），发觉他不再善意地开我玩笑，而是在恶意地漫骂了。此文凡八节，前四节用所谓"社会科学处理之方法"（social science aproach）来研究《红楼梦》，主要讲贾府"诸姑娘、奶奶的'脚'"[①]同宝玉的服装和发式。第五节开始攻击夏济安、志清昆仲，给我一个一由崇胡（适）、走资、崇洋而极"右"的大罪名，主要罪证是《中国古典小说》这本书。罪名滑稽，罪证更站不住脚：德刚忘了曾遭海外"左"派学者、大陆官方文人批判的一向是我另一部著作《中国现代小说史》（一九六一年英文本初版，台北传记文学社与香港友联出版社由刘绍铭等编译的中文译本）。

《中国古典小说》（*The Classic Chinese Novel:A Critical Introduction*）一九六八年六月由哥大出版所发行后，获得内行专家一致推崇，书评散见欧美各大东方学、汉学期刊，盛誉至今不衰。②还没有听说过大陆学者在报刊上批判我这本书。两年前大陆访问学者徐朔方教授在普林斯顿大学见到了《知识分子》创刊号上登载的《金瓶梅》章译文，连忙托人征求我同意，要把该章收入在他策划的一本《金瓶梅》研究文集里。苏联东方文学期刊也刊登过《中国古典小说》的书评，有两位苏联汉学家，看了我这本书后，写信来同我交朋友，且把他们的俄文著作也寄给我。《中国古典小说》销行十八载痛遭全面批判还是第一次，吾友德刚的"豪气"和大无畏精神实在是很令人惊佩的。

《中国古典小说》中译本出版一再延期，看样子要到今秋才可交远东图书公司印行。我自己太忙，有好多年译稿未加整理，尤其对不起主要译者何欣教授。假如现成有译本，本文不必写得太长，唐文读者自己可以参阅拙著，看德刚骂人有没有道理。但除了《金瓶梅》这一章，该书其他各章译文早已于十七八年前刊登《现代文学》。这份杂志读者不易见到，可能真会相信德刚，以为我一味"崇洋"而把《儒林外史》《红楼梦》这样的说部巨著，也看得一钱不值了。没办法，只好写这篇辨正，把《海外读〈红楼〉》详加评析。

二、狄更斯改姓成孤儿

《海外读〈红楼〉》和德刚近年来大半文章一样，写得轻浮草率，落笔一点也不谨慎，读了教人摇头。德刚自以为样样都懂，其实好多学问只知其皮毛，文章里有时以内行自居，发些总括性的怪论，令人发笑。德刚写文章，的确自有一格，我在《胡适杂忆》序里曾称之为"唐派新腔"。但他同传统文人一样，太讲究气势了，写文章时不肯做些学术性的准备。因为一查书，可能文气就断了，不如不查书，一口气写下去，文章里错误百出，倒是无所谓的。德刚也太欢喜诙谐的笔调了，为了博读者一粲，歪曲事实，颠倒是非也在所不惜的。

譬如说，德刚明知我是耶鲁英文系博士，对英国文学了解之深之广，远非他所能想象，《海外读〈红楼〉》第八节既畅谈狄更斯（Charles Dickens），事前却不去查查参考书，万一给夏志清抓住了话柄，有损自己博学之名，不是好玩的。但德刚显然对此毫不在乎，大学期间即已"胆大心粗"，到了今天早已练成脸老皮厚，写他不顾史实、不查参考书的学术论文了。论狄氏全段文字笑话极多，且看其气势极盛之首句：

> 反观英国维多利亚时代之查理·狄更生（一八一二—一八七〇），以一失学失业、"块肉余生"、瓮牖绳枢之子，却能以文笔高雅、天才横溢，其年初逾双十，便暴得大名，一生荣华富贵，至死方休！

为了制造滑稽，德刚兄尽可把"狄更斯"写成"狄更死"，当年钱锺书在《围城》里就把小说家劳伦斯之尊姓写成"乱伦事"的。但德刚却在此节文字里两次称呼狄更斯为"狄更生"，真教人大惑不解。中西文史一脚踢的堂堂哥大博士，难道脑筋竟如此糊涂，把狄更斯的姓氏同英国学者G. Lowes Dickinson、美国女诗人爱蜜莉·狄更生混淆在一起了吗？唐德刚现任纽约市立学院东亚语文系主任，所收学生大半是少数民族，自己也对白种人产生了强烈的敌视感。有一次听他演讲，讲起当年有人称呼正在打工的唐德刚为查理（Charlie）或者陈查理（Charlie Chan），看他面红耳赤的怒态，听众莫不为之动容，既然如此，狄更斯的名字用汉文写出，应作

... 187

"却尔斯"而非"查理"。白人老粗称德刚兄为"查理",害他记恨三十年,唐教授自己也无权利昵称狄更斯为"查理"吧!

狄更斯自传性小说《大卫·科波菲尔》(David Copperfield)主角的确是位幼年苦命的遗腹子,因之林琴南把书名译为"块肉余生述",非常妥贴。但狄更斯自己却非遗腹子,双亲都算得上是高寿。父亲活到六十多岁,母亲一八六三年才去世,离小说家的死期(一八七〇)已不太远了。狄更斯幼年的家庭环境不坏,也算不上是"瓮牖绳枢之子"。十二岁家有大变,父亲入狱之前,儿子已因家贫而在伦敦一家厂里当童工了。狄更斯直觉母亲好冷酷,让他去忍苦受辱,因之对她并无爱心。但那位口若悬河、不善理财,因欠债而坐狱的爸爸,他却很喜欢。《块肉余生述》里对待孤儿大卫十分友善的密考伯先生(Mr. Micawber)就是写他。三十年代那部名片《块肉余生》不时在电视荧幕上映出,德刚看样子未读过小说,有空不妨收视。酒糟鼻滑稽明星费尔滋(W. C. Fields)扮演的就是密考伯。

狄更斯一生写作太忙,晚年在英美二国到处演读他的小说,疲于奔命,五十八岁即去世了。相比起来,吴敬梓书香门第,曹云芹出身于帝皇走狗的富裕之家,二人年轻时的确大大享过清福、艳福的!狄更斯实在说不上"一生荣华富贵",小说收入虽多,读者也实在太多,让他喘不过气来为他们服务,这些读者的基本队伍乃是英美加澳诸地的识字市民,只因为那时候中小学教育严格,他们识字甚多,狄氏字汇虽大,小说读来照样津津有味。狄更斯实在不是一位有意"推动一般读者'高格调口味'"之"高雅"文体家。他的小说大半情节复杂、故事紧张,既悲苦又滑稽,都投合了一般市民的口味。相比起来,乾嘉时代,小说钞本、刻本非常贵,远非维多利亚时代廉价畅售的小说可比。《红楼》《儒林》这两部小说当时只有官宦人家、绅缙大户才买得起、看得起。吴、曹二氏在书里讲学问、论词章,也是为了配合士大夫"高格调口味"而如此写的。此点一时说不清楚,只好请德刚兄有暇参阅拙文《文人小说家和中国文化——〈镜花缘〉新论》(载《人的文学》)。此书我曾署名送过他一本的。

三、胆大心粗读《导论》

唐德刚对狄更斯可说一无所知,曾否定下心来细读过一本狄氏长篇说部,那只有上帝和他自己知道的秘密了,我们局外人不必去深究。德刚中国旧小说当然读得很多,因之有勇气来同我较量学问,殊不知研究中国传统小说,不是单凭年轻时读过好多本就算数的。当代不少专家,大学期间即在用功研究此类作品了。像我这样,写完《中国现代小说史》后再认真研读旧小说,年纪大了当然也吃些亏。但同时我国现代名小说我都读过了,古今西洋名小说也读了不少(白本古今小说也读过几种),写起个别作品的评断来,眼光自然与众不同,分量也就不同。评析古典小说当然非自我始,中外学者已发表的专著、论文,必先一一读过,方可谨慎地写下自己的心得、评断和考证。中国小说实在是门国际性的大学问,我自己不谙日文,要参阅日文资料,总感到很不方便。德刚对这门国际性的中国小说学,根本未入其门,实在没有资格写什么小说论文的。[③]但威斯康辛大学周策纵教授同德刚私交甚厚,六年前他在陌地生(麦迪逊,威斯康辛大学所在地)召开一个国际性红学会议,德刚当然在被邀之列,给他机会发表了一篇专以诸姑娘小脚为题的论文。今夏另一国际性红学会议即要在哈尔滨举行,周策纵仍为召集人之一,唐德刚必然被邀(他曾三访大陆,名气比周公还要大),这篇已在《传记文学》《中国时报》发表的《海外读〈红楼〉》,我敢肯定是为哈尔滨赴会而写的。德刚兄公私俱忙,再不会有时间另写一篇学术性而非闲谈式、谩骂式的红学论文了。

德刚既痛斥《中国古典小说》为"崇洋"学者所写最不可靠之"导

论"，他在写《海外读〈红楼〉》前却未把拙著翻阅一遍，最让我感到诧异。该书《红楼梦》章一向是海外教授、学生初读此小说最基要的参考资料，而长期在"海外读《红楼》"的德刚兄好像连这一章也没有读过，或者过去曾读过，早已忘怀了。近年来德刚兄一直公私太忙，饭局太多，因此写《海外读〈红楼〉》，事前就只读了《古典小说》首章《导论》（Introduction），而且读的还只是中译本而非原文。德刚兄称赞我独力同大陆文评家抗衡，"以一人而敌一国"，"豪气"非凡。但他自己却有本领略阅一章而贬低老友一生治学之成就，其豪气之大足比力拔山兮的楚霸王，只可惜临阵作战，粗心大意，毫无军事常识，仅凭大刀阔斧乱斩乱砍，也同兵困垓下的悲剧英雄有些相像。

《导论》章的何欣译文初刊《现代文学》第五十八期一九六九年三月，一九七六年叶维廉教授曾把它收入联经出版的《中国现代文学批评选集》，标题为《〈中国古典小说〉导论》。一九八三年，大陆更有一位刘世德先生，把该章收入《中国古代小说——台湾香港论文选辑》（上海古籍出版社），标题为《中国古典小说导论》（此外可能还有别的论文选辑，载有此章，我未看到）。德刚参阅的必是刘世德那本《选辑》，《导论》文前文后皆未题译者之名，因之唐教授即来一个"大胆的假设"，断定此章为"夏氏自译"！刘世德明明在《前言》里写清楚"译者为何欣"（页一），可惜我们的唐教授读书先看"序""前言"的习惯还未养成，更不谈什么"小心的求证"了。至于"夏氏自译"这个假设，出于德刚自己的"胆大心粗"，也与胡适之老师无涉的。

讲到粗心，不妨再举两三个例子。唐文第五节先讲起"夏著《中国古典小说导论》"这本书，第七节却提到一种"夏著一九六七出版英文《中国古典小说史》"。不知情的读者可能认为夏某人先用中文写一本"导论"，再用英文写了一部"史"。《中国古典小说》英文本一九六八年初版，一查即知，偏偏德刚伏案疾书，不喜因查书而走漏了文气，不如凭记忆写"一九六七"算数。唐文同节谓我在《导论》里"遍引周作人、俞平伯、胡适之明言暗喻，以称颂'西洋小说态度的严肃与技巧的优异'"。拙著首章其实只提了五四时期四位代表人物——胡、周、郑（振铎）、茅（盾）对旧小说的意见，表示左右两派的看法是一致的。俞平伯写些新诗与散文，算不上是五四时期的发言人，我不必去引他。德刚写文章，全凭记忆，偏偏记性又不好。两份稿子寄往台北之前，他也不加以细校，改正些明显的错误，对读者实在太不负责了。寄往哈尔滨的那份稿子想也未加校正。大陆红学家周汝昌、吴世昌、冯其庸等人皆是心细如发的学者，他们看到了唐文，仅凭其文字之油腔滑调、校阅之粗心大意，不知有何感想？

四、删削译文改原意

我常常关照研究生，论文里引录他人著述，切忌多用省略号。假如原文是文言，英文译文里添了几个"……"，读者就会疑心，省略的那节一定字句费解，才把它省略了。假如引文出自近人著述，不论原文是中文还是西文，省略的那节可能论点同作者自己的论点不协调，读者也会起疑心，倒不如全引存真。唐德刚受过严格的史学训练，当然知道这个道理，但有一段录自拙著《导论》的引文，虽是他集中火力攻击的目标，却由他硬加删削，读起来意义不明：

> 志清并更进而申之，认为"除非我们把它（按指中国白话小说）与西洋小说相比，我们将无法给予中国小说完全公正的评断……一切非西洋传统的小说，在中国的相形之下都微不足道……我们不应指望中国的白话小说，以卑微的口述的出身，能迎合现代高格调的口味……（见夏氏自译前篇）

整段原文，唐教授只引了三句，而且每句首尾不全，读来不由人不皱眉头。德刚自己写文章粗心大意，把我整段议论，削得残缺不全，倒是用过一番心计的。看来是老老实实的江北人、合肥佬，却也会暗算人的。没有办法，只好把已由我修正的何欣译文全段抄录下来，让读者知道我在讲些什么。该段原文见英文版页六，何欣旧译见叶维廉《中国现代文学批评选集》页一七六——一七七。

　　　　不管大陆流行的批评风尚怎样，我以为这是不辩自明的道理：尽管中国小说有许多只有透过历史才能充分了解的特色，除非把它与西洋小说相比，我们便无法给予中国小说完全公正的评断。（除了像《源氏物语》等孤立的杰作，一切非西洋传统的小说，在中国的相形之下都微不足道，而在西洋小说冲击之下，非西方国家的现代小说也都采取了新方向。）小说的现代读者是在福楼拜与亨利·詹姆斯的实践与理论中成长的。他预计一个一贯的观点，一个具匠心的创造者构想计划出的统一的人生观，一种独特的风格，完全与作者对其题材的情感态度相称。他极厌恶明白不讳的说教，作者介入的闲话，杂乱无章堆积式的叙事结构以及分散他注意力的其他各种笨拙的表现。但是，即使在欧洲，把写小说当作一种艺术，当然也是近代的发展，中国白话小说既源出小市民的说唱文学，我们更不应指望它会迎合现代人高格调的口味。④

　　该段文字代表我当年对小说艺术的看法。到了今天，差不多所有评家都容许各种形式的小说共存共荣，福楼拜、亨利·詹姆斯只能算至今值得模仿的二位大师，此外大师还有很多。但真正好的小说家该是个具有匠心、统一的人生观和独特的风格的创造者，这句话没有说错。这样的小说家西方很多，而在旧中国实不多见。不管我们如何偏爱自己的文学传统，这个最基本的事实是不容否定的。唐教授认为金圣叹是我国文评家之"一代奇才"，他敢把《水浒传》《西厢记》同《庄子》《史记》、杜诗相提并论而抬高二大通俗巨著的身价，这就是他出"奇"的地方。假如生在今天，金圣叹可能也是位出洋留学的文学博士，遍读世界小说名著（包括我国现代作品在内），也就绝对不会把《水浒》捧得如此之高了。可是明末清初的那位金圣叹，小说实在读得太少，连《红楼梦》他也无福拜读呀！

世界的文学领域如此广阔，假如到了今天我们还只知故步自封，守住祖先留下的那块文学园地，而不想出门游览，吃亏的倒是我们自己。明知道莎士比亚伟大，而竟有人不敢、不屑去读他，只陶醉于杜诗、《西厢》以满足自己的民族优越感，这是什么意思？明知西方大小说家如此之多，却不敢、不屑去碰他们，像德刚这样陶醉于大观园里，每隔几星期、几个月，翻阅几章《红楼》，这又是什么意思？晚上有空，何不少写些应酬文章，多读几部狄更斯、托尔斯泰、陀思妥耶夫斯基的小说？不说别的，多读此类小说，自己对《红楼梦》的领会也就必然更进一层了。当年林琴南不懂一句英文，有人口译狄更斯小说给他听，他大为倾倒，三年之内译了五部。光绪三十三年（一九〇七），他先译了《滑稽外史》（*Nicholas Nickelby*）、《孝女耐儿传》（*The Old Curiosity Shop*）这两部，且为前书写评，后书作序，对狄氏旷世之才赞不绝口。下面这一段录自《孝女耐儿传》序：

> 子尝静处一室，可经月，户外家人足音颇能辨之了了，而余目固未之接也。今我同志数君子，偶举西士之文字示余，余虽不审西文，然日闻其口译，亦能区别其文章之流派，如辨家人之足音。其间有高厉者、清虚者、绵婉者、雄伟者、悲梗者、淫冶者，要皆归本于性情之正，彰瘅之严，此万世之公理，中外不能僭越，而独未若却而

司·迭更司文字之奇特。天下文章莫易于叙悲，其次则叙战，又次则宣述男女之情。等而上之，若忠臣、孝子、义夫、节妇，决脰溅血，生气凛然，苟以雄深雅健之笔施之，亦尚有其人。从未有刻划市井卑污龌龊之事，至于二三十万言之多，不重仪，不支厉，如张明镜于空际，收纳五虫万怪，物物皆涵，涤清光而出见者，如凭阑之观鱼鳖虾蟹焉。则迭更司者，盖以至清之灵府叙至浊之社会，令我增无数阅历，生无穷感喟矣。

中国说部，登峰造极者无若《石头记》。叙人间富贵，感人情盛衰，用笔缜密，著色繁丽，制局精严，观止矣。其间点染以清客，间杂以村姬，牵缀以小人，收束以败子，亦可谓善于体物。终竟雅多俗寡，人意不专属于是。若迭更司者，则扫荡名士美人之局，专为下等社会写照，奸狯驵酷，至于人意所未尝置想之局，幻为空中楼阁，使观者或笑或怒，一时颠倒，至于不能自已，则文心之邃曲，宁可及耶！余尝谓古文中叙事，惟叙家常平淡之事为最难着笔。《史记·外戚传》述窦长君之自陈，谓姊与我别逆旅中，丐沐沐我，饭我乃去，其足生人惋怆者，亦只此数语。若《北史》所谓隋之苦桃姑者，亦正仿此。乃百摹不能遽至，正坐无史公笔才，遂不能曲绘家常之恒状。究竟史公于此等笔墨亦不多见，以史公之书亦不专为家常之事发也。今迭更司则专意为家常之言，而又专写下等社会家常之事，用意着笔为尤难。吾友魏春叔购得《迭更司全集》，闻其中事实强半类此。而此书特全集中之一种，精神专注在耐儿之死。读者迹前此耐儿之奇孝，谓死时必有一番死诀悲怆之言，如余所译"茶花女"之日记。乃迭更司则不写耐儿，专写耐儿之大父凄恋耐儿之状，疑睡疑死，由昏愦中露出至情，则又于《茶花女日记》外，别成一种写法。盖写耐儿，则嫌其近于高雅，惟写其大父一穷促无聊之愚叟，始不背其专意下等社会之宗旨，此足见迭更司之用心矣。迭更司书多不胜译，海内诸公请少俟之，余将继续以伧荒之人译伧荒之事，为诸公解醒醒睡可也。书竟，不禁一笑。⑤

我抄录了这一大段（本身是极有历史意义的文学批评），主要让德刚兄知道，醉心西洋文学——所谓"崇洋"——非自夏志清始，也非始自他的安徽乡贤胡适之和陈独秀，连不谙西文的桐城派古文学家林琴南先生，有人口译小说给他听，他也对狄更斯、对西洋文学表示五体投地的崇拜。货比货，实在没有办法，我们也不必为自己的祖先感到脸红。《孝女耐儿传》不算是狄更斯的杰作，但林琴南想来想去，我国说部里面，也就只有一部《石头记》可拿出来与之抗衡。最使林琴南吃惊的，"狄更斯书多不胜译"，吾国文人终其生写完一部大小说，就很了不起了，狄氏一人写了二十多部，而且每部都是亲笔手抄的。假如天假以年，还有写不完的小说可写。林琴南拜服狄氏，甘为西洋文学的译手，但"崇洋"之风当然也非他所倡导的。明神宗看到西欧神父进贡的钟表仪器，也就珍奇不已。乾隆皇帝对郎世宁的画也万分珍视。郎世宁根本算不上是西洋名画家，但他画马像马，画人像人，比起清初四王的山水画来，毕竟也令人耳目一新。

但话说回来，中国传统的绘画、音乐、建筑比起西洋传统的来，论历史演变之丰富多彩，简直没法子相比。吾国三千年的文学传统倒的确可以同欧洲传统较量一番的。因之录自《导论》的那整段译文里有一句放在括号内的按语（"除了像……新方向"），主要说明中国小说虽比不上西洋小说，比起其他地区的小说来，确足十分优越的。除了《源氏物语》那几本孤立的杰作外，那些地区的小说传统都是"微小足道"的。这句六十四字的按语，德刚只摘录了二十三字（"一切非西洋传统的小说，在中国的相形之下都微不足道"），怪不得连他自己也看不懂了。他想我一定在贬中国小说，因之读起来"此语实欠通"了。不管他真糊涂还是假糊涂，他把引文删得不成体统，借以制造我鄙视中国小说之印象，实在是很不道德的。

我们若把繁简二段引文的最后一句相比，也同样能看出唐德刚在做手脚，凭删削原文的手段来达到严重地改动此句原意的效果。该句意思，中国白话传统小说，果不足迎合现代人的高格调口味，但欧洲小说出身也不高雅（按：法国十七世纪即有贵族妇人写出极细腻的小说，情形较特殊），要到"近代"（十八世纪中叶）才有人"把写小说当作一种艺术"，同中国的情形很相似。德刚把上半句切掉，给人的印象好像我故意在污蔑中国小说。

五、恶意类此竟无道理

上节证明唐教授把《导论》里一整段大加删略，再把那段残缺不全的引文，妄加评断，要人相信我乃"不屑一顾"中国旧小说之"崇洋"派。不仅此也，全文凡有讲到我的地方，德刚兄必然费尽心机，要在遣词造句方面给我制造一个人品不正、人格可疑的形象。他要读者相信，一个行为卑劣之人也就写不出什么值得信赖的文学批评。我是苏州人，对至今乡音难改、一口合肥话的唐德刚来说，"苏州"本身就是文字上做手脚的好题材：

> 今日名重海外之苏州才子夏志清教授，讲学著书，英语之外，亦非用"江北话"不可。此非夏氏忘本，不爱其"吴侬软语"——软语吴侬，夏教授爱之深、慕之切也，舍之而用"江北话"著书者，亦市场经济之发展使然也。设夏氏亦以其乡贤之《九尾龟》文体述稿，则志清亦难免"赊酒食粥"矣。

夏志清苏州人，原没有什么可笑，但"吴侬软语"早给上海话打败，对不习惯听吴语的人来说，反而有些可笑了。到了今天，《九尾龟》读者甚少，大家以为它只是一部"嫖妓指南"式的狎邪小说，也就更觉得它可鄙了。德刚兄既一口咬定我对"软语吴侬""爱之深、慕之切"，同时再咬定《九尾龟》作者乃姑苏"乡贤"，我的同乡，我这个人就显得可笑可鄙了。引文首句的捧场话——"名扬海外之苏州才子"——也变成"反讽"了。（"名扬海外"四字当然也不怀好意："崇洋""走资"的夏志清，"海外"可能名重，但海内的有识之士对他却并不重视。）

稍加分析，这段引文——逻辑、事实皆是不合的。当年江北人一到上海，受累于乡音，总想把它改掉，免得一开口，人家还以为他是理发师或拉洋车的。好多地区的人，一到上海、北京、香港诸大都市，对其乡音就并不感到有什么可爱了。我自己高一上学期在上海郊区沪江大学附小住读，同学笑我的"吴侬软语"，我就慢慢改讲上海话了。到今天要我多讲几句苏白，反而觉得吃力而不自然了。其实我从小即对故乡苏州并无好感，觉得街道太窄，早晨臭气冲天，一般居民懒洋洋毫无精神，算是什么人间"天堂"！

我虽不喜苏州，但即在今日，出类拔萃的"乡贤"真也不少——纽约、波士顿二埠即有贝聿铭、李政道、王安这三位真正"名重海外"的大人物了。德刚自己也承认，苏州向来"状元滚滚，名士如潮"，却偏偏要提那位不太著名的《九尾龟》作者张春帆，大约表示我同此人人品相仿吧。德刚不知，张春帆虽"侨居吴中有年"（魏绍昌编《鸳鸯蝴蝶派研究资料》，页四八三），却是常州人，同我根本拉不上什么同乡关系的。

唐德刚自称读过数十部晚清小说，不知这部写于清末民初的《九尾龟》算不算在内。胡适之先生的确曾称之为"吴语小说"，这并不是说全书皆用吴语写成的呀！张春帆记录妓女道白才用苏白，其他对话、叙事、描写、议论皆用普通白话，即德刚所谓之"江北话"。写到性爱场面，张春帆必用骈俪文，但寥寥数句，含蓄而不露，一无黄色的嫌疑。德刚谓假如我不贪稿费、版税，必然"以其乡贤之《九尾龟》文体述稿"——我在文学评论里既用不到写什么妓女道白，按照张春帆小说的文体，也还是用普通白话。哪里听说过有人用苏白写文学评论的？德刚恶作剧式的开玩笑，实在是一点意思也没有的。说起来，他自己写小说，可能会用得着苏白。他的长篇《昨夜梦魂中》已在纽约《北美日报》连载了三百多天了。梦魂中可能会看到当年苏沪一带说苏白的小脚妓女。为了写实起见，德刚倒真应该去学写嗲声嗲气的"吴侬软语"。

德刚先把我写成爱慕吴侬软语（当年大江南北高级妓女皆一口苏白）而原想用"《九尾龟》文体述稿"的"苏州才子"，到文章末了，我就顺理成章的变成"急色西化之美国教授"了。但嫖妓一向是中国自古有之的一门大学问，妓院、妓女种类繁多，配合各色人等"急色"之需要，相比起来，在希腊以来的西洋文化在这一方面要落后得多了。我国开始"西化"以来，才感觉到女人也是人，要他们操皮肉生涯实在是非常不人道的，因此至少在原则上，任何卖淫行业国家都要加以取缔的。不像晚清、民初那时期，江南地带的达官贵人，殷实商贾，晚上要在长三堂子里谈生意、摆酒席的。

德刚拼合"急色""西化"为一词，让我们想到先有鸡蛋还是先有鸡的问题。看不懂《红楼》的美国华籍教授远不止我一人，是否他们先"急色"而后转向"西化"呢？还是他们早已"西化"了，而后必然"急色"的。在我看来，华籍美国教授不管如何"急色"，绝少堂而皇之公开出入舞厅妓院的。胡适之先生提倡"西化"最早最力，却绝非"急色"登徒子之流，这点当然德刚兄知道得最清楚。相反情形，留学生胡适刚去北大任教的那几年，与他不合作的那几位精通国学的文史教授，思想十分顽固，纳妾嫖妓对他们来说，倒是稀松寻常之事。

六、多少脚，昨夜梦魂中

辜鸿铭华侨出身，胡适刚去北大时，他也在同校教授拉丁文。此人从小在英德二国受了高等教育，英文之"棒"，连林语堂也大为佩服，胡适当然更比不上他了。但思想顽固，泰西贤哲读得再多也没有用，即在民国时代，辜鸿铭也是蓄辫、蓄妾、蓄长指甲的。二十年代初期，英国作家毛姆特去成都访他。⑥辜老先生虽满口仁义道德，充满了民族优越感，毛姆一眼看去，一口破缺不全、天地正色（玄黄）之牙，背后一根辫子，英文讲得再漂亮，劈面印象总不太佳。毛姆稍作打听，更知道这位年逾花甲的瘾君子兼卫道者，却也是当地妓院的老主顾。辜老先生的妙喻当然大家都知道，男人是茶壶，四周总得放几只茶杯，以供茶壶老爷"急色"灌注之方便。假如近年来，我对传统中国的看法愈来愈同胡适之先生接近（《中国古典小说》写作期间，我还没有看透旧中国之黑暗），称得上"崇胡"，德刚自己如此留恋过去，维护传统，真称得上是辜鸿铭的后裔。当然若同辜老头相比，德刚诚然身体壮、牙齿白（"西化"还是有其好处的），也只好喟然长叹：余生也晚，再也享受不到他那时代中国男子的种种特权了！

德刚近年来发表了两篇《红楼》论文，都讲些小脚、辫子之类一般现代中国人不爱谈及的东西。这远不稀奇，抗战期间的大学生唐德刚"早在史系学刊上撰写万言长文曰《浅论我国脚艺术之流变》以申述之。大观园中，诸姑娘、奶奶之'脚'，固均在详细玩摩之列也"。德刚写此段文字，颇露得意之情，少年学子能有研究成果发表，总是值得庆贺的。但四十多年来，《红楼》不知读了多少遍，德刚"详细玩摩"的还只是小脚、辫子这类旧社会象征品，虽自称以"社会科学处理之方法"来处理《红楼》某些小问题，实在不足以自傲的，这类"狎玩"式的研究，总带些民国前清遗老、遗少的味道。

中国近代史大题目太多，一般严肃的学者难得有机会讲到小脚妇人。唐德刚只要一讲到旧式妇女，就会想起小脚。胡江冬秀从小缠脚，因之德刚即在《胡适杂忆》专讲女人的一章里大谈小脚。从胡夫人那一双回忆到童年乡村大家庭看到一两百双老妇人的脚："天老爷！小脚、中脚、大脚，可以排出一两连老太太兵来！真是阅人多矣！"⑦写此段文字时，德刚已届望六之年，却还忘不了那几双小脚：

如今只身漂流海外，祖国地覆天翻……午夜梦回，这几只"小脚"太令我怀念了。它们的无形消逝，我想起来，如何悲痛——我怀念她们！⑧

德刚怀念她们，因为这些小脚老太太都是"重男轻女"的，唐府大少爷生下来她们就宝贝他，比那位经常"吹胡子、瞪眼睛"的严父显得"慈祥"得多了。德刚只想到自己童年的快乐，因之连她们的小脚也"看来并不十分'丑陋'或'落伍'"了。他从不会进一步想想，这些老太太一生吃了多少苦，才侥幸熬出头，过一个比较太平的晚年的。她们幼年缠了脚，就等于生了一场无法根治的轻性小儿麻痹症，且不说其他了。

我和德刚正相反，年纪愈大，愈感到旧社会中国女子之可怜——先母、先祖母从小缠脚，从小未受书本教育，都是彻底的文盲，活在世上一生，行动如此不方便，一切靠人家，我至今为她们叫冤抱屈。祖母尤其可怜，早年守寡，生了四个孩子，养活了三个。子女年长后，就轮流寄居大儿、二儿、四女家，自己无权无钱，总会受些媳妇、女婿的闲气，只好忍着不发作。到了六十岁、七十岁，两个儿子也会为她祝寿，但晚年吃两顿酒席，对她又有什么好处？记忆中，祖母从未出门看过一场电影。上街买菜也没有她的份，小脚老太太怎可独自行动？从苏州护送到上海儿子家，再从上海送回苏州儿女家，祖母一生仅有几次机会乘火车，才看到一些田野景色。抗战那几年，火车旅行不方便，我家赁居的房子太小，她就一直住在卡德路大伯父家。我们兄弟每次去伯父家，祖母当然非常高兴，一定要给我们一人一碗麦片粥充饥。她每月少许零用钱，买了一罐桂格麦片（Quaker Oats，至今仍是美国最经济实惠的食品），大概所余无几了。但做长辈的，小辈来访，不能不给他们吃一点东西呀！当年我吃了麦片，也不去联想到祖母的处境——自己是二房二少爷，吃祖母一碗粥是应该的。自己用功读书，家里母亲、女佣服侍我也是应该的。现在想想祖母守寡一生，再想到宋代以来所有缠了足、离不开家的女文盲，我对那个旧社会实在一点好感也没有。

七、评断小说非易事

德刚有句话说得很对："治中国文学史者，如对中国社会发展史毫无概念，只一味批卷子看文章，而臧否作者，则批者纵满腹洋文，全盘西化，亦终不免八股习气也。"中国台港地区和美国的中国文学研究者受了晚近西方文学理论的影响，"八股"习气的确愈来愈重，只要翻看中英文高级文学研究刊物，就心里有数。一九七六年初写《追念钱锺书——兼谈中国古典文学研究之新趋向》此文，我就公开指斥洋八股，只可惜德刚对晚近中西批评界行情不熟，还以为我是"洋八股"的代表人物："不知经济社会之情，不通古今之变，而一味以文论文，则'吠非其树'矣。"其实我自己一直在劝告同行：

　　……可是我相信我们在美国研究中国小说的人，也应该开始注意文学作品、人生、社会、政治和思想互为因果的齿轮关系了。这种"一炉而冶"的研究方法，其实也不一定伤害一部文学作品结构的完整。这方法绝对行得通，已故批评大家Lionel Trilling，不早就给我们可援的杰出先例么？[9]

比起德刚来，我研究我国著名说部，不仅注意到中国社会发展史，凡是让我们对这部作品有更深刻、更全面的了解的任何事物，我认为都值得重视。因之我在一篇近文里一再强调研究任何值得研究的小说，"应以认真严肃的批评眼光检视其艺术架构及意识形态架构，并进而从多方面（作者生平、文学、社会、哲学等方面）加以探讨，牵引出这些作品蕴含的全部意义[10]"。晚近年轻学者之间，套用最新西洋批评理论来检视吾国古典作品者，很多很多，他们不止不懂中国社会发展史，对中国文学发展史也没有多少认识，发表的研究成果，大多是"洋八股"，实在没有多少参阅价值的。只可惜唐教授骂错了人，我在十年、二十年前就注意到这个问题了。请参阅拙著《人的文学》里《劝学篇》《人的文学》诸篇。

德刚一口咬定我为"全盘西化"的"洋八股"，连《红楼梦》这样的杰作也未必能欣赏，因为太依赖西洋的"标竿"了。唐文结尾如此写道：

　　总之，《红楼梦》为我国近代最伟大之文学巨著，以西洋"标竿"（yardstick）作测量之准绳，终不足取。设以洋人之皮尺，量我黛玉之"三围"，而谬说林姑娘"一围"及第，"两围"落榜，我终为潇湘妃子不平也。

事实上，吾国旧式读者和"西化"评家一致公认《红楼梦》为"中国近代最伟大的文学巨著"，唐文结论如此，并无半点新意。《中国古典小说·红楼梦》章一开头就肯定该小说的无比伟大：

　　《红楼梦》（一七九二年初版刊行）是中国小说中最伟大的一部。从李汝珍的《镜花缘》到刘鹗的《老残游记》，好多值得注意的清代小说产生于《红楼梦》之后；到了民国时代，中国小说更吸收了西方的影响而沿新的方向发展。但即使最好的现代小说，无论在深度或广度上，都不能同《红楼梦》相比：中国现代小说家诚然能使用新技巧，但除了极少数例外，他们因循中国文学传统，缺乏哲学家的雄心，不能探究较深入之心理真相。为了表示对当代中国文学的轻蔑，一位饱读古文学的学者"沈刚伯"曾这样问："过去五十年来的作品，有哪一部比得上《红楼梦》？"但我们也可怀着得到否定答复的期望去反问他："《红楼梦》之前，又有哪一部作品堪同它相比呢？"约在六十年前，首先把西方思想应用于中国文学研究的大学者王国维也毫不含糊地肯定《红楼梦》为所有中国大部头作品里，唯一充分具有悲剧精神的一部。可是王国维主要称赞《红楼梦》作者在一个苦难世界中不懈地努力追求人生的意义，但在一部小说中，哲学不能同心理学分开——《红楼梦》不但具体表现了中国文学中的最有意义的悲剧经验，也是中国文学中心理写实最上乘的作品。⑪

德刚以传统"标竿"作测量之准绳，只认《红楼梦》为"我国近代最伟大之文学巨著"；对我来说，《红楼梦》不止是部"最伟大的"的中国小说，也是中国最伟大的一部文学作品。和它有同等文艺价值的《史记》和《杜工部集》都是单篇叙事文、诗歌集合起来的。《红楼梦》却是前后连贯、人物繁多的一部大书，更难能可贵。我不写旧诗词，比起德刚来，传统玩意儿学得太少，但国学大师王国维的诗词造诣总比唐教授高得多了吧，而他那篇《红楼梦评论》偏偏是借用西方悲剧观点写出来的。王文之前的《红楼》评论读来当然也很有趣的（见北京中华书局《红楼梦卷》一、二册），但不看也没有什么关系，真正评论的开端是王国维这篇论文。我自己可说更进一步，一方面审视《红楼》为中国文化传统之产物；另一方面西方文学、文学批评看得多了，自己对《红楼》的看法总比吾国过去评者更深入一点。德刚自己的"社会科学处理之方法"当然也是西法治学，古代中国是没有的。德刚若无西法可恃，专讲小脚和辫子，文章就显得更无聊了。

八、林黛玉与梅兰芳

德刚《红楼》文以黛玉"三围"不合西洋标准事结束，表示西洋"标竿"不可取。此类比喻其实是毫无道理的。德刚心目中想以玛丽莲·梦露为西方美女标准，上下二围宽而中围极细。其实梦露走红时代，胸部平坦的奥黛丽·赫本也红得发紫，大受影迷的爱戴。当年英国首席模特儿苗条女士（Twiggy）比赫本后起多年，此姝体重仅八九十磅，连发式都是男孩子型的。近年来她在银幕上、舞台上主演歌舞喜剧，也还算走红。西洋人只爱三围合格的女子，正像西洋人只有物质文明而无精神文明这句老话，都是中国人自己想出来借以自慰的那种不通的道理。

再者，赫本、苗条女士虽身瘦体轻，却很健康，一无肺结核之嫌疑。我们的潇湘妃子情形就不同了。她刚同宝玉相会的时候应该很美，但不多久身体转弱，也就美不到哪里去了。因之我在《红楼》章———特别强调她的病体病容，借以纠正一般读者（包括德刚在内）对林姑娘所存的幻想：

> 曹雪芹虽然也把她写成一个非属人间之美的意象，但他以她的身体衰弱过程写她那愈来愈深的感情病态时，他并没有放弃使用生理上的细节。在黛玉做那场恶梦的时节（第八十二回），所有青春康健的迹象都已弃她而去。她自己说，一年之中只有十个夜晚她能好好睡；同时她毫无精神，要在床上一直躺到中午。她常常哭，所以眼睑经常是肿的。这场梦在她步向死亡的路上是个更进一步的里程碑：那天晚上她咳嗽得痰里带血……[12]。

当年鲁迅读了《红楼梦》之后，也以为林黛玉"该是一副瘦削的痨病脸"，因之后来在北京照相馆里看到了梅兰芳"黛玉葬花"的剧照后，颇感诧异，"万料不到黛玉的眼睛如此之凸，嘴唇如此之厚的⑬"。鲁迅在他的杂文里一向爱挖苦梅兰芳博士；《论照相之类》（一九二五）此文更挖苦了一般中国读者、平剧顾客，甘愿以梅博士美似麻姑的"福相"来替代曹雪芹笔下的黛玉形象。对一个真正严肃的读者来说，《红楼梦》不止是部"怡'情'、悦'性'"的"'意淫'之巨著"（德刚语），当然也不止是部"词美意深的诗词集"，⑭荣宁二府所见到的一切不健康、不干净、不人道的事物、事件都该值得注意、重视。鲁迅对音律、对一切传统玩意儿要比德刚懂得多，但他绝不会沉醉于《红楼》的诗词、意淫世界而不想走出来。他看到的倒是黛玉"一副瘦削的痨病脸"，至于她的三围尺寸，作者既未提及，关我们什么事？但我国老派读书人，都有"肥皂"主角四铭先生之癖好，诵读戏曲小说出神，真想拿两块肥皂，给崔莺莺、杜丽娘、薛宝钗、林黛玉"咯支咯支遍身洗一洗"，这样也就有机会去量她们的三围了。

唐德刚大学期间发布的第一篇论文讲"中国脚"，来美后发表的第一篇名文是《梅兰芳传稿》，处处显出他对梅博士男扮女装的艺术赞赏备至，简直把他写成一个绝色女子：

> 但是兰芳一小便绝顶聪明，更生得明眸皓齿，皮肤细腻白皙，指细腰纤，真是浑身上下，玉润珠圆。而最奇怪的是他自小便生得一副谦和脆弱的气质，柔和得像一个最柔和的多愁善感的少女。⑮

当年把梅兰芳捧红的京沪小报记者，写起文章来大概也是同一笔调，但德刚是受过史学训练的，写《传略》时已是哥大研究生，实在不必用这种笔调来自我陶醉一番,读来让人感到浑身不舒服。德刚对中国旧社会那些不再流传或者即将失传的习俗风尚——男子蓄辫,女子缠脚,乾角唱青衣——实在太想念、太感兴趣了。可惜到了今天,四大名旦皆已物故,当年卫护德刚少爷的一两连小脚兵也都化为土壤或者尘埃了(其中五十年代火化的可称之为"五十年代底尘埃")。时已不再,要重睹那几双小脚,或者梅兰芳的"指细腰纤",只好求之今夜、明夜以及此后无数的梦魂之中了。

九、批夏之政治用意

《海外读〈红楼〉》不止骂我"全盘西化",敌视传统,也给了我"极右"派的政治罪名。德刚认为从五十年代到"文化大革命",大陆"'极左'成风"。而我自己"受激成变,适反其道而行之——由崇胡、走资、崇洋而极'右'"。表面上,好像对我很恭维:我同野史馆长刘绍唐兄一样,"以一人而敌一国",连德刚自己"亦时为吾友志清之豪气而自豪焉"。但我治文学则一心一意治文学,尤其《中国古典小说》这本书,除了《导论》这一章提到一些当代政治外,简直同政治一无关系。明清六大小说都是旧时代的产物,我若专以所谓"极右"派思想去评判这些小说,也会同有些学者一样,显得脑筋太简单。一部从其他角度看来十分拙劣的作品,仅凭其配合左派或右派胃口的正确思想,是绝不可能加分而称之为"上品"的。德刚所貌视的"以文论文"还是批评家最主要的考虑。我研讨六大小说,从未"一味以文论文",但也从未忽略了"以文论文"的重要性。

唐德刚认为大陆"极左派"和海外"极右派"(夏氏昆仲)都"否定传统,争贩舶来而互相诋辱,两不相让。……(双方)均知己而不知彼,隔靴搔痒,浅薄可笑"。史学家最起码要有尊重史实的美德,不可乱造谣，乱编谎话。六七十年代，大陆文学界几乎从未读过我的英文著作，可能连我的名字也没有听到过，我哪里会有资格遭骂？但大陆文人、评家不知我为何许人，我自己一九五一年开始即注意大陆文学，为什么我发表的研究成果，只能算是"隔靴搔痒，浅薄可笑"？是否我得亲往大陆，同那些作家、批评家在宴会上建立交情后，才谈得上对他们有深刻的认识，而且写的评论就能直搔脚心的痒处了？德刚自己早已三访大陆，日内即要直飞北京，再转往哈尔滨开红学会议。酒席吃得多了，人情债欠得多了，怪不得德刚近年来写的大陆旅游报告、感想，愈来愈给人"浅薄可笑"的印象了。

大陆学界、文艺界普遍注意到我这个人，是在一九七九年港版《中国现代小说史》（友联出版社）问世之后，到那时"极左派"四人帮早已身败名裂，绝无可能同我"互相诋辱，两不相让"了。但我的《小说史》却在大学生、研究生间流传很广——友联运往大陆推销的册数一定不太多，但想来每一本都有不少暗相传阅的读者。同时该书好多章都已编入个别作家的研究资料汇编里（我看到的即有鲁迅、茅盾、沈从文、张天翼、师陀等五种），公开发售。一九八三年夏我从汉城飞大陆省亲，顺便也拜访几位我曾在书里肯定其成就的作家（沈、张、师之外，还有钱锺书、吴相湘、端木蕻良），他们对我既感激又尊敬，至少不认为我的评断"浅薄可笑"。近年来我倒有三位来自大陆的研究生跟我念书——他们同不少书面请教或登门拜访的大陆青年一样，未来美国即已读了我的《小说史》了。其中一位即《革命之子》作者梁恒，另二位姑隐其名，德刚都见过，都是很优秀的文学研究者。

德刚称我为"极右"，主要表示我同"极左派"等人同样可恶，而且可能有同样不光荣的下场。君如不信，请看唐文第七节结尾一段警告：

  吾人好读闲书，隔山看虎斗，旁观者清；如今海内"极左"者，俱往矣！海外之"极右"者，亦应自知何择何从学习进步也！

想不到德刚老友写《红楼》文主旨是要求我"进步"！他自己这几年来，所作所为是够"进步"的了。

七八年前，德刚为适之先生盖棺论定："熟读近百年中国文化史，群贤互比，我还是觉得胡老师是当代第一人。"⑯时至今日，"崇胡"也变成一个罪名了。我的另外三个罪名——"走资""崇洋""极右"既皆因"崇胡"而得，看样子胡老师自己至少也得担当这三大罪名了。目今大陆学术界对胡适其实十分看重，把他的日记和来往书信也加以刊印，想不到唐德刚自己反而回到大陆学者、文人集体"批胡"的五十年代了。

假如德刚珍惜自己的名誉，写《海外读〈红楼〉》之前，应作如此考虑：适之先生是我的恩师；我和夏志清政见虽不同，也是二十四年的老朋友了。我曾恳求他为《胡适杂忆》写序，他却从来没有求我写过一篇序、一封推荐信，为他谋过一个职位呀！把自己的恩师、旧友打成"走资""崇洋"的"极右"派，在道义上总有些说不过去呀！

唐德刚当年专治史学，根本算不上是文学评论家。对海内外内行来说，《海外读〈红楼〉》此文立论如此不通，但见大胆骂人，而无细心求证，我尽可置之不理。但文章既在《中国时报》《传记文学》上发表了，大半读者并非内行，对红学所知亦极浅，可能为德刚所蒙蔽，不得不写篇答辩。这，我想，是唐德刚唯一的胜利；我放下更重要的工作，去对付他无聊的挑战，浪费了不少时间。但文章是为德刚写的，我真希望他好好静下心来多读几遍，以求有所觉悟。在做人、治学、写文章各方面自求长进。否则我辛辛苦苦写了一万八千字的谏友篇，仅为海内外读者们制造了一个酒后饭余笑谈的资料，实在太可惜了。

纽约，一九八六年六月八日完稿

原载《传记文学》第四十九卷第二期

注：

① 《传记文学》一九八六年五月号（总号第二八八号），页二八。本文此后所有《海外读〈红楼〉》之引文，皆录自该期《传记文学》，页二六——三三，不另加注标明页数。其他非录自此文之引文皆加注指明来源及页数。

② 请参阅一九六八——七〇年间下列学者所发表之书评：刘绍铭（*Journal of Asian Studies*）、Cyril Birch 白之（*Monumenta Serica*）、Patrick Hanan 韩南（*Harvard Journal of Asiatic Studies*）、柳存仁（*T'oung Pao*）、D. E. Pollard（*Bulletin of the School of Oriental and African Studies*）、庄信正（*Criticism*）、丛苏（清华学报 *tsing Hua Journal of Chinese Studies*）。此类资料我自己收集已不全，有兴趣的读者可往图书馆借出刊印书评的那几期期刊阅读。

③ 唐文提到"职业化之'讲书人''讲古人''说书人'——夏志清教授所谓之'说话人'"。看样子，未读《导论》中译之前，唐教授从未听到过"说话人"此词，表示他十足外行。有空德刚不妨参阅老前辈小说专家孙楷第先生《宋朝说话人的家数问题》《说话考》诸文，见《沧州集》上册（北京、中华书局、一九六五）。

④ 请注意引文最后一句中之分句"中国白话小说既源出小市民的说唱文学"同唐之所摘录之何欣译文——"中国的白话小说，以卑微的口述的出身"——文字上很有出入。此处原文为"colloquial Chinese fiction, with its humble oral beginnings"。何欣把 humble 直译为"卑微"，欠妥，容易造成误解。唐德刚果为译文所误。

⑤ 阿英编：《晚清文学丛钞：小说戏曲研究卷》（北京、中华书局、一九六〇），页二五二——二五三。

⑥ 访问记录见 Somerset Maugham, *On A Chinese Screen*（伦敦、一九二二）：*A Philosopher*。

⑦ 唐德刚《胡适杂忆》（台北传记文学出版社，一九七九年），页一八二。

⑧ 同书，页一八三。

⑨ 夏志清著、刘绍铭译：《中国小说，美国评论家》（上），载"《中国时

报·人间副刊》"（一九八三年十二月三十日）。

⑩录自夏志清著、欧阳子译：《〈玉梨魂〉新论》，见夏志清、林以亮、余光中、黄国彬著《四海集》（台北皇冠出版社，一九八六年），页一八——九。

⑪译自C. T. Hsia, *The Classic Chinese Novel:A Critical Introduction*（哥大出版所，一九六八），页二四五—二四六。

⑫译自同书，页二七六。

⑬《鲁迅全集》（香港文学研究社，一九七三）第一册，页二九二。《论照相之类》原集《坟》，一九二七年初版。

⑭好友某，以散文著称于世，对唐德刚推崇《红楼梦》里的诗词，大表异议。他来信说："唐兄不是研究文学的，所以说错了话。《红》里面的诗并非上乘，二流都不够，他何以崇之甚？黛玉《葬花词》抄袭唐人刘希夷的《代悲白头翁》，故不能算创作。可见隔行如隔山。"此段特录下，供德刚兄参考。

⑮唐德刚《五十年代底尘埃》（台北传记文学出版社，一九八一年），页一〇〇。

⑯《胡适杂忆》，页一五二。

对夏志清"大字报"的答复

（一）夏教授的"大字报"

夏志清先生最近撰写了一篇两万言的长文，分别在台北的《联合报》《传记文学》和纽约的《世界日报》同时发表，对我作极其下流的谩骂和人身攻击。纽约的《世界日报》并以特大号标题"评批唐德刚"，用两整版篇幅和售报最佳的周末，全文推出。把我弄得名扬四海。

夏氏此文的体裁，简直与大陆上"文革"期间，红卫兵和无耻文人在"大字报"上，对"学术权威""白专路线""牛鬼蛇神"所作的"上纲上线"的人身攻击如出一辙。用尽下流字眼之外，还要"扣帽子""打棒子"，作政治性的栽诬！夏氏虽然自称是六五高龄，"一生没有跟所谓进步分子学习过进步"，其实，他已把"最进步的"红卫兵写"大字报"的一切手法，学得惟妙惟肖。可说是青出于蓝，白胜于红。

且看他那一段自抬身价的"批夏的政治用意"，写得多么巧妙！

如果，我也像他一样的为人，用"油腔滑调"之笔，回敬一下，写一本十万字的《降落伞下传奇》（Jonathan Hsia's Romance），来揭露夏氏的

"真面目"（且引夏氏原文），让读者笑破肚皮，岂不快哉？老夏，我唐某纵不学无术，究为教育界中人，不忍为此，更不屑为此——文到手边，打住了。非不能也！

（二）自骂和自捧

用下流话骂人已属下陈，夏氏还要"唱戏抱屁股"，自捧自。说他自己的著作，"内行一致好评""盛誉至今不衰"。又说他自己的学问之深，之广，非别人"所能想象"等等，可谓肉麻当有趣。

就凭他这自吹自捧的西洋习惯，夏氏就逃不了我对他的批评："用西方观点，治中国小说。"洋人宴客，总会自吹"我的菜如何如何之好"；中国人则反之，说，"今天的菜如何如何不好"。据说，从前有一位中国驻欧公使宴客，就为说了这句中国客套话，而险被洋餐馆老板告了一状。

中、西观点之别大矣哉。我不敢妄评中西习俗之优劣，只论"夏志清用西洋观点，治中国小说"这个事实，为黛玉喊点冤罢了。想不到，竟被以西洋观点作文学批评的夏教授对我贴了张两万言的"大字报"！这与那西洋餐厅老板用西洋观点要控告那中国公使，不是一样吗？

（三）疯气要改改

我不但要以"谏友"的身份劝夏教授改改他"大字报"的文体，还要劝他把日常行为中的"疯气"稍加收敛。

举个比较文明些的小例子：

一次国府驻纽约的协调处邓权昌处长伉俪，邀我夫妇吃饭，其后又约我们参加庆祝"双十国庆"。我如期而往，一进正厅，在人潮汹涌之中，首先便碰到夏志清。他一见我，便大吼道："唐德刚，你这个'共产党'

到这儿来干嘛？"

夏氏之吼引得千人瞩目，我真不知如何回腔才好。王洞嫂觉得尴尬，就把他拉走。谁知他绕了个圈子回来，又照前再来一遍。场面弄得更为难堪，使做主人的权昌兄嫂也下不了台。此事如从轻处说，夏氏是疯疯癫癫而已。如用他写"大字报"的语调来说，那他就是"丑表功"，扣别人帽子来赚政治资本！

我当时忍气吞声，只觉得老夏像个疯子，以后避避他就是了。不幸，我二人在文化界的共同朋友太多，避不胜避。而每次相遇，他总要借酒装疯，或用下流的言词，或细人扬己，使对方回骂亦不是，沉默亦不是。

在无数次忍让之后，我仍然没有怀疑他的动机。今读其两万言"大字报"，我才大悟。夏志清并不简单，真把他当成疯子，就太小看他了。但多少年来，我也曾感觉到他的行为有点不可解。因为夏先生的"疯"，是因人而异的。在哥大某些权威人士（当然是白人）之前，他总是驯如佳儿，静如处子，未见他"疯"过一次。对某些华裔朋友，他也只是背后嘀咕，当面绝少轻言妄动。

在其他场合，他的动机可能也有欠纯正。因此，他才以小人之心度人，竟说我提《九尾龟》一书，意欲指他是个"嫖客"。此一联想，实是不打自招。

（四）学问倒不妨谈谈

夏先生当然也会说，这场笔战是我惹起的。诚然，我曾写过一篇小文章，引了他大著里的几句话，并附了三五百字的评语。这是文化界常有的学术探讨，未牵涉到半丝政治或人身攻击。而他一下就来了两万字的漫骂，打棒子、扣帽子，那就越乎学术之常轨了。

我那篇小文究竟说了些什么，以致令他恼羞成怒呢？为使未看过拙文的读者略知梗概，且让我自我简介一番。

笔者今春写了篇"笔记"性的小文，叫做《海外读〈红楼〉》。

写"笔记"是中国的传统文体之一。出名的作品，如：沈括的《梦溪笔谈》，纪昀的《阅微草堂笔记》，李慈铭的《越缦堂日记》，和胡适的《藏晖室札记》等。这些笔记只是一些文人学者，平时信手记录的读书心得，和日常所见所闻不寻常的事事物物。"笔记"不是什么板起面孔的论文，但它确也保存了极多的社会和学术史料，及著作人随时的感触和学术思想。文字于轻松之间，亦自有其严肃性，非信手涂鸦之作可比。

拙文效颦的正是这一体裁，把近年来读到、听到、看到、想到有关"红学"的心得和见解，聊作笔记而已。不过既读《红楼》于"海外"，对那位自称"销行十八载""内行专家一致推崇""盛誉至今不衰'的夏教授论"红"之作，不能不提一下。

我重新翻开了夏著《古典小说》原文，也翻阅了片片段段的译文——虽非他自译，却是他认可的译作，用他单名独姓发表的——夏文亦自有可取之处，我也认真地推崇了一番。但天下文章那有真正的字字珠玑呢？我看到有不同意的地方，也就以读者身份略献刍荛。赞、评合计，亦不过三五百字。

（五）以"崇洋过当"观点贬抑中国作家

我看他那本书之后，最大的感触便是他以西洋观点，过分贬抑了中国古典小说的本土性。

去年纽约市大亚洲学系曾和外界合办个小型的"文学讨论会"，邀请了几位几乎是清一色由台湾来美的中、青年作家，讨论过"本土性"问题。我们亚洲学系非主办单位，我既不是大会主席，亦无权邀请主讲人选。加以那次会议又以"创作"为主，夏先生搞文学，述而不作，因此就沧海遗珠了。听说他为此对我颇有误会。

夏先生是我所知道的文学教师中，最自尊自大的一位。只许他骂人，不容人批评他。他曾公开宣称，他的论述是"绝对碰不得的"！天下哪有这种事情呢？可是，大家都知道夏先生的个性，也就不愿多事了。呜呼！这也是我们民族文化弱点之一吧。大家专讲好听的，怕得罪人。而洋批评家，又有谁愿意反驳崇洋之论呢？于是，"好评如潮""盛誉不衰"，夏子就飘飘然，不知身在何处了。

（六）学界姑息养奸的结果

所以夏先生那种骄横的个性，和唯我独尊心态的养成，有学问、有见识的中国学者也大有责任。语云："君子爱人以德，小人则以姑息。"姑息可以养奸。夏先生今日目无余子的个性，便是他的老朋友，包括我自己，"姑息养奸"的结果。从"爱人以德"的观点来看，也有对不起朋友的地方。

笔者此次匆草"论红"笔记，对他只进聊聊数段的逆耳忠言，也是本于"爱人以德"之忠诚，综合多年来好些老友之共同意见，委婉箴规之。不意略踩尾巴，竟使他一跳八丈高，实非始料所及。

夏先生咬牙切齿地说："《中国古典小说》销行十八载，痛遭全面批判还是第一次。"又说："但他（指德刚）自己却有本领略阅一章而贬低老友一生治学之成就！"夏先生却未想到，他自己轻率落笔，一篇《导论》便贬低了明、清两代创作先贤六百年之成就！

夏先生骂我"贬低老友"，未免太抬举我了。一本"销行十八载""盛誉不衰"，代表"老友一生治学之成就"的名著，怎能以我唐某三五百字之问难，就弄得"痛遭全面批判"呢？如所言属实，那不是作者护短，就是击中要害；再不然，就是这名著的"盛誉"基础太薄弱了。

夏氏怪我在他那"并非自译"的《导论》上征引太短，并说："不应指望中国的白话小说，以卑微的口述出身，能迎合现代高格调口味……"为何欣教授所误译。夏氏把"卑微"一词删去，改成下面一段：

> 但是即使在欧洲，把写小说当成一种艺术，当然也是近代的发展，中国白话小说既源出小市民的说唱文学，我们更不应指望它会迎合现代人高格调口味。

约十年前，刘绍唐先生要我自己翻译《胡适口述自传》。我因没空，央他转请别人代译。绍唐说："别人把你的书译糟了，岂不可惜。"我一想此话有理，就自译了。

笔者撰英文书，已出版者近百万言。已译的，多系自己动手。夏氏的英文著述分量少于拙作，几乎篇篇他译。不怕他人"译糟"了乎？我每以为异。今读夏先生的"大字报"，始恍然大悟："他译"确胜于"自译"。盖"他译"者，必要时，原作者可用之为挡箭牌而抵赖之也。

（七）崇洋自卑的心态

不管夏先生如何抵赖，我所引他的金口玉言，什么"一切非西洋传统小说，在中国的相形下，都微不足道"。《红楼梦》是否"非西洋传统小说"？白纸黑字，抵赖得了吗？我所引虽短，但这是"一以贯之"的夏"夫子之道"。翻译的人怎能代负责任？

再者，夏某鄙视中国文化，捞过了界，简直到了荒谬的程度。且看下面一段：

> 但是话说回头，中国传统的绘图、音乐、建筑，比起西洋传统

来，差得太多了，简直没法子相比。

这是他在"大字报"中不必要的题外之言，一段他直觉地发自灵魂深处的插话。这句评语，如说在"五四"时代，纵出于胡适之口，也是值得原谅的。因为那是"西学东渐"的"启蒙"时代，也是国人自尊心最低，自卑感最重之时。但是处于七十年后的今日，各民族不同文化的底牌，在比较研究之下，大致都已明朗化，纵以西方最擅长的传统科技也不能这样说。夏氏对当前世界文明的比较研究的成果，一无所知，岂不可叹？

夏氏最看不起中国传统的"木结构建筑"即使故宫和天坛，他都说："丢人死了"，不值一看——那都是大陆敦请他"遍游名胜"去参观的——他却觉得定陵的"地下宫"不错。理由："它是石头造的，像欧洲建筑！"

我曾一再和夏先生说："文学史、艺术史不可与社会发展史分开来读！"他口头上表示赞同，可是偏习太深，终不肯改！他就不知道希腊、罗马都是地处多岩石的山区，因此其建筑多以石料为主。我汉族文化则发源于黄河中游。迟至二三十年代，豫中、皖北一带农民，有些竟一辈子没见过一块大石头。而我国木结构建筑之精美，则可谓是举世无双！人类文明史上，论建筑的第一部书《营造法式》，并不是用欧洲文字写的。

夏志清原籍苏州，苏州木结构的庭苑之美，是国际闻名的。夏氏自己寡闻，为什么不请教一下他的同乡前辈贝聿铭先生呢？关于书画、音乐，也可以问问周文中他们嘛。怎能以音哑、艺盲之嘴，乱骂祖先呢？

（八）对"文学传统"的违心之论

在上节所引夏文，下面还有一句："吾国三千年的文学传统，倒的确可以同欧洲传统较量一番。"这句话是他的违心之论。他是专搞小说的，

... 217

传统文学的其他方面，他所知甚少。加以小说与传统文学，在旧文学史上关系原欠密切。胡适而后，才算是一小部分。他既然把传统小说一竿打翻，其他方面他又不懂，还假惺惺地说，中国传统文学倒可与欧洲较量。掩耳盗铃之论是昭然若揭的。

一次，夏氏读我赞赏柏杨译的《白话通鉴》的小文之后，批评我把《通鉴》与英人吉本的《罗马衰亡史》并列为"荒唐"。说："司马光怎能与吉本比？司马光差得太多了！"其实，夏某既未读过"吉本"，更不知什么是"司马光"，但他那直觉上的"崇洋自卑"的心态，却使他脱口而出。

夏先生是哥伦比亚大学东亚语文系，教中国文学的唯一教授。顾名思义，他应是"诗词歌赋、文言白话、小说戏曲"一把抓的大牌总教习。其实呢，他除掉搞小说之外，其他各科"胜任"亦难"愉快"。

"姑隐其名"这句成语，在他那"大字报"里的用法就大有问题。如不才把成语用非其所，尚有可原；"盛誉不衰"的名牌文学教授露此马脚，就该打手心了。

夏氏承认他"不写旧诗词"，其实他又哪里能写一句文言呢？又哪里知道新诗为何物呢？虽然，写旧诗词不过是传统文学中之余事；但不写旧诗词之另一含意，则显示其人不通最起码的四声音韵，那问题就严重了。名记者陆铿，有弟曰陆锵。不知陆氏昆仲之名，怎知古文学之"铿锵"？不知铿锵为何物，则文章西汉两司马，楚辞汉赋，唐诗宋词，七子八家，"咏菊诗""柳絮词"都成了"哑巴美人"，岂不可惜？

忆笔者读高中时，很多同学都能试撰诗词，文言自更不在话下。此事敝同学阚家蓂女士（匹兹堡大学谢觉民教授之夫人）即可作证。那时，我们的国文老师如对学生的诗词、古文作业，不能正其音韵、修其辞章、评其优劣，对不起，卷铺盖走路！

中西学界本难互比。不写旧诗词也算不得天大缺陷。然不知天地之宽，为学未上层楼，却趾高气扬，目无余子，那就不应该了。

（九）社会科学上的常识

夏先生又嘲笑我，此次参加红学之会是走了周策纵教授的后门。这事要问老周，我不必代辩。

至于他说："德刚'详细玩摩'的还只是小脚、辫子这类旧社会象征品……虽自称以'社会科学处理之方法'来处理'红学'某些小问题，实在不足自傲的。这类'狎玩'式的研究，总带些民国前清遗老、遗少的味道。"这段评语泄漏了一大玄机——他的知识面太狭隘。他对当前西方社会科学发展中，最起码的概念也没有！

我曾否像他那样"自傲"过，不必费辞。

治"红学"之道多矣哉，我所提出的只是"社会科学处理法则"这一种。

当今社会学理论上，有所谓"微观处理"和"宏观处理"两种法则。

"微观"者，见微知著，以社会上之小现象证社会科学理论上之大概念也。我在论"红"一文中提出的是"民族学"（Ethnology）上的一种"双重文化冲突"（bicultural conflict）的大概念，而欲以《红楼梦》中之小事物说明之。

作家曹雪芹，旗人也；而他所处之社会则为汉文化之社会。因此，当他创作时便发生了"双重文化冲突"这难题。最显明的难题，便是他对诸美人之脚的处理。旗人是天足，汉人重小脚，如是则黛玉、宝钗，乃至晴雯、袭人之脚，究竟应为大？为小？曹氏实在无法处理而只好不了了之。文化冲突亦有古今之对立。辫子者，曹雪芹时代中国男子之发式也。故美男子贾宝玉亦有之。而辫子者二一十世纪之"猪尾巴"也，今人多恶之。故今之红楼评家多讳言之，红楼画家亦割去之。

德刚作"笔记"写"时文",夏氏评为"油腔滑调"。不才实有之,然拙文绝不下流、谩骂。微言大义之中,自有其治学上的严肃性。会看的看文章,不会看的看"油腔"!想不到这位自视如许之高的夏教授,竟只是位油腔读者!德刚所论者,社会科学上极严肃之理论问题也,而夏氏以"狎玩"视之,岂不令识者窃笑?

(十)从宏观论"左翼作家"

拙文亦兼及宏观。宏观者,以社会整体变化之洪流为着眼点,而观其个体随波逐流所发生之反感之法则是也——亦即从"大处着眼"来"明察秋毫"。先提大概念,后谈小事物。

我所提出的,为今日社会科学中比较时新的大概念:社会的进化为经济发展之结果;换言之,只有经济发展,才能推动社会进化!

笔者所取此两大社会经济学派观点,来解释过去三百年来我国白话小说发展这一"小事物"。细节已详《海外读〈红楼〉》,不再赘述。小说作家之成长,与小说的内容格调之高低,几乎都得以经济发展这一洪流为依归。"形势比人强""整体强于个体""洪流强于细流"。所以社会经济之"形势、整体、洪流"足以限制"个人、个体、细流"之发展。而个人、个体、细流则不能独撼"岳家军"。

此一拙见,是我个人作为一个治史者,读文学史的心得,亦即"文学史不可与社会发展史分开来读",这一贯主张的理论根据。

"五四"以后,我国的所谓"左翼作家"亦服膺此"形势比人强"之社会学观念。毋庸赘言。

（十一）宏观下之"右翼"与"极右"

"五四"以降之右翼文人则不然，他们连社会如何发展的基本科学概念亦一并摒弃之。因此，右翼文人一味以文论文，与社会科学干脆"离婚"。认为我国文学改良之唯一途径，即为摒弃传统之糟粕而改习西法。此一新论，胡适之先生实启其端。

胡先生认为"《红楼梦》不是本好小说，因为它没有个plot"，就是根据纯西方文学批评学理，而以文论文的结果。这一说法，在当时是十分新颖的，虽然今日已早嫌过时。适之先生以次之若干作家与批评家，其学其识远不及胡师，亦均不愿以文学史之研究与社会科学挂钩而修订研究文学之新理论。以致在三四十年代竟酿成中国文艺界为左翼独霸之局面。连大才盘盘的适之先生亦让位于鲁迅，其在创作界之影响被东去大江淘得干干净净。

把七十年来文学旧史从头看，谁实为之，孰令致之，痛定思痛，能不有所警惕？

夏志清先生幼年及青年兴趣几全为西洋读物与好莱坞电影，对"五四"前后之中国文学作品甚少接触，对上海租界以外的社会状况与事事物物亦不甚了了。中年治中国小说史于海外，始读二三十年代之作品。竟以西洋观念，私评数家前后不成体系之小说而拼凑之。竟名之曰"中国现代小说'史'"！

老年更不知七十年来中国文学与社会变迁之轨迹，及晚近社会科学发展之基本概念，只一味拾七十年前启蒙时代学人之牙慧，而变本加厉。殊不知该时代之"大师"，当时均不过二十余岁之留学青年，学业与思想俱欠成熟。放言高论，领袖风骚则有之，理论基础原甚薄弱。而夏氏以"六五高龄"竟视之为法宝，只知贬低鲁迅，摒弃马、列，而不知鲁迅、马、列为何物。加以其本人对中国文学起步太晚，一本其幼年"崇洋自鄙"之习性，大开倒车，以致治传统小说亦认为非具有"西洋传统"之作品即不值一提。"不怪自家无见识，翻将丑语诋他人。"茫然不知"中国传统"为何物，他自己的"西洋传统"又为何物，信口雌黄，而误导后学。吾称夏君在中国文学批评上为"极右"，恭维之甚矣！

《论红》拙文所提，只是以一历史学者旁观近年文学批评界之发展，谈其大势而已。只因夏志清教授近年著述最丰，声名最大，故偶及之。事实上，夏氏并不能代表"极右"，他只是陷入"极右"牢笼，而不能代表牢笼！"以一人而敌一国"之言，"老友"抬举之也。

本来，中西典籍浩如烟海。博极群书，识中西之别，通古今之变，谈何容易？！

（十二）也谈谈《块肉余生述》

为浅释上述宏观法则，及经济发展推动社会进步这一理论，笔者曾试举维多利亚时代，英国大作家查理·狄更斯（Charles Dickens，1812—1870）为例。我说他"以一失学失业、'块肉余生'、瓮牖绳枢之子，却能以文笔高雅、天才横溢、其年初逾双十，便暴得大名，一生荣华富贵，至死方休！东西相较，何曹（雪芹）氏、吴（敬梓）氏命途之多舛，而狄氏则幸运若斯也？社会经济之发展，推动一般读者'高格调口味'，有以致之也。"我这段话，除了忙中笔误（赶稿自校本来最难）把"斯"字写成"生"字以外，错在哪里呢？我并说，今日台北之所以能培养"高格调口味"亦如十九世纪英国之伦敦，"经济发展"使然也。

狄氏幼年失学失业，十二岁入工厂做童工，贫困不堪。我掉了一句文，说他是"瓮牖绳枢之子"，并未掉错。《块肉余生述》一书，一般人认为是作者自伤自况，亦如胡适说《红楼梦》是曹霑自传。小说主角是孤儿，狄某不是，但以孤儿自伤。狄氏"暴得大名"之年龄早于胡适，其后跻身伦敦上层社会,"荣华富贵,至死方休"又错在哪里?

夏先生在鸡蛋里找骨头,欺骗读者,用大标题,说什么"改姓成孤儿"。我的全文俱在,政治上栽了赃,在文学上理屈辞穷,也要来栽赃一番吗?夏氏又说狄氏不是"瓮牖绳枢之子",而是"十二岁作童工",这分明显示夏教授不懂这句文言的意思。他说狄氏没有"荣华富贵",却是"小说收入虽多,读者也实在太多,让他喘不过气来,为他们服务"。真是"吠非其树",行文不伦不类!

(十三)"好莱坞"电影算不得学问

夏先生接着拿出他一贯的细人扬己的作风,说:"唐德刚对狄更斯可说一无所知,曾否定下心来细读过一本狄氏长篇说部,那只有上帝和他自己知道的秘密了。"

我是个学历史的,搞点文学艺术,一是兴趣;二是文、史原是一家;三是对通史有兴趣的人,对文学史、艺术史、科学史等等,也应粗知大略。不专搞"树木",也得看看"森林"。但是从职业训练上讲,搞历史的人未曾"定下心来,细读一部狄氏长篇说部",并不构成职业错误或浅薄。巧的是,狄更斯却是我在英国说部中最偏爱的作家。我偶尔也写点创作,狄氏的笔调,对我也颇有启发。

夏志清教授的偏狭,便是一贯认为只有他才看洋书。他长于上海租界,习于说洋泾浜,看好莱坞。对三四十年代的美国电影如数家珍,每以之向人炫耀"博学"、举行"口试";而对租界以外的事物则常识俱无。我自己幼年并非没有寄居租界、沉迷于好莱坞电影之机会,只因先祖鉴于族中纨绔子,久居都市,征逐歌舞声色,乃尽售都市产业,严禁年轻子孙溜入大都市,以防腐化。此一矫枉过正之教育方式,对一些本无"纨绔"倾向之子孙若在下者,原欠公平,致使少小乡居,其后浪迹天涯数十年而

...223

乡音难改。然当年父租对我辈幼年教育之认真，则非讲洋泾浜、看好莱坞的小开者流所能想象。

国民党主政大陆时期，军政容有可议，而国立大学教育之完美，则古今少有。八年抗战，血肉模糊而弦歌不辍。我辈当年赶科场于空袭警报之间，以什一机会考入第一流国立大学，其英、汉、数基本功课，非平均发展，绝难幸入。昔日同窗，今均垂垂老矣，然回首往事，莫不以余言为然也。

忆在沙坪坝时代，凡选修科目，我从不妄选。旁系中之名课，如胡小石先生之"杜诗"与"甲骨"，赵少咸先生之"小学"与"音韵"，柳无忌先生（柳师亦耶鲁英国文学博士，最近尚有书信来往）之"英国散文选读"与"英国文学史"，俞大纲先生之"英国小说专书选读"等，均为我最沉迷之课程。而大纲师指定读物之第一部书，即为狄更斯之《块肉余生述》。

大纲师为当年英文教育界一时之选，讲解生动，考试严格。与我同班而今在纽约者有马大任，同课而不同级者有聂华苓。散居港、台、大陆，大纲师之高足自更不乏其人。笔者那时年少，记忆力强，既对《块肉余生述》有偏好，复经名师耳提面命，熟读之余，竟能选段背诵，至今不忘。恐洋场小青年未必有此功力也。本来，我已届退休之年，还要把大学所习拿来自夸，未免可笑。但夏氏既时时要以其"博士"骄人，写文章绌人扬己，大话连篇，不自觉其无聊，故余亦偶及之而已。

（十四）红学会议的资格问题

夏先生在其文中，一再说我不够资格参加红学会议；而对他自己的资格，则肯定不疑。

我之不够资格，固自知之矣。大会中，我两作报告员，两作评论员，一作大会主席。凡五次正式发言，均公开致歉意，自认不够资格。诸贤误为谦虚，我实由衷之言。

至于夏先生的资格，从无人否定。会议归来，我曾臆断，认为夏之未被邀请，系大会名单是根据"第一次大会"名单所拟订，夏氏上次未接受邀请，这次就遗珠了。夏颇以余言为然。

其实从宽来说，《红楼》之会，几对《红楼》有兴趣者，均可参加。《红楼梦》，国之瑰宝，大众之读物也。任谁读了三五遍，或七八遍，总可说出点意见来，让同好"会"而"议"之。

但从严来说，我固不够资格，夏之资格亦未必完备。

我辈读《红楼》，始自十二三岁，读之于童子军帐篷之内。夏氏读《红楼》，以四十余高龄，读之于海外大学教授皮椅之上也。那批"三民主义的少年兵"为何读《红楼》？欣赏之也。四十余龄大教授，何以才开蒙读《红楼》？著书立说，加薪晋级，功利主义促成之也。所以"欣赏主义者"与"功利主义者"，实在是两种不同的动物。若说，红学之会只许"功利动物"参加，我终为"欣赏动物"感到不平。

记得会后，路过上海返美，便道往"淀山湖游览区"参观那美轮美奂的"大观园"。一入怡红院，不觉一愣。因为院中第一副抱柱对联，竟是陆放翁的"重帘不卷留香久，古砚微凹聚墨多"。

这一对联，原是诗词教授林黛玉博士所说的"一入了这个格局，再学不出来"的坏诗（见《红楼梦》第四十八回），如何能放在她心上人的居处作抱柱呢？但是我话到唇边，便打住了。因为该抱柱书法秀美，雕刻精细，换一下非一两千元人民币莫办。而导游主人又误认我为"红学家"，一言九鼎，如何使得？因此我就没有煞风景了。小说原是小说嘛，何必那么认真呢？

本来嘛，"假作真时真亦假"，连杜甫大师也作错了一句诗，说"即从巴峡穿巫峡"，按地理方向，应该是"即从巫峡穿巴峡"嘛！错是错了，可是有谁说这首诗不好呢？搞创作、写诗歌，本来就是灵感、音节重于逻辑。过分着重逻辑，那去当律师、搞数学好了，何必学文学！"即从巴峡穿巫峡"便是重音韵而轻逻辑的好诗。

记得台湾一位有独到见解的青年红学家就说过：大观园在元妃省亲时，嫌其小；到宝玉和众姐妹住入时，又嫌其大。起雪芹于地下，要他做顾问，造一座大观园，他恐怕也没个主意——"小"则有损元妃尊严，"大"则贾宝玉访女朋友太不方便。如何是好？所以大观园在《红楼梦》中，原是橡皮做的，可大可小。

在淀山湖的怡红院里，我只见袭人和晴雯的床位。因问导游主人，其他二十多位丫鬟、婆子住在何处呢？他说，挤不进去了，每人都有一张床，怡红院岂不成了宾馆？"

归来与胡昌度教授闲聊及放翁诗，未待我解释，昌度便说，这如何使得？原来他也是位幼读《红楼》的"欣赏动物"。我如与"功利动物"谈此，我肯定他是不知道的。至于林教授说"一入了这个格局，再学不出来"的所以然，我想对他更是对牛弹琴。

所以参加红学会，哪一种"动物"才够资格，实在很难说。

（十五）红学会的性质和意义

我国自古以来的学术会议，都是联络感情与研讨学术并重的。远自"永和九年（公元三五三年），岁在癸丑，暮春之初"到现在，该有过多少次类似的文学雅集。在文学上也产生过多少篇杰作如《兰亭集序》《春夜宴桃李园序》《滕王阁序》《醉翁亭记》和《尝试集》。

文学是一个民族的灵魂。文学雅集则是一个民族的心声共振，感情交融的表现。学术讨论只是一个铜元的另一面而已。

此次哈尔滨"红学会议"，大陆上学者参加的，除"红学""曹学"

专研机构之外，各大学文学系所选派代表，并提出报告者，多至九十七人。均为各该校拔尖的文学教师，能诗能文，能书能画，各有所长。有一群青年红学家且持文对我作专访，并强调："我们数人是赞成胡适的'自传说'的。"因为我是胡先生的学生，他们特地来投文"乞教"，使我感动。

另批学者，并以永和以来的老传统，吟诗填词索和。一冯（其庸）、二周（汝昌、策纵）和端木（蕻良）都是捷才，即席步韵。我虽愚拙，勉力为之，七朝小聚，居然积稿成篇。随访记者也有报道。文字游戏，虽属小道，然吟咏之乐，固不足为他人道也。如此修禊、衡文、论学之会，若说，只许名士谈佛，不许和尚念经，吾不知也。

（十六）为林姑娘喊话

在夏先生批唐文中，他把我素所爱慕的，历史上一真一假的两位美女——林黛玉、梅兰芳——也扣了帽子、打了棒子。

夏先生最爱宝玉，且不时流露自况之情。他讨厌黛玉，那倒不是因为林姑娘的小心眼儿，而因为她是个"痨病鬼"，在生理上无实际功用。

我们读者对《红楼》人物，原各有所喜，不可相强。今且抄一段夏氏评林黛玉之宏论：

> 她（指黛玉）刚同宝玉相会的时候，应该很美，但不多久身体转弱，也就美不到哪里去了，因之我在（《古典小说》）《红楼》章里特别强调她的病体病容，借以纠正一般读者（包括德刚在内）对林姑娘所存的幻想：曹雪芹虽然也把她写成一个非属人间之美的意象，但他以她的身体衰弱过程写她那愈来愈深的感情病态时，她并没有放弃使用生理上的细节（第八十二回），所有青春康健的迹象都已弃她

而去。……

这一段夏子之文，我希望读者们比我聪明，因为我是看得似懂非懂，只好试猜一下：夏氏之意，黛玉初入荣国府时，宝玉可以跟她谈谈恋爱，因她很美，也还健康。等到她愈病、愈弱、感情病态愈深，相貌也变成鲁迅所说的"瘦削的痨病脸"时，宝二爷就应弃她而去，另找个美的、健康的、胖嘟嘟的、三围适中的新情人！

大观园里美女那么多，贾宝玉为什么偏要守住这"痨病鬼"而生死不渝呢？从时下"西方观点"来评断，那是不可理解的了。在夏志清看来也觉得是不可理解的。因此，他要以他的（洋人可以完全接受的）"西洋观点"来"纠正一般读者对林姑娘所存的幻想"。

英国诗人白朗宁（Robert Browning，1812—1889）同他残废的女友伊丽莎白·贝蕾特（Elizabeth Barrett，1806—1861）由畸恋、私奔而终成眷属，不是英国文学史上的千古佳话吗？所以纵是洋人谈恋爱，床上戏也并不那么重要，夏教授为什么一定要以"床上戏"为选择女友的标准呢？

再者，宝玉，"天下第一淫人也"。拈花惹草，竟至男女不分。但他对他所真正钟情的人，其爱却是生死不渝的——这就是真宝玉和假宝玉的分别吧！

（十七）为梅郎除垢

至于梅兰芳，夏先生也挖出我四十年前一篇小文——《梅兰芳传稿》（按本文原载《天风》杂志，现收入唐著《五十年代底尘埃》一书），来把我奚落一番，也把那一代艺人丑化一番。

在舞台上男扮女装，不是我们祖先的发明，古代欧洲、印度、日本，照样有。当年梅氏之艺，与其扮相、音色、身段、皮肤、骨肉之美，远胜于他同时代负盛誉的女明星。此是千万观众所目击,岂我一人所能胡扯?

梅兰芳游美(一九三〇)之前,特地彩排多次,仅请了刘天华、胡适之等数人仔细观赏,认真批评。观梅郎之艺,细及皮肉者,适之先生为极少数之一。胡师告我:"可爱之极!可爱之极!"言下有奇迹之感。

夏志清亦酷好京戏之文士也,奈何"花下晒裤",污辱梅郎!

笔者四十年前之拙"稿",亦不过遵林语堂先生之嘱,遣兴而作。向未以"盛誉不衰"自我贴金,但读过的人倒也不少。可是"痛遭全面批判,还是第一次"!批唐无可议,殃及池鱼,批了梅兰芳,那么夏志清就未免多事了。

再者,四十年前撰文赞梅,并非表示今日我仍赞成男扮女装,登台演出。只是觉得治史者,不应以现时观念(Present-mindedness)贬低有才艺的历史艺人而已。

(十八)做人总应有点良知

夏教授认为我加予他的最大罪证,便是:崇洋、极右。其实,这面匾额是不少夏公的老朋友所集资共送的,我一人承担不了这份大人情。事实上,崇洋、极右,都算不得是什么坏名词。它代表一种信仰,一种立场;与道德学问之优劣无关。

胡适为科学、民主而崇洋,但不自卑、自鄙;林纾则崇洋而卫道,均无可非议。但作为一个知识分子,为崇洋而自卑;为崇洋而媚外;为崇洋而具殖民地顺民心态,那就不足取了。

夏先生曾提出他为拙著写序,曾为我作荐函;显然希望我受施勿忘。相反的来说,我请他作序,宁非文人相重之义乎?恶可视为施恩求报?他为我作荐函,我一直感德不浅。但是夏先生就忘记了,他在哥大原领正教授之极低薪,后来岁入顿丰,岂非因敝系同人,基于血浓于水,拔刀相助而然乎？此等小事，在论学之争中，本不应提出。但渠既提之，我若不解释，岂不成单方面忘恩负义之徒哉？

朋友们为什么要公送夏氏"崇洋过当"和"极右"匾额呢？谨举数端，以概其余：

（一）美国民权运动领袖马丁·路德·金（Martin Luther King, Jr., 1929—1968）为白人"种族主义者"（White Racists）所刺杀，举世悲痛，少数民族尤然。而夏公则认为他是"黑人，下流，该死"。

美国少数民族都知道：无金氏可能就没有一九六四的民权法；无民权法可能就没有一九六五的新移民法；无新移民法，则华人向美移民每年仅一〇五人。

就在夏氏"大字报"发表之时，纽约《世界日报》曾刊载新闻，报道"黎瑞海赵惠娟夫妇同日逝世"之感人消息。并说："由于战乱及移民法限制，黎氏夫妇分离了四十年。一直到一九六九年，赵惠娟才移民到美国来团聚。"（见八月六日该报第廿一页）

其实在新移民法通过之前，中国侨民夫妇之不能团聚者奚止千万家？新法之产生，金氏之功，岂可小视。乃有华裔教授说金氏之殉难为"下流，该死"。天下有这等事？

（二）南非之种族隔离法（Apartheid）为世界各国所斥责。在此种族歧视政策下，我华人因系有色人种而不得住入白人区域，不得与白人共餐厅、共厕所、共车船飞机等候室。此歧视法早已不适用于日本人，而对我华人则迟至七十年代始有变更。而夏氏则二十年如一日，一直肯定此种族隔离法，认为是南非白人"维护文明"之措施。宁非怪事？

笔者本人是学美国史的，深知美国白色种族主义者所推动的"排华法"（Chinese Exclusion Acts始于1882），我华裔先侨当年遭受集体屠杀，及虐待歧视的惨痛史实，和侨民家庭骨肉分离之血泪悲剧，较南非之对黑人有过之无不及！甚至孙中山先生于一九〇四年访美时，亦遭拘禁达十七天之久；所以一直为之痛心疾首，以致对胡适之先生等早期留学生对苦力同侨之漠不关心，也颇有微词。我是反对白色种族主义者，而非对开明白人有所敌视。夏先生认为白人老粗称我为"查理"，使我记恨卅年，又认为我校学生大半为少数民族，故而我也对白种人有强烈的敌视感；所言均非事实，且看拙著"《中美外交史》扉页所印，向先师艾文斯（Austin P. Evens, 1883—1962）教授致敬之辞，一读便知，岂容夏氏向白色种族主义者邀功而诬陷我哉？

闻李浩博士受斯坦福大学礼聘为法学教授时，曾戏对该校宴会主人说，按加州现行严禁华人作教师的法律来说（此律虽已久未执行，然迄未明令废除），则我之蒙诸公礼聘，实只能做个教法律的"非法教授"。

按加州法律，那我们的名教授夏志清也只是个"非法教授"！生为今日美国少数民族一分子，在少数民族之前以"多数民族"自居，做黄脸白人；而在多数民族之前，又唾面自干，做黄脸黑人。"汉儿学得胡儿语，翻向城头骂汉儿"，能不令人伤心！

因此夏先生的华裔朋友们知道他的心态，也知道他这种心态由文学思想化为人生哲学的经过，总想帮助他，启发他，劝他稍学"开明"，自习"进步"。谁知道夏教授竟自甘为"不开明""不进步"，甚至以"落伍"为荣，以"反动"自誉，真令人啼笑皆非。

为回答夏教授两万字的漫骂，我也百忙之中浪费了几晚的时光。所以不惮烦而喋喋不休者，只是希望夏教授今后做人，保留点王阳明说的人类与生俱来的良知，和孟子说的羞恶之心！若夏教授读此文而稍有"进步"（恕我又用了一个他所憎恶的名词），则我受他两万字的漫骂，也不是毫无代价的了。

一九八六年九月于北美洲

原载《传记文学》第四十九卷第四期

未识其小，先失其大！
——谈"红学"答宋淇先生

在七月二十日"《中国时报》"的《人间副刊》上，看到宋淇先生的《〈红楼梦〉识小之九：小脚与大脚》一文。文内我被作者"点了名"。然细读宋文，我觉得作者对我的批评，是纯粹因为他对拙作（《曹雪芹的"文化冲突"》文）未抓到要点的缘故。

我是个学无专长，而却日夜穷忙的人，本不想作答，然又深恐那些对以社会科学的法则来研究红学这条新路，有兴趣的青年朋友们，为宋文所误，所以还是溽暑抽空，略答数语。

第一，我觉得宋君忽视了拙作的主题。拙文有个"题目"，也有个"结论"。题目叫"文化冲突"，结论则证明这个"文化冲突"的存在。写学术论文，不论用什么文体——严肃的说教也好，轻松诙谐也好——这个"文成法立"的结构，是不容忽略的。否则就叫作"不通"，不通就考不取秀才了。

宋先生对拙文的结构似乎并未掌握，因而他对我所引的，当前行为科学上，"文化冲突"这个概念的正确与否，竟一字不提，却说了些不相干的——至少是无关宏旨的空话。他之所以如此，便是他未抓住文章的主题，因此他对一些细枝末节的批评，也就很难中肯了。

承宋君高看说，"唐德刚的结论也很恰当"：

> 在全书中，雪芹又似乎在若隐若现，有意无意之间，说出他美人儿的造型都是"小脚"的。

天啦，这哪里是我的"结论"呢？这是我提出的"证据"呀！来证明我"文化冲突"的结论。

至于宋氏于文末提出那令我"遗憾"，令我"气死"的宋淇的"结论"：

> 读者中究竟汉人居大多数，而汉人读者如果看到作者明白指出十二金钗个个都是大脚，反应如何，不难想象。这可能是作者说不出的苦衷，也是令唐德刚……"遗憾"……"气死"……

这哪里又是宋淇的结论呢？！这正是我唐某"证明""文化冲突"的结论！宋先生是哪路强人，竟然明火执仗，当众抢劫！

文人相轻，自古而然。但是把被轻者的文章，窃为己有，再据以反骂被轻者，这就是千古奇闻了。

读者如不惮烦，让我也引一段我自己的原文，请大家评评：

> ……曹霑是生在以汉族为主的文化环境中，《红楼梦》的主要读者也是汉人，他又怎能诟病"小脚"，甘犯众怒呢？可怜的作者，无法消除他笔下和心头的矛盾，所以他只好模棱两可，避重就轻地回避这个敏感性极大的文化问题了。

笔者不是写得很清楚吗？何劳宋君重复？大盗劫人，要不伤事主，当街拔警察的枪来轰警察，那就太不像话了。

笔者不愿说得太重伤同文的和气，更无心下流说宋教授坏话，但是我也要斗胆说一句，宋先生看书太快，下笔太轻率。下次当心点就好了。

第二，宋君又说："如果唐德刚事先见到张爱玲的《红楼梦未完》一文，或许他会有不同的论调……"这句话中，也有刺。

为什么我如果事先看到张文，会有不同的论调呢？根据宋引张文，爱玲认为雪芹把"缠足天足之别，故意模糊"的目的是"他要创造出一种缥缈的感觉，不一定属于什么时代"。

这一点却正是我所要反驳的！

《红楼梦》作者在官制上（如"节度使""大学士"等等），在地理上（如"中京""长安"等等）和在衣饰上（如女人着古装、宝玉长辫子等等），倒的确是"故意模糊"，给读者制造出"不一定属于什么时代"的印象。但是中国自唐朝（至少自北宋）到清朝，美女都是缠足的。作者把"缠足天足之别，故意模糊"，倒反而不能使他的故事显出"不一定属于什么时代"了。

张女士说错了！宋君与之俱误！

至于张女士所说，而为宋氏所特别欣赏的"一种姿态，一个声音"这副对联，是一位文学批评家，用她的生花妙笔，所写出的文评仪仗队——看起来很美，实际上并没有太多的意思！

拙文在撰写期间，夏志清先生曾对我提及张文。那时正值哥大中文图书馆翻修，借书不易。后经志清口述大意之后，我就决定不再去寻找张文了。

张、我二人的结论是南辕北辙的，读了她的结论，正增加了我对拙作的信心。宋淇先生并不是我"肚里的蛔虫"，为什么认定我"会有不同的论调"呢？

当然我的"文化冲突"的论断,也只是"聊备一说"。我希望能有更多更精深的"一说"出现,使我心服。但不是上述张文,更不是宋文!

第三,关于宋君十分自负的版本问题,他说:

> 他(指德刚)所指其他版本想来是亚东的程乙本,人民出版社的程高本等,并不包括抄本系统的版本。如此一说,我们才恍然大悟,他的误会原来由于所根据的版本是唐人街的坊间翻印本,并没有和抄本对照过。"以经解经"是个极简单和合乎新批评理论的方法,可是也要根据好的版本才能达到解经的目的。

这一段"目无余子"的话,简直自视太高,"倨对长者"!

写一篇与版本学无关的红学论文,作者总要先找个最通行的本子(多半是"程乙本")作底本(《红楼梦》根本没有什么如宋氏所说的"唐人街的坊间翻印本",这是常识问题)。然后在关键性的引证上,与其他版本互校。所谓"关键"也者,是其他本子的"异文",足以否定你论文的结论。否则就不必多此一举。要画蛇添足,最多也只能加个注脚,以表示你渊博就是了。用不着一股脑把不相干的烂黄瓜臭葫芦一齐都挤到正文里来。笔者在"程乙本"上所引的十来条引文,可说无一条在"有正本"或其他"抄本"上没有异文的。但是这些"异文",对我的"求证",并无明显的正反两面的关系,我都把它们引上正文来干嘛?向宋淇先生表示渊博?!

其中唯一值得一提的,则是"有正本"《金玉缘》(笔者在拙文中亦提到的,我在大学时代所用的底本)上尤三姐的"一对金莲"了。

为着尤三姐这对金莲,我和周策纵教授在大会之前的数月就通过好多次长途电话,其中一次就谈了我美金十八元(策纵电话费是多少我还不知道)之多。策纵也同意这一"戚本"上的"异文",并没有能影响我"文化冲突"的结论。所以我们就决定把它列入注脚内提一提,在正文上就不讨论了。

策纵并告诉我,在我那"先期发表"的"试稿"上,暂不印注脚。等到大会上大家讨论之后,将来威斯康辛大学发行"专刊"时,再把注脚印出,以示"专刊"之文,与"先期发表"的论文,是先后有别的。这也与大会"不提出已发表的论文",这一规定相符合。

策纵并提到"香港宋淇的论文,便是这样处理的"——宋文亦未印出注脚。后来在会中、会余、会后,众人对尤三姐的小脚,都有很多有趣的讨论。

大会上专才如云,哪里轮到未出席大会的宋淇来做尤三姑娘小脚的哥伦布呢?

宋先生未躬逢其盛也就罢了,而他对我那白纸黑字的"试稿",也未细读!如此轻率落笔,那他对红学的研究,就未识其小,就先失其大了。

至于宋君颇引以自豪的红楼版本学,在下所知虽鲜,然毕竟也管过图书,教过目录学——未吃过猪肉,也还看过猪跑。

这次大会的展览室中,"甲戌本"的真迹,嘉庆甲戌版的"善本",都是我亲手携去的。哥伦比亚大学所收藏的百余种有关红学的书籍,一大半也是我张罗拉款,有时甚至有违大学规章,勉力搜购的。那部嘉庆版珍本,便是我在六十年代之初以美金三百元的重价在日本找来的。它今日竟成哥大红学收藏的明珠。周策纵先生为它们保了四万元美金的高额保险,才自哥大借出的。

就说胡适所藏的"甲戌本"真迹吧,笔者可能是此次大会中,海外同仁第一个接触它的。那是二十七年前的事了。这次我又为此稿两度专飞绮色佳。当我于六月十一日初飞绮色佳洽借时,一睹该书,如晤故人。一时激动,不禁洋化一番,捧而吻之;后来并且作了一首歪诗以纪念我们故友重逢，诗曰：

> 卿已苍黄我白颠，无情相对也凄然。
> 穿云犹自成佳侣，一吻檀奴廿七年。

后来周汝昌先生看到这稿本，也感触万般。他更是"一吻檀奴卅二年"了。

周君甚至认为搞红学，把玩"甲戌本"真迹，为入门之始。

我问周君："看甲戌本，为什么一定要看真迹呢？！"

"啊！"汝昌说，"真迹上有许多挖补，接纸，墨色浓淡等，对考证都有其一定的意义的，但在翻印本就看不出来了，……不看真迹，哪里成呢？"

我如凭周君这席话，就来取笑宋淇先生，说未看过"甲戌本"真迹的宋君，连红楼版本学还未入门呢，那我不是太幼稚了吗？

还有，我问周汝昌和其他与会同仁，《红楼梦》上诸美女所穿的"窄裉袄"，有的版本上则是"窄褙袄"。究竟是"裉"欤？"褙"欤？老北京们对这一问题的回答，也是很有趣的。我若以同一问题，就教于宋淇先生，我相信宋先生对这一问题的回答，可能会更有趣。质诸宋君，是耶？非耶？

总之，笔者在拙作中曾一再提过《红楼梦》是个无底洞。悬崖撒手，没有哪个"专家"是能保证安全的。临深履薄之不暇，有谁能搔首弄姿，来倚门卖弄啊？

还有，关于宋淇先生和余英时先生，有关"怡红院"的争执，许我说句公平话，我倒觉得余说有理而宋说牵强。"怡红院总一园之水"，可以从大观园的水经上，画图为证。如果"怡红院总一园之首"，则置"潇湘"于何地？这在《红楼梦》作者的哲学上、逻辑上，以及"省亲别墅"的建筑程序上，都说不通。

不过《红楼梦》原即是一本说不通之书。谁又能真把它说通呢？所以笔者在威大"奉和"策纵的七律诗上，还把宋君之文颂扬了一番，说："半部两家天下重，怡红一句百千觔。"本来嘛，假作真时真亦假，不通之处也能通。搞文学又不是放洲际飞弹，大家又何必那样认真呢？

至于宋文中其他一些不经之谈，恕我也就不再列举了。

此次红楼之会，我原有他事，本不拟参加。内子也劝我不要参加。她的理由是，我既非红学家，又何必去凑热闹。还有她觉得红学发展至今，已成为一种支离破碎的小考据、小猜谜。写支离破碎的考据文章，势将卷入支离破碎的无聊笔战，又何必呢？

最后在老友坚邀之下，我还是有违阃令，斗胆参加了。因为我想认识认识红学界的各路英雄——当然包括久已仰慕的宋淇教授。但是我也向贱内保证，"绝不卷入支离破碎的无聊的笔墨官司"。谁知今日竟被卷入，而写了这篇罪案答辩书。余岂好辩哉？余不得已也。但是我得千万声明，只此一篇，下不为例。不论宋先生将来对本文反应如何，我是绝不回嘴的了，顿首、顿首；罪过、罪过！

一九八〇年八月九日午后八时于北美洲

原载《传记文学》第三十七卷第三期

未识其小，焉能说大？
——为《〈红楼梦〉识小》答唐德刚先生

宋 淇

我研究红楼梦前后已达三十年，虽不敢说有什么成就，总是"圈子里的人"。唐德刚先生，照他的夫人说，并非"红学家"，料想也是实情。现在我和他论辩，似乎不大公平；但是念及《传记文学》的读者大多数不是专门研究红学的，如果任由他们听信一面之词，为唐文所误，却又于心不忍。今天不得已写这篇文章，是为了向读者和社会大众有所交代。

（一）我的《〈红楼梦〉识小》以前发表过八段，例如《麝月命名的来由》《〈红楼梦〉与〈金瓶梅〉》《曹寅题渐江弘仁画梅花诗》等，目的在为红学研究者提供一些趣味性的资料。《小脚与大脚》也是同样写法，所以小标题列之为"《红楼梦》识小之九"。唐先生大概没有见到这一系列文章，不明白"识小"是小品文，不是学术论文，因此指摘我忽视了他大作的主题："文化冲突"。我文章的性质可以从题目名称看出来，"识"并不是"认识"或"识别"的识，而是作记录解的通用字："志"。他如果说我连小的都不识，遑论其大，恐怕误解题意了。我承认自己没有钻研过清朝满人的文集,也不自命为社会心理学家,对"文化冲突"这样的大题目岂敢轻率下判断,所以只在小文中指出三项事实:"满人不缠足","外来的人有小脚"(尤二姐和尤三姐),"丫环中有小脚"(晴雯和小丫头);并提出各种证据,说明红楼梦对小脚和大脚的满汉界限处理分明。然而唐先生对这些事实和证据一概不加理会,反而说:"用不着一古脑把不相干的烂黄瓜臭葫芦一齐挤到正文里来"。另外又说:唯一值得一提的是他大学时代所用"有正本《金玉缘》"(?)中尤三姐的一对金莲,而他花了美金十八元通过长途电话后,决定把它放在文章的注脚里算了。

(二)唐先生和严肃《红楼梦》学者的基本差异,显然是在对版本处理的态度上。自从胡适考证后四十回是高鹗所续写之后,一般读者对后四十回都存有戒心。近年来,学者们对究竟谁是后四十回的作者虽没有定论,但大都认为程高本后四十回不属于《红楼梦》本身,只能算是续书,外加程高本倒过头去窜改前八十回,所以大家避之则吉。唐先生则认为研究《红楼梦》只要用通行的一百二十回程高本就可以了。其实时至今日,珍本秘籍的手抄本已大量影印流传,严肃的《红楼梦》研究者大多数读到八十回为止,而且只读手抄本和脂评辑校。一九五八年俞平伯编印了八十回校本,用有正本作底本,共四册,前两册为正文,第三册为校字记,第四册则将后四十回作为附录,就是最好的说明。关于这一点,读者不妨细读余英时、赵冈、张爱玲、俞平伯、周汝昌、吴世昌等红学家的著作,看看他们还用不用一百二十回程高本来研究《红楼梦》。

(三)我相信唐先生懂版本学,我也听说他曾亲自押送甲戌本真迹和嘉庆甲戌版"善本"到威大去开会,可是从他的文章里却看不出他对《红楼梦》的版本问题有深刻的了解。甲戌本无疑是最珍贵的手抄本之一,不过唐先生没有指出它只是十六回的残本,其中并没有触及尤二姐、尤三姐、晴雯那几段。俞平伯藏有嘉庆甲子本(一八〇四),是程高排印后藤花榭原版、耘香阁重梓发行的，比较接近程甲本。一粟的《〈红楼梦〉书录》提到嘉庆丙寅宝兴堂刊本（一八〇六），嘉庆戊寅东观阁重刊本（一八一八）。嘉庆甲戌版可能属于同一类的程高本，到现在当然算是善本，但在《红楼梦》版本学史上价值并不高。至于目前坊间流行的翻印本大多数根据胡适所藏的程乙本，由汪原放分段标点（第一版和第二版大不相同），亚东书局出版，连一九五三年作家出版社的一百二十回本也是根据亚东程乙本的。东南亚区坊间所见到的各种不同分段标点本大都源自亚东版，唐先生所说纽约华埠购得的版本恐怕来自同一源流。

（四）当初大家对有正本有所保留，可是它所根据的手抄本前四十回于一九七五年在上海为人发现，证明它属于抄本系统，其重要性与甲戌本、脂庚本不相上下。原来的名称也是"石头记"，有正书局老板为了推广销路，改为"国初抄本《红楼梦》"。唐先生文中提到"有正本《金玉缘》"，倒令人困惑了。程高本的铅印本，以王希廉、张新之、姚燮的评本最流行，起先书名叫"石头记"，后改为"红楼梦"，到了光绪年间才采用"金玉缘"，后来又改回近年通用的"红楼梦"。我前文所引用的三种抄本：脂庚本、有正本和全抄本（即《红楼梦稿》）是海外所能见到的流行本子，其余还有"乙卯本"（据考证为脂庚本的底本，约四十二回）和"蒙古王府本"（据考证和有正本同一系统）尚未影印发行，所以没有追查的必要。

（五）前些日子霍克思告诉我，他把《红楼梦》译成英文，到八十回为止，后四十回由弟子闵君译完，全稿已交企鹅出版社排印，第三、四、五册将陆续于三年内出版。他如此安排，因为原书既为二人所作，文笔和风格各异，理应由二人分译，不知唐先生听了作何感想？

（六）最近偶阅《书评书目》七月号，读到刘广定的《国际〈红楼梦〉研讨会》一文，其中一节专论曹雪芹的"文化冲突"，现在抄录两段于下：

……唐先生似乎赞同余英时先生"曹雪芹汉族认同感"的说法（余英时《红楼梦的两个世界》一九七八年一月联经公司出版），但却未明说。

可惜唐先生"所征引各节系根据购自纽约华埠的一九七四版曹雪芹、高鹗著《红楼梦》"（原论文后记），而没有参考各种旧抄本，故忽略了曹雪芹确曾描写过尤三姐的"金莲"。

接下去刘广定引程高本的《红楼梦》，后来接连引庚辰本（即脂庚本）、戚本（即有正本）、全抄本以证明"金莲"被后人删了。

在我前文发表的当天，陈之藩就从台北写信给我：

今天读报。《小脚与大脚》，大为佩服。原来内人刚看过《传记文学》上唐德刚的文章，说唐无常识，连旗人天足似乎都不太知道。你这篇小脚与大脚，可以给唐先生好多新观念。旗人固天足，但旗人买妾时，却是汉人，小脚。因为当时旗人都有辜鸿铭的癖好也。我内人举出她姑姑家、舅舅家，买妾都是小脚，也都看脚。……

我和刘广定素昧平生，和陈之藩夫人仅数面之缘，只知道她的上代是旗人，大家的见解竟然不谋而合。由此可见，事实是不容抹杀的，证据是不能毁灭的，而读者的常识和理解能力更不能低估。何况海内外各地的旗人后裔很多，连红学家、研究中国古典小说的专家都有旗人在内，相信他们必有同感。

（七）至于唐先生文中越出了讨论的范围，顺便收拾了一下我提交威大《红楼梦》研讨会的论文《论怡红院总一园之首》，说我臆断"看"为"首"牵强，余英时臆断为"水"有理。事实上，这篇论文早经威大研讨会接纳，会中由黄碧端代为宣读，随后在台港二地分别发表，将来更会汇集成书出版。立论能够不能够站得住脚，由广大的读者和红学专家来证明好了，不劳唐先生操心。唐先生又说："如果怡红院为一园之首，则置"潇湘"于何地？"我认为不必浪费时间去讨论这一点，因为贾宝玉是《红楼梦》的主角，林黛玉是女主角之一；潇湘馆固然重要，但在大观园中，无论分量和所占比例都次于怡红院，已是不争的事实。诚如唐先生所云，《红楼梦》是个"无底洞"，不知道有多少问题要我们去研究和解答，实在不值得卷入无聊的笔战中去。我的文章至少澄清了一个基本问题：不应该采取一百二十回程高本作研究《红楼梦》的依据，因为它歪曲了曹雪芹原来的构想和意旨。希望以后大家集中精神从事于积极和有意义的红学研究工作，进一步发扬光大现有的成果，幸甚，幸甚。

原载《传记文学》第三十七卷第五期

既识其小，免失其大
——为《红楼梦》"唐、宋"之争进一解

周策纵

《传记文学》按：

自本刊第三十六卷第六期（二一七号）刊出旅美唐德刚教授《曹雪芹的"文化冲突"》一文后，旅港作家宋淇教授于"《中国时报·人间副刊》"（一九八〇年七月二十日）发表《〈红楼梦〉识小之九——小脚与大脚》一文，对唐文有所辩论。唐教授读宋文后乃撰《未识其小，先失其大！》以为答辩（见本刊第三十七卷第三期）。旋不久本刊复收到宋教授《未识其小，焉能说大？》（见本刊第三十七卷第五期），以为答辩之答辩。本刊复于该期同时刊出唐教授为满汉文化冲突问题致陈之藩先生书（书简），对宋教授两文亦均有所答辩。唐文《曹雪芹的"文化冲突"》原为去年七月美国威斯康辛大学举办首届"国际《红楼梦》研讨会"所写之学术论文，因格于大会规定特省略注文而先期交本刊发表（据谓大会规定凡拟在会中宣读之论文，不能以全文先期发表，省略注文即表示非全文也。唐教授

注文后在本刊第三十七卷第四期以"以经解经读红楼补注"为题补行发表）。唐、宋两教授之反复辩论，部分原因可能由于唐教授未附注文与宋教授未能躬亲与会所发生。本刊顷接到上项国际会议主办人与主持人周策纵教授赐寄《既识其小，免失其大》大文，对唐、宋二氏辩论，作持平之论，并提出其个人意见。我们深信真理愈辩愈明，本刊所刊有关此一问题各文，除词句间偶涉感情成分外，不失为一学术性讨论，而对红学研究者裨益尤非浅鲜。

在《传记文学》上读到唐德刚和宋淇两位教授一连串对《红楼梦》里"小脚与大脚"问题的争论，由于他们两位都是学问渊博、文笔生动的学者，这种论战自然引起读者很高的兴趣，问题看来虽不大，影响却不见得很小。读者对他们所争论的是非曲直，当然会各有判断，本来用不着我多嘴；不过，一方面因为他们两位都是我极敬佩的学者，他们在合理行文之余，偶然给对方以严厉批评，可能会引起误会，在某些读者心目中，对他们都有损，这是我很不愿见到的。再方面，唐先生的原作本是我扯出来的，他完稿与发表的经过，我大致知道一些，应该来略加解释。而最重要的，我个人有个看法，觉得他们两人本来的基本论点都各有是处，可是一经争辩，误解就多，反而把大处混淆了。因此对他们争论之点，不妨由第三者来澄清一下。

今年（一九八〇）八月里在台北见到宋淇先生，他告诉我，对唐文写了些批评意见登在报上，等他回香港后，会寄给我一读，可是后来我一直未收到他七月二十日在"《中国时报·人间副刊》"上发表的那篇大作，所以这里只能根据唐文所引，和宋先生在《传记文学》上的答复一文来了解他的论点。就这些材料看来，宋先生对唐先生"文化冲突"这一主题是否完全赞同，固不可知；至少他并没有明显反对。他既说过曹雪芹因读者多是汉人，不便"明白指出十二金钗个个都是大脚"，因为他确有"说不出的苦衷"，则宋先生对唐文"文化冲突"的主题，不但可能并不反对，甚至有同意的可能。唐先生在答复的文章"未识其小，先失其大"里也许可以引宋先生的原文来拉他做同调或"亲密战友"，何必说"是哪路强人，竟然明火执仗，当众抢劫"呢！

当然，宋先生也指出过："红楼梦对小脚和大脚的满汉界限处理分明。"我因未见他的原文，不敢判断他是否已证明曹雪芹把这界限处理得"分明"，我个人的粗浅印象是，这界限似乎并不太分明，不过书里有极少数人是小脚却是事实。宋先生是否要用这件事实来推翻唐先生"文化冲突"的论断呢？我未见他如此说过。假如他要这样做，我想论证还不足。如果宋先生无意否定曹雪芹有"文化冲突"的问题，倘能这样表明，也就可以避免给唐先生或有些读者一个印象，以为他都在反对唐文。至少在他第二篇文章"未识其小，焉能说大"里若交代得更清楚一点就好了。

话虽如此，在唐先生正文中未提到《红楼梦》里曾记载过小脚这种情况下，宋先生实有充足理由来指出这些事实。可是他没有想到，唐早已知道脂批本已有异文。这也不能怪宋，因为唐虽然在发表的原文末了曾注明说其他版本颇有异文，却并未说明是脂批抄本，也没有提到有小脚的记述。这样一来，宋在文章里就不免表示唐对版本过于疏忽，使唐觉得他"目无余子"。真正说来，这件事的本身宋淇先生原不错，不过他"想来"对方"并没有和抄本对照过"，这却只是没有实证的"大胆假设"，自然使德刚不能心服了。

我应该出来作证，唐德刚先生早就知道《红楼梦》里的小脚描述各本有异文存在，包括抄本在内。早在今年四月，我收到他的原稿时，他就说注脚以后再补。当时我也和宋先生一样，以为他未注意版本异同，四月二十二日在百忙中便草草写了一封信给他，问他究竟用了什么版本，并指出抄本系统里写尤三姐原是"一对金莲"。我把信发出后，又打电话给他，就发现他早已知道这些事实。我原信说：

……你大概用的是程乙本吧？可是像页十六所引第二十四回的一段文字，脂批庚辰本就没有"大红绣鞋"四个字。乾隆百二十回抄本《红楼梦》稿在"青缎子坎肩儿"一句下原直接"脸向内低着头看针线"。但在旁边却加上"下面露着玉色袖袜，大红绣鞋，向那边"云云，便略近于现在的程高本了。此加的一段，在有正戚序本也是没有的。我想曹雪芹原稿大约是没有"大红绣鞋"的。

还有更重要的是你的原稿页二十一所引第六十五回一段，在脂批庚辰本里，"底下绿裤红鞋"下面却接有"一对金莲，或敲或并"，然后直接"没半刻斯文"。有正本同，只"敲"字作"翘"。乾隆百回间抄本与庚辰本也略同。从这个例子看来，雪芹原稿似乎确曾注意写出尤三姐有"一对金莲"。也许尤家不是旗人传统吧。雪芹既认尤三姐十分标致，那就可能连金莲也算在内了。不过我想他对穿靴子的女孩子的不太大的脚也是很欣赏的。他可能是个折中派吧？这只提供你参考。

我当时觉得，即使曹雪芹提到过小脚，但到底为数太少，总不够推翻德刚的主题，就是：汉人提倡小脚，满人还听任天足，雪芹以汉族旗人家世，最易接触到这种"文化冲突"。所以我在信里又加了一段说：

你论文的主要意思我以为仍然站得住。

雪芹至少在绝大部分的例子避免提到女孩子的脚与鞋，尤其是脚的大小。

由于这点信心，加以在电话里发现德刚早已注意到各抄本文字不同的问题，我便没有特别要求他立刻修改正文，同意他将来在注脚里说清楚，在研讨会的正式论文集里再刊出全文。我本来早已要求所有与会者于会前发表论文时只发表删节本，最好省去注脚，以免与将来的论文集雷同。一时未能坚持劝他写明，当然主要是因为我认为这些异文并不能推翻他文章的主要结论。再方面也由于他的原稿似乎早已寄到台湾《传记文学》去了。而且德刚的论文主题固然很严肃，却是以轻松而富于风趣的小品文出之，所以也就不想要他受细节之累。现在想来，我也不免负点疏忽之责，我对一个老朋友应该责善更周，要求得更严格一点，要他在正文里补充一些，那就可免去许多误会了。

这一点虽然可说是疏忽之处，提出来纠正的也实在有正当的理由，但因此便肯定唐先生不懂《红楼梦》版本，就未免言过其实了。加上别人转述口头随便的批评，说唐德刚"无常识，连旗人天足似乎都不大知道"，这恰好把他的基本论证歪曲了一百八十度。若朋友家属间偶然闲谈而出此，自无大碍，公开发表当然会引起对方的反感。这里我并不是说，德刚那篇轻松的论文无可批评之处，我只觉得批评不能失实。其实，宋淇先生所指出的小脚记载和版本问题原来多是事实，我知道德刚一定能赞同欣赏他的许多论点。只因偶然一些误会推测和言过其实，便引起了好些不必要的争执，这实在有点可惜。

不过他们这次争论，若除去双方一些感情愤激的话，骨子里还是对这学术问题不无贡献。究竟使我们把问题看得更清楚了一点，固然我们还应该做些更详尽深刻的探讨。这里我不妨来补说一点意见。

德刚所提满汉"文化冲突"的问题，当然不限于大脚与小脚这种事实。我个人尝有一种感觉，《红楼梦》里女性占了极异乎寻常的比例，并且显得特别重要，而男女的性关系也特别自由放任，这除了作者个人的思想特性使然之外，是否也受了满洲文化传统和旗人风俗习惯的影响？贾母地位那么崇高，固然是传统社会里儒家尊祖的教训所使然，但像凤姐的无比活跃与弄权，与其他女性的那么生动活泼，是否也反应了一些满族和旗人的生活习惯呢？历史记载可找到不少的例子，满族妇女在家庭内外往往扮演着很积极的角色，男女性关系也比较自由放任，在早期，母子、叔嫂、侄姊等通婚不以为乱伦。焦大说贾府里人"爬灰的爬灰，偷小叔子的偷小叔子"，这其实从早期满族观点看来，也许本不如汉人习俗下性质的严重。曹雪芹对女性的重视与对性的开明大胆描写，固然来源不止一端，但我想旗人风俗习惯与观点的影响恐怕也是不免的，《红楼梦》初期颇流行于旗人或满族甚至满清王室宫廷之间，也未尝不可能由于极适合于他们的某些观点与生活习惯所致。假如这点有一部分可能，那么，这或许也不失为"文化冲突"或"调和"的一方面。而这种相异与冲突，可能是对这小说一大贡献。当然这也只能算是一种初步假设，还需要深入研究才能证实。

另外我想在这里也要附带提到一点，宋淇先生在答复唐先生一文中论到版本问题时，有这样一段话：

> 自从胡适考证后四十回是高鹗所续写之后，一般读者对后四十回都存有戒心。近年来，学者们对究竟谁是后四十回的作者虽没有定论，但大都认为程高本后四十回不属于《红楼梦》本身，只能算是续书，外加程高本倒过头去窜改前八十回，所以大家避之则吉。唐先生则认为研究《红楼梦》只要用通行的一百二十回程高本就可以了。其实时至今日，珍本秘籍的手抄本已大量影印流传，严肃的《红楼》研究者大多数读到八十回为止，而且只读手抄本和脂评辑校。

这段话以宋先生多年钻研《红楼梦》的经验，说来自然合于事实。只是我想在这里指出，大家还应该注意他所说的："学者们对究竟谁是后四十回的作者"到底还"没有定论"。目前固然已有许多人指出过，后四十回有好些与前八十回不符合之处，可是我们也已知道，前八十回内部也就有好些前后不相符合之处。固然这些不符有数量和质量的差异,但这是否只是个程度不同呢?并且一个人写小说,前后如牵延上十来年,写到后来把最初构想的情节改变了一些,或因疏忽忘记而致前后不符,或使前文没了下落,这种种都有可能发生。是否因此便可百分之百断定后面的非同一作者所作,恐怕还有问题。最近陈炳藻先生写了一篇博士论文,用电脑统计方法,计算了《红楼梦》里好几十万字,并用《儿女英雄传》来对比,分析用字文法上的习惯特征,得出来的结论是,后四十回与前八十回基本上应出于一人之手。我个人认为,至少后四十回并非完全出于另一作者,可能程、高真得到过一大部分未完的残稿,增补修改成为全璧。他们对前八十回当然也修改过一些,不过不像对后四十回修改的多。因为电脑统计的结果显示,第一到第四十回与第四十一到第八十回这两部分用字文法习惯几乎全同,第八十一到一百二十回这部分与前八十回也非常近似,可是不能像前八十回本身前后两半自比的那么相近。不过后四十回与前八十回之间的差异仍过于细微,显示并非完全出于二人之手。而《儿女英雄传》与《红楼梦》之间,则统计数字明显表示是两个作者所作。当然这个结论也许还难十分肯定,因为我们还未能绝对证明,一个优异的仿作者决不能仿作到如此近真,把电脑骗过,这点也许还需要更多的测验。不过就西洋统计学的原理说来,这种数字结论一般认为有相当的可靠性。在尚无强有力的反证之前,至少不应把这个结果轻易抹杀。当然这并不一定是说后四十回的情节并未经过重大的修改。只是如果贸然断定后四十回全是续作而毫无部分原稿作据,恐怕也还欠缺充分证据,不能令人接受。

当然,宋先生所说的目前大多数红学家都避用后四十回也是事实。而且他们也有许多理由,我也不完全反对。我把这事特别提出来,只是觉得专家们这种态度是不是全对还值得仔细商榷,也就是想要强调宋先生所说过的"没有定论"。却绝不是要完全否认宋先生所说的"不应该采取一百二十回程高本作研究《红楼梦》的依据"的说法。我以为应该说,现在决不能只依据一百二十回程高本来研究曹雪芹了。就算是只研究《红楼梦》本身，也应该照顾到不同的重要版本。不过也不好一下就把后四十回认定不属于《红楼梦》本身而避之不顾。至多只能说，如要研究《红楼梦》初期的情况，也许不需把后四十回牵涉进去。便是这一点，也仍然不是绝对的，因为还要看初期到什么阶段。

  上面说了这么多，原是想把争论点澄清一下，从大处来讨论一些问题，可是言多必有失。只因唐、宋两先生都是我极重视的朋友，所以也就顾不得这许多了。我以为论战并不是坏事，只要能就事论事，有助于了解问题、发掘史实、或求得真理就行，误解和动感情却要避免才好。

  一九八〇年十二月二十八日匆草于达拉斯市度假时

原载《传记文学》第三十八卷第二期

曹氏三代为清室丝官浅说
——"新红学"七十年反思之一

记得往年助理胡适之先生编写他的口述自传,谈到"新红学"一段时,胡先生说曹霑的祖父曹寅的父子三代都是康熙时代清室内务府派往江南的丝绸采购官。同时由于曹家出身汉军旗,又是精通古典的诗人,所以也是负有康熙安抚江南士子责任的文化特务。这时恰好台湾国民党派来美国担任中国空军采购官的毛邦初,正为侵吞公款一案,闹得满城风雨。曹寅父子三代乃使我们联想起千万富翁的采购大员毛邦初来。毛氏也出身于国民党的内务府。他那时在美国挥金如土,也是尽人皆知的。曹、毛两家时间上虽相距二百年,其任官性质,看来倒是大同小异的。

可是,这时笔者对社会经济史颇感兴趣。细查当年哥伦比亚大学所藏有关曹家不少的资料,我却发现曹、毛两家的任务,有其本质上的差异。毛将军是经台湾当局拨下千万美金的巨资,专程前来美国"采购"空军器材的。那时台湾当局深恐一旦美国承认了共产党政权,这批公款会被共产党接收。事急之下,乃将此公款转入毛氏私人户头,以免遗失。迨韩战爆发,局势稳定下来,台湾当局乃训令毛氏交还公款。谁知毛某由于与参谋总长周至柔有私隙,竟拒不归璧,因而家丑外扬,弄得满城风雨。所以,毛邦初倒是名副其实的"采购官"。他是替当局"花钱",采办器材的。

康熙时代曹家的任务可就不一样了。我发现曹家在江南不是专门去替政府"花钱"采办什么的。他们去江南的主要目的是替皇室"捞钱""赚钱"去的。他们所负的任务,大致是与汉朝的"盐官""铁官",和宋朝管理"官窑""均窑"的瓷官,以及垄断茶叶生产和运销的茶官一样,他们是清代垄断丝绸生产和运销的丝官。这一类与民争利的"衙门"(官府),自秦至清名称各有不同,其为皇室捞钱,而从事垄断的性质,则是古今一致的。

盐官、铁官、丝官与曹家

我曾把我这项拙见向胡先生叙说过,胡公也颇觉新奇。当然他认为要有十分证据,才能说十分话。他希望我继续去找我的证据。到六〇年代中期,我又读到一些彭泽益教授与大陆学者有关明清手工业的著述,尤其是彭著《清代前期江南织造的研究》载(《历史研究》一九六三年第四期),深觉所见略同,吾道不孤。只是彭君是位高级社会科学家,以专家论专业,至为精辟。不像我们搞历史的,尤其是对通史有兴趣的人,正如好多朋友所说的,好以古讽今或以古鉴今,要把汉代的盐铁和宋明的瓷茶,乃至民国时代的烟酒"专卖",也拉在一起,来总清算一下罢了。

其后我也读到耶鲁大学史景迁教授的英文巨著《奴才与主子:曹寅与康熙皇帝》(Jonathan D. Spence, *Ts'ao Yin and the K'ang-hsi Emperor, Bondservant and Master*. Yale University Press, 1966.)。史君是治康熙传记的专业史家。他这本获奖巨著的一大特点,是他深入钻研"故宫博物院"的曹寅原档。所以,他这本《奴才与主子》可说是研究曹寅的最权威的著作了。根据这些原始史料,史君在红学里也颇有创见,如他解释《石头记》之得名与"石头城"有关,便甚为新颖。"一片降幡出石头",石头城原是雪芹的故乡。他在秦淮旧梦忆繁华中，把自传体小说取名为"石头（城）记"，原也是顺理成章之事。

袁枚吹牛说："大观园者，即吾家之随园也。"这句话一般红学家都认为是袁子才在自己脸上贴金。连他自己的孙子袁翔甫，也说这十一个字是"吾祖诛言"（见周汝昌《曹雪芹小传》页八十五）。可是，史景迁却说，随园所在地（今日玄武湖一带），可能是当年织造公的郊区别墅。此说亦颇有可取。

原"织造官署"在曹府被抄家之后，便被封为后来乾隆皇帝南巡专用的"大行宫"。"大行宫"（今日仍保存原名）是南京城中最繁华的区域。笔者本人少年时求学南京，对太平路口熙攘往来的"大行宫"便最为熟悉。曹府三代那样富贵而又雅好诗书的文人雅士，家住大行宫而于风景秀丽的钟山之麓、后湖之滨，另建其郊区别墅，不是什么不可理解的事。

别墅原是传统中国富裕文人的偏好。谢安的"围棋赌墅"，所"赌"的也只能是南京郊区的别墅，不可能在今日中山路、太平路一带的闹市也。曹府在抄家之后，所居官署为公产，被封存为行宫。至于曹家的别墅私产等，档案有明文，部分曾赏给其继任人隋赫德。飞去飞来宰相家的袁枚，后来购得"隋园"之一角，辟为"随园"，并且公诸同好，也曾是热闹的南京城内仕女，春秋佳日的好去处呢。

大嘴巴的袁翔甫可能不知乃祖往事，而信口骂祖，也不是不可能的。所以余颇是史君之说也。不过，史景迁的论点，与胡适基本上是一致的。那就是，曹氏三代皆为清朝皇室采购丝绸之官也。至于这种"采购官员"，在中国乃至世界经济史、社会史上所发生的是何种作用，也就不是作者有兴趣的问题了。

官营企业带垮民营企业

笔者不学，虽强调清代的江南三织造（江宁、苏州、杭州）是一种"丝官"，他们的作用是与汉代的盐铁官和宋明的瓷茶官是属于一类的。都是享有垄断特权，与民争利的国营企业。而这一类的国营企业，往往又都是不计工本，管理拙劣，长年亏损的官僚机构。它们纵使在垄断的市场上，亦不能长期生存。在这些无能的国营企业破产倒闭之时，那些与它们有相同性质的民营企业，纵然有时蓬勃发展到资本主义初中期的水准（像宋明两朝发展在景德镇的制瓷工业，其规模、技巧与管理方法，都已达到中级资本主义的水准，我国至今未能超越——笔者曾有另文浅说之），但是在官方泰山压顶的牵制之下，一垮百垮，终至破产于无形。这一畸形的社会发展模式，远在东西汉便已表现得十分明显，到宋元明清直至每况愈下。因此，在中国社会经济的发展史中，封建社会崩溃之后，资本主义的生产方式，却永远出不来的道理，便是曹寅这一类的官僚企业家，承大皇帝之命，生意不当生意做，只图为主子捞钱而垄断把持的结果。

笔者非经济史家，更不想在一个单篇研讨《红楼梦》的短文里，来大作其繁琐的社会经济学的考证。本篇只想以丝绸工业为例，把曹府三代做官的性质，和他们怎样把皇帝老爷的钱，花在皇帝老爷身上；以及他们本身又如何趁势发财，做官僚资本家，终致树倒猢狲散的下场，勾画点轮廓而已。至于研讨丝绸工业的兴衰与中国社会和政治经济发展的关系，当以中英语另述之，有待乞教方家也。

浅谈江南织造，请先从丝绸这个中国商品说起。

中国垄断丝绸工业三千五百年

丝绸这项商品在中国之出现，至少有四千年的历史吧。丝的出现比我们的文字的出现可能还要早！真是不能说不古矣。可是说来奇怪，它竟被我们的祖先在国际贸易上，垄断了三千五百年以上。你真不能说，我们祖宗不会搞"资本主义"。

据东罗马史家的记载，东罗马查士丁尼大帝（Justinian I，482—527—565）因久苦于丝价的高昂和波斯人对丝路的干扰，在他于五二七年即位之后，乃密遣间谍化装为景教僧侣（Nestorian Monks），潜入中国，终于窃得蚕卵与桑籽，藏于挖空竹杖之中，偷运到君士坦丁堡（今伊斯坦布尔）。自此西方人始知种桑、养蚕和缫丝之秘密。此去我国首先发现蚕桑而开始缫丝织绢之时，至少已三千五百年矣。

但是偷得蚕种桑种未必即有丝绸工业也。欧西之能大量自织丝绸，还迟至十三世纪文艺复兴之时，意大利始有丝厂出现。巴黎之有丝绸工业，已是十五世纪中期；伦敦及欧洲其他地区，则更晚出矣。

再者，能织普通丝绢，亦未必能制花色繁多之锦缎也。我国自隋唐之间开始织造龙凤花卉彩蝶之复杂程序，这一高级工艺一直领先世界，直至清末同光之际；日本明治维新之后，始渐为东瀛所夺。然我国宋代所制精密"缂丝"（亦作"刻丝"，一方寸有经纬三千条），则至今犹未泄密也。因此，我国的主要朝代如汉、唐、宋、元、明、清的"盛世"，都是当时世界最富裕的国家。这可能都与"蚕宝宝"（目前丝绸之乡无锡的口头语）替我们赚来的有关。它不但使我们祖先发了大财，它也替我们"丝绸之路"上的"中间商国"（不只是中间商人）的古安息波斯（今伊朗），和中古、近古的阿拉伯民族，也发了不小的横财。不用说中国丝绸在古罗马是与"黄金同价"，它在古西域（今中亚细亚）和南洋及日本的价值亦仅次于黄金。

古罗马朝廷就是为着丝绸而屡屡遣使来华，也屡被安息等中间商国所阻，半途而废。然据《三国志》裴松之注引《魏略》（三国时代的史学著作）所载，在东汉桓帝延熹九年（公元一六六年），罗马皇帝安敦所遣专使终于绕过波斯，穿过缅甸、云南、四川抵达洛阳（笔者有另文详述之）。

这时我们的首都洛阳正在闹"党锢之祸"，乱得不亦乐乎。但是大秦（古罗马）使者梯山驾海万里而来，还是当时首都的头条新闻。这本比《后汉书》还要早的《魏略》，便是根据当时的报道文学执笔的。它可能也是报道丝绸之路实况，最早的文献之一。笔者不学，为向西方师生卖点中国古董，曾以《三国志》裴注与《罗马史》对考之，发现其中珍宝实在是俯拾即是。历来中西交通史的作者，均仅及其皮毛也。有志青年史家盍兴乎来！

后来马可·波罗等一家三人于十三世纪之末季东来中国，显然亦与丝路有关。迨哥伦布于一四九二年发现美洲时，把加勒比海边的半裸土人，当成印度人而没有当成中国人，就是因为他知道马可·波罗口中的中国人，是遍身罗绮的，焉能"一寒至此"呢？

其后"丝路"由于中东变乱而改取海道时，西班牙所包办的横贯太平洋的航线，所谓"马尼拉邮航"（Manila galleons），前后历时二百五十年（一五六五——一八一五），其航运的主要货物便是运中南美出产的白银，来换取中国的丝绸。马尼拉邮航（自菲律宾的马尼拉直达墨西哥的阿卡普尔科Acapulco）每年航运的利润是一至三倍。其丝绸贸易的利润，则往往在十倍以上。马尼拉邮航原是西班牙人独占的企业。为防欧洲其他国家竞争，该邮航不许任何其他欧洲人搭乘。然西班牙人毕竟人数有限，又骄奢成习，因此该邮航中的中下级船员与水手则雇用华人及东印度群岛的土著。因此，我国侨民向中南美洲移民之早，仅次于西、葡二国，也是随丝绸东去的；而我华侨在阿卡普尔科所建之第一个唐人街（或中国城Chinatown），要较英国在美洲所建的第一个殖民地的詹姆士城（Jamestown），还要早半个世纪。

其时自阿卡普尔科至墨西哥首府的墨西哥城（Mexico City）山路崎

... 257

岖，车马难行。其往来货物的运输几全靠中国工人肩挑而行——"肩挑"这项劳动，只有中国人能做。中国工人既多，成群上路，因此，自阿卡普尔科至墨西哥城的山道，竟被呼为"中国大道"（The China Road）。中国大道上所搬运的是何种货物呢？曰"墨西哥银元"（Mexican Dollars）也；曰中国丝绸也、瓷器也。

那印有苍鹰的墨西哥银元（俗称"鹰洋"，重中国库秤七钱二分。后来中国自铸的也重七钱二分的"龙洋"（清朝官铸）、"袁大头"（袁世凯时代北京政府官铸）和"孙小头"（国民政府时代官铸孙中山像银元），均是仿照"鹰洋"铸造的，只是白银的成色，不如墨西哥银元的纯净罢了。墨西哥银元之来华，丝绸易之也。

这些银元在抗战前都是日常通用的"硬币"。抗战中和战后由于纸币贬值，民间使用私下仍以银币为准。记得一九四八年笔者赴美留学前夕，先父为筹银元一百枚补充旅费。百元之中即有鹰洋、龙洋、袁大头、孙小头……诸洋齐备也。今日思之，真感叹不尽。

试问我国的银元之母的"鹰洋"哪里来的呢？曰，我们的蚕宝宝替我们自拉丁美洲换来的嘛。据近年专家全汉昇教授等之研究，在十七八世纪中，亦即曹家三代连续出任"江宁织造"之时，我国每年通过马尼拉航船，运往墨西哥之生丝约为八十至一百万斤。生丝时价每斤值银五两，则我国岁入墨西哥白银，纵生丝一项即为五百万两或银元六百五十万元有奇。（参阅全汉昇著《中国经济史研究》第一卷暨William Lytle Schurz, *The Manila Galleon*. New York, E. P. Dutton, 1939; and Lillian M. Li, *China's Silk Trade: Traditional Industry in the Modern World*, 1842—1937. Harvard University Press, 1981. Ch. 3.）当时墨西哥丝织工人赖其为生者，亦多至一万四千余人。

以上所述系仅举"海上丝路"，东跨太平洋一线为例。因此一东线，文献不多，我国学界知者亦解。笔者本人昔年治美洲史，对此冷门则颇感兴趣，故试钻之，并举以为例。至于海上丝路自广州经马六甲，越好望角至西欧，如英、荷两"东印度公司"在十七八世纪所经营者，其资料则汗牛充栋；其贸易量之大，则更非太平洋马尼拉邮航之可比拟矣。毋待细述也。

诸葛亮"有桑八百株"

笔者近年偶游清朝皇室所遗留的故宫、行宫、诸园、诸陵、诸庙（如承德避暑山庄和"外八庙"）等等，见其场面之大，规模之宏丽，则巴黎之凡尔赛、伦敦之白金汉诸"宫"，如何能比！纵以今日美国政府之财力物力，要维持乾隆爷那个场面，恐怕都有力不从心之虞。而那位"十全老人"，打他个"十全武功"的战争之外，还要大兴土木若此！"大兴土木"据乾隆自述是他的一个"嗜好"（美国人叫作Hobby）。但是乾隆爷哪来这么多钱呢？

再者，乾隆死后，他儿子抄了和珅的家，据说总值至八万万两之多（两个"庚子赔款"的总数）——当时全国每年总税收亦不过七千万两。和珅纵贪婪，哪能贪到如许金钱？

再看看曹雪芹笔下那个贾府和大观园的排场，和所谓"接驾四次"，把银子当水的牛皮。如果《红楼梦》真如胡适所说的是"作者自传"，则这个曹家的贪婪和混账，也就不在和珅之下了。问题是：小小的"江宁织造"，哪能"贪"到如许的钱财呢？

可是，笔者闲读中国经济史，略翻丝绸这一项（其外还有瓷茶两项）在世界经济史上，所发生的作用，不禁掩卷长叹——我们老祖宗在国际贸易上搞国家资本主义——对内剥削工农，对外以优质高级产品搞垄断贸易（仅丝一项便垄断三千余年，瓷茶两项也各自垄断千年以上），黄金白银滚滚而来。中西对比，汉代王莽一家所贪藏的黄金，便等于整个中世纪欧洲所贮藏黄金的总量。有如此的民族财富，所以才能产生隋炀帝、唐明皇、乾隆爷和贾宝玉，那样的"纨绔子"。

如上节所述，其实一个万岁爷，只要把丝绸一项搞好，就可以做一辈子正德皇帝那样的昏君。他下面的高干和高干子弟贾琏、贾宝玉也可跟着享乐了。

读者如不惮烦，让我们再把丝绸在国内政治经济上所发生的作用搜搜根：

在我国古代的"货币经济"（Money Economy）尚未形成，或正在形成的阶段，丝绸在物物交易中，首先就发生了货币作用。其实在"钱"字出现之前，"币""帛"就是钱。币帛者，丝织物也。我们今日习货币学，有所谓"金本位""银本位""外汇本位"之名。读者如许我"大胆假设"，我们可以说在古代物物交易的市场中，我们用的可能就是"丝绸本位"——以币帛（丝织品）作为物价的标准。所谓"束帛"为币。把四丈绸子卷成一匹，就可作为测量财富的标准了。

在我国农业经济正式形成之后，农业劳动中的分工，基本上是牛郎织女、"男耕女织"的。汉以前中国无棉作物。所谓"织"者，就是缫丝织绢了。乐府古诗中有"织缣日一匹，织素五丈余"的诗。汉制四丈为匹。一个劳动妇女，一天工作，大致可以织绸四五丈之多。

所以缫丝织素（白绫）原是我国古代农村，家家都做的衣食两项主业之一，不是后来所说的"农村副业"。战国时孟子搞社会主义的乌托邦，就说什么"五亩之宅，树之以桑"（见《孟子·梁惠王》），来解决人民衣食的问题。三国时代替阿斗做宰相的诸葛亮自报私产，就说他自己虽然做了行政院长，家中财产只在"成都有桑八百株，薄田十五顷"。并自誓他身"死之日，不使内有余帛，外有赢财，以负陛下"。陈寿赞扬他廉洁可敬："及卒，如其所言。"（《见三国志·诸葛亮传》）

"有桑八百株"，还能以清廉自许，足见当时种桑之普遍。孔明说他死后,不使内有余"帛",亦见"帛"为衡量私产的标准。

其实这类史例,在《汉书》《史记》上可以随手引出数十条。笔者之所单独挑出诸葛亮来,实因读者群中,何人不知"借东风"的诸葛亮呢?说说孔明的故事,大家就容易理解了。

在我国古语中,"桑田"是与"沧海"并列的。有田就必有桑。"采桑城南隅",桑间璞上也是我国古代青年的情人巷。在抗战前的华南,采桑养蚕仍是农村主要副业之一,也是笔者这一辈老先生老太太所亲见也。迨后来中国农村彻底破产,养蚕缫丝就变成日本人独占的企业了。"织造局"是国营丝绸厂。

养蚕、缫丝、织绫既然是全国性的民间手工业,皇室政府为何又要搞出"织造局"一类的衙门来呢?——这就是我国丝绸工业技术发展的结果了。古诗上说,一个家庭妇女可以"织缣日一匹,织素五丈余"。但是她们所织的是什么样的"缣"?什么样的"素"?就不难想象了。

唐代政府向人民课税征夫,有"租佣调"之别。租是地租(粮食);佣是劳役;调是征收土产,所谓"随乡土所产缴纳",而当时全国最普遍的"乡土所产"就是丝织品:绢、绫、缣、素一类农妇所织的粗糙的土绸缎了。唐制"调"每户每年绫二丈——也就是一妇半日之织。唐初户口有限,在"均田制"分配之下,土地不是问题。农产中只要有男女劳动力,则每户每年征收一妇半日之织,税率也不算太高。但是集中起来,全国总税额,就很可观了。

其实我国史上征收"土产实物",不始于唐,也不终于唐。征收民间土产丝绸,秦汉即有先例。汉代与匈奴和亲或作战,向大宛买马,赏赐功臣,乃至贿赂外族酋长,动辄绢帛百匹千匹的取自库存,那些都是从民间征来的,或是以贱值的"官价"收购的。

政府要向民间征产税(Household Tax)、口税(人头税Poll Tax),和徭役(Corvee Labor),则"户口"就要弄得准确和清楚,如此人民才无法逃税。所以自秦汉而后，我国历代"户口"数字之详尽和准确，真是世界第一。我辈教书海外，案头"十通"罗列，要历朝数字，千年国史，弹指可得。这套本领，往往把洋同事吓得直瞪眼！固不知数字之后，历代纳税人民之血泪也。

据说已故刘大中教授，曾为台湾当局设计"所得税"。"台湾税收"顿增，而纳税商民尝戏呼刘大中教授为刘大税，亦古戏今唱。搞这项国粹，固毋需向美国常春藤盟校借才也。

这种把自民间征收的丝绸当"现款"（Cash）使用，虽始自先秦，然至清未废。清廷为补贴蒙古王公、西藏喇嘛和西北少数民族的领袖，一直都是以丝绸代金银。据说时至清末，这些多半都成了"京油子"的"蒙古王公"就逐渐要求改丝绸为"折现"了。盖那些御赐的劣质丝绸（美其名曰"缎俸"），穿既穿不了许多，卖也无从卖起，就不如Cash（现款）之实惠了。笔者邻居有一八十老洋人便一再告诉我，Cash是他最好的朋友，也应该是我最好的朋友。其实我这个历史学家毋烦他来相告。我祖国的"蒙古王公"和"西藏喇嘛"，老早已说过了。

在北宋初年（九六〇—九九〇），我汴京当朝也早已知道这个窍门了。他们知道从残唐五代就传下的征收实物（土造丝绸）制度，已失其时代意义。与其征收民间农妇所织的劣质丝绸，倒不如把税收折现，觅购（或改良）民间良丝，再征派民间良工，由各省设场自织高等"贡缎、贡绫"运销海内外之福国利民也。

据史载，宋初某年全国缴纳贡绸共三百五十五万二千八百零八匹（见郑学檬等著《简明中国经济通史》，一九八四年黑龙江人民出版社出版，页二一二）。宋初丝织业技术已极为精进，海内外市场亦大，官府所需亦夥。如此巨大的贡品如仍是出自农村妇女之手，岂非浪费物力？政府有鉴及此，要统筹购进民间生丝，征集优良技工，设场自织，岂非顺理成章之事。这显然便是后来"织造局"这一类官署的起源了。

再者，在一个"国家强于社会"的国度之内，官营企业一向是要挤掉民营企业的。汉代的盐官、铁官卡死了民间盐铁的企业；宋代的丝官、茶官、瓷官，就卡死民营的丝茶瓷三项私营企业了——至少卡得他们无法成长。

当然北宋这项织造官署，并非宋人独创的。属于"少府监"的类似官署，在两汉便早已存在，历隋唐五代且多有发展，只是这些早期官衙在"政治经济"（Political-Economy）上所发生的作用，没有宋元而后那样明显罢了。

这种北宋的丝官，后来在南宋和元代都有进一步的发展，原因是这两朝也正是海上丝路大通之时（拙文限于篇幅，未便详叙）。至明代初中叶也曾各省设局，兴隆一时，虽然织造局在明代为宦官所掌握，承继了元代转趋恶劣的"匠籍制"，虐待丝工，压榨桑农，实为朱明的一大恶政。

所谓"匠籍"者，原是汉以后社会分"士农工商"阶级制，把部分技艺工人（包括染匠、织匠），划入"匠籍"，列为"贱民"。有时甚至与"乐户倡优（妓女）"同列。在《唐律疏议》里，他们被列入少府管辖，所谓"不入州县"。换言之，他们是一群专替政府打差的苦力，在州县中是没有"户口"的。户口既定，你就不能随意移动。虽夫妻而不同户口，也是不能同居的。户口之下也有其等级。这些都不是新发明而是古制。事实上那样烜赫一时的"包衣"曹家，原也是名在奴籍的贱民奴才。只是他们"从龙"入关，做的是统治阶级的奴才贱民，自然就要比被统治阶级里的良民，还要高出一头罢了。

日织一寸二分的皇帝龙袍

明朝这项恶政，由于管理不善、寺宦当权、贪污腐化，在吴三桂引清兵入关之前已经全部崩溃。纵是苏州织造衙门与工厂，"所存仅颓房几间"（清初第一任苏杭织造陈有明的调查报告）。

记得幼年背诵《多尔衮致史可法书》，说"余向在沈阳即知燕京物望，咸推司马"云云。其实多尔衮在沈阳时，一定也知道大明江南财富，尽在三织造掌握之中。所以清兵于一六四四年入关，一六四五年他们就开始重建明代原有的"织造局"了。这种迫不及待的情况，亦见多尔衮辈对整理江南财富之重视也。

多尔衮在这方面的考虑，盖有数端：

第一，可能确是为着衣冠着想。这群新统治者当时正在考虑卷起自己的猪尾巴，丢掉自己的劣质袍套，改用明代衣冠（像今日京戏舞台上的行头）。但是这些衣冠，尤其是皇帝的龙袍，纵是江南织造局中的特级技工、一等高手，每日只能织出一寸二分。三丈龙袍料，虽日夜赶工，也非经年不办，所以满朝新贵，迫不及待也。

第二，他们刚打了天下，进了城，从龙如云、功臣如雨。新官袍套之外，诰封奖状，如雪片横飞，这些都是以吨计算的高级丝织品。江南织造不赶快恢复，哪能摆此开国的排场？再者，蒙古、西藏、高丽、西域、交趾、缅甸等域外之王，同时或有待臣服，非有大量币帛之赐，何以悦远人而劝来兹？在在都需要高级绸缎，江南织造，怎能不及时恢复生产？

第三，江南织造原是最能为皇室捞钱的丝官。我皇上今日入主中原，君临四海，局面非沈阳可比。宫室之费，陵园之需，处处入不敷出。江南为中华富庶之首，财货如山，尔等盍不急下江南，趁势大捞一把，以解救我皇室燃眉之急也。

就是这样吧。天下干戈未定，苏浙"义军"四起；南明诸王还在到处逃窜；李自成、张献忠余党犹在；平西王吴三桂异志昭然；而扬州十日、嘉定三屠，真正的血迹未干。我们的江南三织造，这时已恢复就绪，全面动工。顺治爷的龙袍料，已在赶织中矣。你不能不说开国勋臣对江南财货特别热衷吧。

资本主义初阶的"发放外作"

前节已言之，明代织造局分设诸省，原有十余所之多。我母省安徽，也有一所"安徽织造局"。可是清初复建时只留四局——北京的织染局之外，便是上述的苏、杭、江宁三局了。

再者，江南织造拥有织机两千余部、职工七千余人，在人类经济史上，任何时代、任何角落，都是个规模甚大的企业管理。它不是任何"从龙"者，放下刀枪，立刻就可以转业来担任的。它的作业必须要个有高度经验和能力的"企管"专才，来从事设计与管理。

量材器使，清廷果然在"工部"之内发掘了一位工部右侍郎（第一副部长）陈有明来担任第一任江南织造。陈有明虽亦是枉顾民命的官僚，他确实也是一位有资本主义企管头脑的干才。在一六四五至四六的两年期间，他的办法是承袭明代，以官价购丝，发放给富裕而有织造经验的机户率机匠"领织"；成品再由场方备价收回的老方式。

陈有明这一方式虽是百分之百的国货，但也是西欧资本主义兴起时初级阶段的办法；双方不谋而合。西方经济学家称之为"发放外作"（The Putting Out System）。这是一项很有效的制度。双方所不同者是西方用的是私人资本；中方用的是官方资本罢了，然其效用则一。所以，陈有明很快的就能使江南三局恢复生产。

既生产矣，陈氏第二步办法便是"集中生产、分散经营"（见前引彭泽益《江南织造》页九四）。那就是盖好工厂厂房，把原先"领出造办"的机户机匠，集中到工厂里来，"卯进酉出"地上下班了。如此则全厂工人在"高手匠"（技师）集中指导之下；在"管工""管事"严密督责之前，产品质量与标准化随之提高，这就是现代工厂的雏形。从此再进一步，走上"买丝招匠"，并分别发放廉价工资和口粮，那就逐步走向现代化"大规模生产"（Mass Production）的国营工厂的形式了。

当然，那还是十七世纪，《红楼梦》时代的中国。那个庞大集中的官僚政府和士农工商纠缠不清的宗法社会，是十分复杂的。江南三局的运作，因此也是十分繁复的。说多了，成为治丝益棼，反而不易明白。笔者就试图深入浅出，简而化之吧。我们能看出点后来曹家接手时，织造局一些轮廓就好了。

包衣奴才的天下

总之，清初的"织造局"是一所不计工本，财力无限的国营大企业。如用现代化资本主义的成本会计来计算，当然是盈少亏多。但是它是"国营"，资本取自地方钱粮税收，千年不绝。产品不论优劣多寡，总可源源而出，自然也没什么盈亏的问题了。

可是，这笔大财产却有个从属的问题，老板（ownership）的问题。陈有明是工部右侍郎，他动用的也有工部和户部（财政部）的公款。按理这所国营丝绸厂应该是国家的财产。可是反溯历史，这种染织作坊，自汉而后，更明显的是自隋而后，都是归"少府"管辖的。汉代的少府所管的虽也包括皇帝的衣食起居（尚衣、尚膳），但是少府毕竟是朝廷的九卿之一。自隋突出六部，少府就变成专门服侍皇帝的"私府"了。皇帝的私产和政府的财政，依法是不能混淆的。因此，少府总是掌握在皇帝私奴的宦官之手。明代的"织造局"属少府，就是由宦官管理的。

可怕的是，明朝就亡于宦官之手。谈虎色变，因此清人入关，对宦官公公就存有戒心了。这样才有以工部侍郎出任织造的例外。陈有明这位贰臣果然把织造局搞得有声有色。但是问题又来了，织造局原是皇帝老爷的私产，划入工部，岂不损失太大哉？因此，在陈有明把它搞上了轨道而于一八五二年被调职之后，这规模庞大的"江南三局"，从此就没个总负责人了。三局分治，每局各有个"织造"，而这三个织造都是从内务府的包衣中选派。这一来，江南三局便很巧妙地被转入内务府直接管辖了。

"内务府"就是清代的"少府"——皇帝之私府也。但是它和前朝的私府又略有不同。江南三局在管辖权上，内务府与工部户部并没有划清界限。因为划得太清楚了，三局就不能挪用事关国家预算的"钱粮"（包括各省区的丁银地银）。弄它个妾身未分明，才是左右逢源之道。

再者，替皇帝老爷管私产，虽然不敢再劳动太监公公的大驾，但是还得利用皇室的"家奴"不可。这就轮到"包衣"了。包衣满语奴仆也。他们的远祖都是早年被满人所俘之汉人，或自动向满人主子投效者。但是这种汉裔旗人的归化旗籍亦有早晚之分。晚归者满化不深，不娴于满文满语，所以他们被另编成"汉军（八）旗"。周汝昌先生说，这种汉军旗始自明代降满的"炮兵"。性质上实在很像抗日战争时期向日本投降的"伪军"。

可是归旗甚早者，尤其是归入"皇帝亲率"的"上三旗"（正黄、镶黄、正白），那时"汉军旗"尚未出现，这种汉籍旗人的俘虏和降卒，便被编为"旗下人"，作为满族亲贵的奴隶或家奴。这种身份至卑至贱的奴仆"包衣"——男的叫"包衣捏儿麻"；女的叫"包衣赫赫"。他们都是子孙相承，世代为奴籍，永不翻身的。（参见上引《曹雪芹小传》页二六）

耶鲁大学的史景迁教授把"包衣"英译为"Bondservant"，意为"没有人身自由的奴仆"，这是史教授的客气话也。西方的 Bondservant 多半是负债人自己卖身的结果。那是有时间性的，也是可赎的。我国早期华侨的"卖猪仔"（Coolie Trade），就是这样的。去年（一九九三）纽约海岸边有"金色冒险号"非法移民事件，其中有六人被溺毙的人蛇案，这种人蛇也是这非法的 bondservant 的老遗传，每人负债三万美元。

"包衣"就不然了。包衣是介乎西方早年"农奴"（serf）和"奴隶"（slave）之间的"家奴"。也就是晚清一些无耻亲贵口中所说"宁赠朋友，不与家奴"的"家奴"。他们可放，可杀，而不可赎，子子孙孙都服其无期徒刑之劳改也。

清律动不动就发往宁古塔为"奴"，就是这种"包衣"。雍正皇帝把和他争权失败的胞兄弟改名"阿其那""塞思黑"，也是"包衣"。汉人说成"猪""狗"，误也。

这些有时比猪狗还不如的家奴劳改犯，一旦从龙入关可就一步登天了。那个包衣赫赫出身的曹孙氏，想不到入关之后竟然做了康熙皇帝的奶妈。康熙于冲龄（八岁）即位，曹奶妈一夕之间就做了一品夫人史太君了。

我们读《红楼梦》，看到那位把个好色好淫，同性异性，男女不分的小色狼孙儿宠坏了的"贾母"，她原来只是个曹奶妈呢！曹奶妈做了一品夫人，她那位老伴包衣家奴出身的"奶公"曹玺，也就在一六六三年（康熙二年）钦命外放金陵，做起"江宁织造"了。

曹玺做了二十一年的江宁织造，于一六八四（康熙二十三年）死于任所。八年之后一六九二年他的儿子曹寅接任江宁织造，直至一七一二年，也死于任上。曹寅在重返金陵之前，已任苏州织造三年（一六九〇——一六九三）。所以他担任两所织造至二十二年之久。曹寅死后，江宁织造局上下职工向皇帝请愿，经康熙批准由曹寅之子曹颙（时年十九岁）继任父祖为江宁织造。不幸曹颙短命，三年而死。死后康熙爷可怜曹家单传无后，乃钦命曹寅的侄子曹𫖯，过继给曹寅为子，使曹家四度连任江宁织造。曹𫖯又做了十三年的江宁织造，至雍正六年（一七二八）才被新主人雍正皇帝撤了职抄了家。计自康熙二年（一六六三）开始至雍正六年（一七二八）止，在这六十五年中，曹家与康熙朝相终始，干了五十七年的江宁织造。

不特此也。曹寅于一六九三年辞去苏州织造，专任江宁织造时，继他出任苏州织造的是李煦。李煦是曹寅的亲家，也是上三旗包衣出身，他的职位便是曹寅保荐的。李煦任苏州织造三十年。至一七二三年（雍正元年）始被撤职。

曹、李两家之外，那位当了二十二年杭州织造的孙文成（康熙四十五年［一七〇六］至雍正六年［一七二八］），也是出身上三旗的包衣下贱，与曹、李二家有通家之好。这个孙文成显然就是曹寅之母，包衣赫赫曹孙氏娘家的人。

如此则康熙一朝（一六六二——一七二三）八十一年中的江南三织造，当时大清官场中最肥的"肥缺"，是被以曹家为中心的曹李孙三大家包办了，成为他们包衣下贱的天下。

其实当时这三家所插手的还不止丝绸呢。孙文成在出任杭州织造之前，原在广州任"粤海关监督"，当时洋商叫他Hoppo（户部）。其实粤海关并不属于户部，它是归内务府直接管辖的。

须知鸦片战争之前，世界上最富的商人不在伦敦、不在纽约而是总行设在广州、苏州的中国茶行和丝行。今日在香港兴风作浪的"怡和洋行"，当年哪里是什么英商呢？

但是读者不要忘记，那时商人不管多有钱，在那士农工商的大清帝国里，"官"还是一切的主宰。怡和当年那个老板浩官伍崇曜，最高只能"买"个"五品顶戴"。五品小官在康熙年代的曹李孙三大家族的属下，只够资格赶车拍马！读者如不信，去问问荣国府里的凤姐儿嘛。

照样的，李煦当年也想在苏州掌握对海外通商的"浒墅关"呢！（见史景迁前书页一〇五）此外李煦、曹寅都曾出长盐运和粮政。盐、粮与外贸无关却是内贸中最大的项目。于此亦可想见这一窝内务出来的"包衣下贱"，在康熙朝财经两界掌权的大略情况。

长话短说，在我们那个"国家强于社会"的传统里，最高统治者的运作有两个圈圈。大圈圈是"国"，那是明的、公开的。小圈圈是"家"（皇室），那是暗的、隐蔽的。从皇帝的角度来看，后者是亲于前者，重于前者。

余游故宫见乾隆御笔写道："唯以一人治一国，非以一国奉一人。"真笑他言不由衷。

清初国营企业的实况

现在言归正传，再看看江南三局是怎样运作的，和它在中国社会发展史上所发生的作用。

江南三局在曹李孙三家经理的鼎盛时代，据彭泽益教授的统计，三局职工总数，盖在七千五百人以上。其中江宁最多，约三千人；苏州次之，约二千六百；杭州最少，亦有二千人。

三局织机在一七二五年（曹頫、李煦分别抄家前后）尚有各类型织机二一〇八张。其中苏州有八百张；杭州七百七十张；江宁五百三十八张。

三局分摊历年的经常费，总数约白银四十五万两。经费来源则是从江南地方政府拨来的"钱粮"，包括丁银（人头税）和地银（土地税）——雍正以后才丁地合一——由户部、工部（且用现代术语来说）预算会计项下指拨。

生产的绸缎成品，则由各织造分别循水（运河）陆两路运往北京存库备用。

这样一个规模庞大的国营大工厂，不计成本地年年生产、北运、存库，终至货积如山，库存"足供百年之用"，则南方工厂就不得不减产。工厂减产而政府投资如故，用不了的银子，就变成"盈余"了。三位织造公如生活糜烂，把盈余乱花掉，那就要闹"亏空"了。三家织造花不了那么多钱，但是万岁爷"六次南巡"，排场甚大，三家都接过驾。曹家最光辉，也最惨，接连"接驾四次"，把"银子当水"花掉；虽然是"把皇帝老爷的钱，花在皇帝老爷身上"，但"亏空"则一也。圣祖仁皇帝公私难分，心知肚明，对这包衣下贱的耿耿忠心，都能垂察。但是圣祖晏驾，接班主子，为政治关系，来追查无底的"亏空"，那就要"抄家"了。这就是曹李两织造的可悲下场，它也是荣宁二府"树倒猢狲散"的"本事"。

朋友，你能说《红楼梦》不是一本"自传小说"？

国营轻工业的今昔

现在我们要问一句，以上这些故事，除与红学有关之外，对我国社会经济的发展，究竟有些什么社会科学上的意义呢？

首先我们要说的便是，在我们这个国家强于社会的中国传统里，凡是社会上发现任何有利可图的新事物，国家就要立刻动手来与民争利。而它所用的争利方法，又多半是极不公平的，一面倒的政治压力。把民间的潜力消灭了，政府自己又搞不好，上下两方就同归于尽了。

这一个从生到死的模式，从汉代的盐铁官开始，经过宋明的瓷茶，到上述清初的丝绸工业，都是如出一辙的。

且看上节的江南三局，以它优越的条件，私营企业本已无法与它竞争了。它自有织机两千张，却还要限制民营机户，每产不得超过织机百张。再加上生丝限价、压低工人工资，再独占了需求量最大的官方市场；又对日益兴起的国际丝绸市场的供需规律一无所知，因此国内固定的（政府）需要量一旦饱和，厂方只有停机停产，坐看工人失业，而厂内"盈余"的官方投资，适足助长皇帝和官僚的腐化挥霍。因此官营民营，一时俱垮。

其实在十七八世纪之间，海上丝路本异常兴旺，上节即曾交代。此时我国民营丝商却为国营卡死，无法掌握国际供需情报。在如此大好的国际市场中，只能大量提供"生丝"，这样便成为单纯的原料出口国。原料大量输出？适足以带动欧美日本丝绸工业之崛起。等到他们的丝绸工业起飞了，我们连原料市场也就跟着一道失去了，能不令人扼腕。

再就劳工福利来说吧。清代废除"匠籍",免役技工不再为政府打差,原是德政。但是由于民营工业起不来,工人永远在半失业状态之中。再加上政府对生丝限价,工人工资便永远无法提升。三局之内最高技工工资,每日不到白银一钱(一块银元的重量是七钱二分)。纵使十七八世纪中国的物价甚低,连高级技工也生活在饥饿线的边缘。加以经常停工失业,工人阶级是惨不忍言的。

由于工作机会少,工人便永远为"行会"(Trade Union)所控制,产生不了集体罢工讨价的自由"工会"(Labor Union)。工之子,恒为工。工厂内的工人,通常弄成父死子继的世袭制,而父死(或离休、退休)由儿子承继的程序,往往还要向帮头和厂方行贿。其情况之惨,也就不难想象了。

总之,在清初像江南三局那样规模的大型丝绸工厂,在世界经济史上,任何时代、任何角落,都是可观的企业。但是它却永远在樊笼之中成长(arrested growth)。既助长不了一个"城市中产阶级",也制造不了一个"城市普罗阶级"。它是在一个"国家强于社会"的特殊传统之中,滋长出来的一种特殊的生产方式,但这一生产方式在我国汉代便已形成,历两千年,初无大变。

在西学东渐之后,突然受到西方资本主义和社会主义的双重挑战,它老人家在夹攻中如何因应,也值得我们读史者去默察深思吧。

吾人细读红学专著,深知曹寅、李煦都有极好的人品。曹寅于一七二一年病死,遗爱甚深。全局职工竟代他曹家奏请子继父职。李煦干了三十年的苏州织造,也有"李佛"之名,传誉民间。这都不是资本主义的厂长,所容易做得到的。但是我们治制度史者,就不能多谈个人行为了。

一九九四年四月二十日于北美洲

原载《传记文学》第六十四卷第五期

史学之茶与红学之茶
——一九九六年十二月二十四日在台湾"中央大学"讲稿节要

上月中旬我在美国新泽西州寓所，忽然接到贵校康乃新教授的越洋电话。康教授要约我做个专题讲演，题目叫"史学之茶与红学之茶"。我接电未做一秒钟的考虑，便一口答应了。其实康教授这个题目相当古怪。我为什么未作丝毫考虑，便满口答应下来呢？也算是机缘巧合吧，其原因便是我个人和这个命题，至少也已纠缠了有四十年之久。愈纠缠愈糊涂，如今倒不妨乘康教授给我的鞭策，把这项杂乱的思想暂时组织一下，以就教于方家，然后再慢慢充实。我个人生性懒惰，不挨鞭子，就不做工。

纠缠四十年

这命题为何与我纠缠四十年呢？

原来在五〇年代的末期，当我襄赞胡适之先生撰写他的《口述自传》时，写到"红学"这一段，我就对老师提出不同的看法。

第一，我对"自传说"有补充。曹霑十几岁就已经是个"食粥酒常赊"的落泊文人,他本身(注意"本身"二字)哪有什么繁华旧梦呢?我们今日时常说,一位女青年总希望将来遇到个"白马王子"。做个男青年,谁又不想自己也做个众香丛中的"白马王子"呢?《红楼梦》这部书,便是作者梦想做个白马王子的"白日大梦"(daydreaming)。只是他学问大,经验多,文笔流畅,想象力又丰富,写起来活灵活现罢了。把书中的梦想故事看成作者的自传,就难免夸张了。

第二,胡老师把曹家干了六十年的苏州织造和江宁织造,说成是替朝廷收买绸缎的"采购官"。我也有修正。"采购官"是替皇帝花钱的;我则认为"织造"是替皇帝搵钱的"税官"和"皇商"——这种税官和皇商是远自西汉就已经有的制度,属九卿中的"少府"。清朝则属"内务府",同时与户部(财政部)也有搅不清的关系。

胡老师对我这些看法也未置可否。只是说:"把你自己的思想写下来嘛,写下来嘛。"可是我这个懒骨头等了三十年也没有"写下来",直至上次红学会被康老师打了一鞭子,才勉强写下来,原叫《曹氏三代为清室丝官考》。后来觉得"考"字太严重了,所以改为"丝官浅说"。

"国营企业"占着茅坑

那时我也向胡老师解说,"丝官""织造""皇商"等等,在中国经济史上,并不是个孤立的东西。和它并存的还有"盐官""铁官""茶官""瓷官"……时至今日,还有个"烟酒公卖局",也可说是"烟官""酒官"吧。台湾光复之初,国民党如不在台湾搞"烟酒专卖","二·二八惨案"或许也就可以避免了。

长话短说。人类历史上"资本主义"之兴起,实始自英国,而英国资本主义之兴起,实始于"毛纺"(羊毛纺织业)而扩及"棉纺"(棉纱纺织业)。由棉纺而引起美国的"棉花称王"(Cotton is King)和美国内战。自此则资本主义就"为祸"或"造福"全球了。

中国古代历史上无"毛纺""棉纺"（棉花传自西域，非中国土产），但有"丝纺"。中国人发明了造丝，并独占世界"丝贸易"（Silk Trade）至三千年之久，我国家民族亦以"丝"得名。（笔者附注：中国今日的英文名字叫China，日本人叫我们支那；古印度叫我们锡腊；古中东和希腊、罗马也叫我们锡腊Sino, Sine……锡腊者，丝国、丝人之谓也。或云China一名原为秦民族的族名，实出于附会。）

中国既然独占丝绸制造与贸易，至三千年之久，为何未能（像英国一样）搞出个"资本主义"来呢？最简单的答复，便是其利太厚，国家（State）看了眼红。因此它要搞"国家垄断"（State Monopoly），这就是今日所谓的"国营企业"了。俗语说："公塘漏，公马瘦。"公营企业是没有不亏本的。搞"国营企业"而亏本，是秦皇、汉武、唐宗、宋祖……以来的老传统。但是"国营企业"本钱大，再亏本也不会倒闭。它也就永远"占着茅坑不拉屎"，"民营企业"也就永远起不来了。没有民营企业、市场经济，哪有资本主义呢？归根结底，是东西有别，也就是我们"东方"，自大禹王以后，"国家强于社会"的权力结构，所产生的必然后果了。

中国历史上，少了个资本主义，有何不好呢？现代民主的圣人杰弗逊就是反对资本主义不遗余力的——这是另一哲学话题，与本文无关，我们就不加讨论了。

以管盐的经验管茶

前已言之，"丝纺"并不是中国可能发生资本主义的唯一商品，和它并行的还有盐、铁、酒、瓷、茶、烟和毒（鸦片）。但是它们都和丝一样，成了"国营企业"的牺牲品而无法抬头。其实中国国家最早做严密管制的不是丝而是盐。

国家管盐是有其不得已之苦衷的。因为在传统中国，盐是唯一的一项商品，不能搞"市场经济"。不加严密管制，在产销中如任其自由竞争，会弄成全国人都没有盐吃的大祸。所以从商鞅到宋子文和孙立人（孙原是缉捕"私盐"的税警团团长），中国"盐法"之细密，是世界无双的。"盐法"是一项"博士后"的专题，太高深也太复杂了，不是三言两语可以说得清的。非关本题，拙篇就暂时搁下了。

这儿我们只可以说，等到唐朝中叶以后，当茶叶变成了人民日常饮食的必需品，所谓"开门七件事：柴米油盐酱醋茶"时，消费量惊人，茶农、茶商利润甚大，我们那个专好与民争利的政府，就开始打茶的主意了。

我国历史上何时"初税盐"（开始征盐税），不可考。可是"初税茶"，则始于唐德宗李适的贞元九年（公元七九三年）。迨唐末藩镇割据时，茶叶竟逐渐变成"军需商品"，政府对茶叶的生产与运销，就逐渐加以严密的管制了。至北宋，竟至"盐茶"并列，以千年以来管制盐的经验，来控制茶的产销了。

宋明的"茶法"与"马政"

我们日常喝的茶，何以在唐宋之际变成军需商品呢？这就说来话长了。盖茶在唐中叶以后，由于大量生产而开始外销时，当时最大的外销市场，竟是西藏和西北甘肃新疆一带。其地游牧民族，由于日常牛羊肉吃得太多，脂肪太重，易伤肠胃致病，他们发现浓茶可以化解脂肪，所以每食必备浓茶，这样西北和西藏地区就成为茶的畅销之所了。

但是中国茶叶多产于长江流域。就地熬成"茶砖"，打包运往西北，任重道远，运费不赀。所以出口茶，其价几与黄金同值。一般游牧民族哪里购买得起呢？所幸西北游牧民族多产马，他们就搞物物交易，以马易茶了。

马是机动车辆发明之前，陆地上最快的交通工具。骑兵自然更是古代各兵种中最厉害的部队。但我国内地无草原，不能大批培养战马。马皆出于西北，大批战马必须以茶易之。如此茶就变成中国最重要的"军需商品"了。中国有的是茶，边民有的是马。以茶易马真两得其宜。宋以后的马价大致是上等马匹值茶一百二十斤，中等七十，下等五十。明洪武三十一年（一三九八）曹国公李景隆，运茶五十万斤，易得战马一万三千五百八十匹（见《大明会典》）。此一价码似乎数百年未变。《清会典》亦记有"上马给茶一十二篦"。篦者装茶之篦篓，每篓装茶十斤也。

这种以茶易马的物物交易（Barter Trade），据新旧《唐书》所载，是始自唐中叶的"回纥（今维吾尔族）入朝"。（见《新唐书·陆羽传》）但这在唐代问题不大，因为唐代幅员辽阔，西北边陲多的是草原马场，可以自养战马。纵使如此，唐末已立有茶法，设有"榷茶使"，由政府统购统销，民间不许私售，"私鬻三百斤论死"（见《古今图书集成·经济汇编·食货典》）。至北宋，边疆紧缩，马场渐失，马的来源全靠以茶交换。朝廷乃专立"茶马司"，司马政，茶法乃加严，至"鬻伪茶一斤，杖一百；二十斤，弃市（砍头）"。

宋初"茶法数易"，官吏又上下其手，弄得生产者和销售者皆苦不堪言。但大体说来是"茶视盐法"，朝廷着重的，是今人所谓的"统购统销"。当年我国产茶地区都在长江中下游，尤其是江苏、安徽、江西三省。根据宋初《茶法》，是官购全部生产的百分之八十，另百分之二十，则课税听民自售。

可是这种统购统销的办法，当政者仍嫌不足，至北宋中期法再易，政府就直接插手于茶叶的生产了。

"官茶不堪食"

茶科植物在我国古代早已发现的便有数十种之多。相传"神农尝百草"便尝过它们。在《尔雅》和《诗经》中，它也以不同的名称，什么槚、荈等别名出现过。古人初不用为饮料，只是当作一种草药使用。《本草》所谓"茶有百害唯利于目，蒜有百利唯害于目"。这种草药原生于深山大泽中，听凭高人隐士或药剂师前去采摘。唐诗上说："松下问童子，言师采药去。只在此山中，云深不知处。"这个童子的老师所采的就是这种野生草药。可是等到茶变成大众饮料，茶科植物变成经济植物时，茶农便开始把这些野生植物移植于"农场"之内，就变成家茶了。如今政府要插手茶叶生产，它不但要把私营茶场变为"国营茶场"，它对野山茶也要登记管制，不许人民入山乱采乱销，以免妨害国营茶坊的利润。不特此也，政府且把偏僻地区，民营小农场之内的茶树茶苗，也给连根挖起，移植于官场之内，以便集中管理。这种国营茶场在当时安徽一省，江北淮南蕲、黄、庐、舒、光、寿六州之内，官自为场，便有十四所之多（见《宋史·食货志·茶上》）。其时各省分设的官茶场之外，在交通重心如南京，还设有"都茶场"和"都茶库"以总其成。

"都"是宋代的名词。吾人读《水浒传》，知道豹子头林冲的官衔是"八十万禁军'都'教头"，译成现在名词，那便是"八十万皇室卫队武术总教官"。其外还有"都检点""都督"一类的官阶。民国初年各省设"都督"，还是袭自宋制。

在这些国营茶场所产的官茶之外"天下（私）茶皆禁。唯川陕广南，听民自售，不许出境……私茶论死或黥面（脸上刻字；林冲被刺配时，便被在脸上刻字）。"（引文见同上）这样的对付私茶贩，可说是严刑峻法。

宋代朝廷在国营茶场之外，在官制上还有所谓"茶马司"等官职，专掌茶马之事。这种位卑权重的"茶马官",在各省有时竟权同巡抚,可以调兵遣将、剿匪缉私、安内攘外、主持征伐。

综上所述,吾人可以大略知道宋王朝政府,为垄断茶利,使用"国家强于社会"的政治权力,竭泽而渔,可说无所不用其极。在唐人初税茶时,政府岁得茶钱只四十余万缗(一串铜钱为一缗)。至宋则增至一千三百万缗,可说是大发茶财。再加上宋王室在其他初期工业产品(如瓷器和绸缎)上所敛聚之财,足使北宋王朝,富于汉唐。但也正因国家搞"国家独占资本",占着茅坑,大有可为的民营企业之苗芽,就被连根扼死了。丝工业和瓷工业之外,最惨的就是制茶工业了。

史言:"初产茶之地,民输赋者,悉计其值,官售之,精粗不校……商人弗肯售,久即焚之。"是所谓"竭民利而取之,积腐而弃之"(见《宋史·杨允恭传》)。这就是政府搞"统购统销"的浪费。政府滥收茶叶,而有执照(茶引)从事专卖的商人不肯批发代售,存货"积腐"滞销,就只有焚毁了事。总之,官茶既不堪食,私茶不许贩(见《宋史·赵开传》。赵开是位茶马官),这就产生私茶贩,甚至茶匪、茶寇和茶枭了。官逼民反,恶政如此,岂不可叹!

(笔者附注:德刚为想试探我国帝王时代国营企业失败之实例,于一九九四年夏季,曾在台北南港"中央研究院"招待所借住三月,并乘机学习使用二十五史之电脑引得,试查国史上盐、铁、酒、丝、瓷、茶、烟、毒(鸦片)八项商品在政府控制下之发展情况。三月所获至丰,而此项研究无底。仅"茶"一项即查出三千余条来,简直无法消化。故始终存拙,未敢示人。今谨乘康乃新教授对我的督促,就便向当时照拂我的李念萱、陈三井两兄敬致谢忱。史语所图书馆的林馆长,中研院计算中心的宋科长、陈先生和数位青年女士,对我学习作电脑检索之最耐心而极详尽的教导,尤其叨感不尽。)

帝俄的川陕 CHA，英美的福佬 TEA

中国"茶法"的施行，北宋之后，可说是吃一堑、长一智。自南宋迄明清，国营茶场似已敛迹，而统购统销的办法也大有改进。

在政府严密统制期间，茶因地区差价甚大（自安徽至陕甘差价可能至四五倍），利润甚厚，因此产生很多搞走私的"茶枭"和保护走私的"茶寇"。但是这种茶寇、茶匪只是一种经济强盗，不是铤而走险的"必死之贼"，很容易被"招安"。

靖康之后，泥马渡江，康王南狩。南宋虽然是个偏安小朝代，但其国家财富却远非汉唐北宋所可望其项背。其主要原因之一便是阿拉伯的番舶东来，中国开动了出自南海的国际贸易。近年中国大陆经济起飞，工业品向东南亚倾销。对锡兰的贸易"顺差"为五十三倍；对其他印度洋小国，有多至一百二十倍者（见英文《中国日报》一九九六年十二月十五日《经济周报》）。开拓此一国际贸易，南宋实为先驱。那时中国主要的出口商品便是丝、瓷和茶。丝已变成中国的国名，如上述。瓷（china）则是与中国同名。茶更是具有中国南北方言货名的中国特产。帝俄购我六安"瓜片"于川陕，故俄语呼茶曰CHA；英美西欧诸国，则购我闽产"乌龙"于福州、泉州、广州诸口岸，故与福佬同呼茶为TEA。Tea与Cha虽有南北方言之别，其同为中华特产之茶则一也。天厚华夏，我国即因有此丝、瓷、茶三宝而富甲全球者数千年。南宋以后，历元明清三朝，我国外贸历程虽时有起伏、开阖，而其为顺差贸易，直至鸦片战争（一八三九—一八四二）前夕，未尝逆转也。鸦片战争前闻名全球之商界首富，所谓"十三行"者，闽粤商人之茶行也。曾支配香港金融百余年，今日犹在兴风作浪之大英怡和洋行之始祖，原为我伍浩官之怡和茶行之买办，终于喧宾夺主之小店伙也。笔者于中英拙著中所论已多，不再重复。

至于我闽产"乌龙"，在世界历史中之翻云覆雨，则尤不胜述。盖支配亚欧商运近三百年之久（一六〇〇——一八三六）的英属东印度公司，茶船而已。初不意于十八世纪末季，该公司竟滥用贩茶专利，以积腐未弃之乌龙，向美洲殖民地倾销，惹出殖民地人民之反抗。由一七七四年之"反茶法"（Anti-Tea Act）运动，驯至有波士顿"茶党"（Tea Party）之组织，乃至"茶叶战争"（Tea War）之爆发。读者知否？美国独立战争之导火线，实起于我国之乌龙。美国独立战争者，打得十分乌龙之"茶叶战争"也。大英帝国多行不义，占领了我们的香港，却失掉了他自己的北美十三州。是亦"恶有恶报"之历史见证也。

茶与历史，历史与茶，哪能讲得完呢？就此打住吧。

妙玉品茶，姥姥念佛

以下还要讲点"红学之茶"。

记得以前有位写小说的朋友告诉我："没有小说全是虚构的，也没有小说不全是虚构的。"

此话怎说呢？盖《聊斋》《镜花缘》，甚至《封神榜》，皆非"完全虚构"。因作者以人情、人性写鬼神。鬼神虽假，而人性弥真也。《三国演义》《民国演义》皆有虚构也。甚至《史记》也难免有虚构。《史记》中的许多故事，皆取之于"街谈巷议"的小道消息，作者再以超人的生动文笔而"艺增"之（《文心雕龙》语），"虚构"就难免了。

《红楼梦》的故事，几乎全属虚构。独于饮茶一节，真假不辨。因为"饮茶"是传统的"中国生活方式"（The Chinese way of life）的重要习惯和环节之一。所以真实的饮茶，和虚构的饮茶，并没什么不同。所以在《红楼梦》的故事里，二人因事相遇，"茶毕（喝完了茶）"，环节尽在不言中，就毋须啰嗦了。这二字所涵盖的诸多形象最为真实。因此饮茶本身并不重要，重要的是饮茶所引起的社交和心灵活动，那就因时因地因人而异了。

一百二十回的《红楼梦》中，只有第四十一回中的前半回，才以品茶为课题，叫作"贾宝玉品茶栊翠庵"。另本则画蛇添足地改题为"栊翠庵茶品梅花雪"。事缘老富孀史太君饭后有喝杯好茶的习惯。但又不喝"六安茶"。累得我们妙玉法师煮出了洞庭"老君眉"。又累得我们刘广定教授作一番考据，说"老君眉"无此茶，是作者杜撰。杜撰不杜撰何伤哉？只有妙玉姑娘爱茶如命，惹人怜惜才要紧呢。她以最上品的茶叶和茶具，招待两位红颜知己。却把那个俗气巴拉的无肠公子教训一番说："一杯为品；二杯解渴；三杯是牛饮……。"品也罢，牛饮也罢，姑娘对茶且不能空，对玉又何能空呢？禅榻思凡，岂不惹人怜惜？读者知否？今日享名世界，颇有魅力的那个帅和尚达赖喇嘛，也不时梦见美女呢！说来，还是那急了就念阿弥陀佛，吃饱了就放屁睡觉的刘姥姥，化万念为一念，才更具佛性呢。

三盅两盏的丫鬟政治

林语堂先生生前一次告诉我说："《红楼梦》是今日世界文学中一部专谈Maids（婢女、丫鬟）的奇书。"确是高见。国民党在大陆执政时朝，有所谓"科员政治"。掌握《红楼梦》里大观园运作的灵魂，也是几位可爱的丫鬟：平儿、袭人和鸳鸯。有一次忙里偷闲，袭人请平儿坐下喝碗茶。二人吃茶时，袭人问道："这个月的钱，连老太太屋里还没放，是为什么？"

平儿说："这个月的钱，我们奶奶早已支了，放给别人使用呢。等别处的钱收了来，凑齐了才放呢。因为是你，我才告诉你。可不许告诉一个人去……一年不到，上千的银子呢！"袭人说："拿着我们的钱，你们主子奴才赚利钱，哄我们呆等着……"

当年国民党的师长、团长，又哪一个不是琏二奶奶呢？他们月初"领饷"，月底"关饷"。他们"主子奴才赚利钱，哄我们（小兵们），呆等着"。笔者读大学时，通货膨胀得厉害。老校长罗家伦被迫辞职。我的小顽友王铃去和他吵。校长说："王铃呀，你不能狄克推多我；我也不能狄克推多事实啊。"罗校长的"事实"，也是袭人、平儿间的事实。袭人这碗茶，真不能不喝。

姑娘的伴侣，穷书生的红袖

黛玉姑娘在写经。紫鹃捧上一杯茶。姑娘口渴吗？非也。清茶一杯，伴侣也。渴不渴何关紧要？穷书生欧阳子方夜读书，闻有声自西南而来者，啊，此秋声也。一杯清茶作伴，渴不渴何伤也。贾二公子夜读有红袖添香。穷欧阳子夜读，只一杯清茶。清与红颜色不同，其情调无异也。

一九九六年十二月二十二日　午夜三时
饮碧螺春，做"红楼梦"于台北青年会

原载《传记文学》第七十卷第一期